JN298889

東方選書

厳復《げんふく》

富国強兵に挑んだ清末思想家

永田圭介

東方書店

序文

北京大学歴史系教授
博士生導師
王暁秋
中外関係史研究所所長
人民中国雑誌社総編集長
王衆一（翻訳）

永田圭介氏は二〇〇四年に『競雄女侠伝――中国女性革命詩人秋瑾《しゅうきん》の生涯』（編集工房ノア）を発表し、秋瑾就義（革命のための刑死）一〇〇周年にあたる二〇〇七年には、中国語翻訳版『秋瑾――競雄女侠伝』（聞立鼎訳）を北京の群言出版社から刊行した。私はこの中国語版に序文を書いたが、当時、

「このように生き生きとして精緻な清末女性革命家の伝記が、いまや古希を迎えようとしている一日本人企業家によって書かれたとは！」

と感嘆したものだ。その後、さらに私を驚かせたのは、永田氏が『厳復《げんふく》』の執筆を始めたことである。そし

てこのたび、評伝『厳復――富国強兵に挑んだ清末思想家』を完成されたことに心から敬服し、且つ喜びの念を禁じえない。

厳復は中国近代の傑出した思想家、啓蒙翻訳家、そして教育者である。ところが、彼の生涯の事績に関する日本での認識は、永田氏も述べているように、おそらく、中国近代史の研究者以外で、その存在を知る者はほとんどいない状態だろう。梁《りょう》　啓超《けいちょう》、孫文《そんぶん》など、長期にわたって日本に亡命していた政治家や、日本に留学経験のある秋瑾、魯迅《ろじん》たちと比べて、イギリスに留学していた厳復の知名度は相対的に低いと思われる。しかし彼の近代中国に対する実際の影響と貢献はきわめて大きく、彼の代表的訳著『天演論』一冊だけでも、多くの中国人を覚醒させたであろう。その意味において、厳復は近代中国を、

「救亡図存」（祖国の危急を救い、民族の生存を図る）

「変法自強」（立憲君主制に改革し、自力で祖国を強大にする）

へと啓蒙した偉大な師であると言えよう。同時に、厳復が生きた清末から民国初期の中国は、目まぐるしく変化した時代で、彼の一生も複雑に錯綜している上に、その著作と訳書の数も多く、内容も多岐にわたるので、厳復の伝記を書くことは非常に難しい。

しかし、永田氏はその困難を承知の上で、敢えてその中に踏み込み、たゆまず執筆を続けた。それは永田氏自身が執筆の目的として述べているように、本書を通じて日本の読者に厳復と彼が生きた列強による弱肉強食の時代、そして彼が求め続けた祖国中国のあるべき姿を率直に伝えることであった。とりわけ日本の若い人々には、困難な時代を生きた近代中国の改革者の考え方や行動を理解し、彼に対する畏敬の念によって、日本の社会にいまだ残存する、無意味な偏見によるわだかまりを改めてほしいという期待と願望がある。

一部の研究者の間では、厳復と福《ふく》澤《ざわ》諭《ゆ》吉《きち》を並べて論じる人たちもいる。また、中国では、厳復と伊《い》藤《とう》博《ひろ》文《ぶみ》はイギリス留学時代の同級生だったという説まで広く伝わっている。勿論、そのような言い伝えは研究者の考証によって既に否定されているが、重要な視点は、多くの人たちが清末中国と明治日本の歴史と人物を好んで比較する傾向にあることだ。

永田氏の『厳復』が、明治日本と同時代に、懸命に西側世界の思想を吸収し、祖国のために「富強」への道を開こうとした、ひとりの中国人啓蒙思想家の波瀾の生涯を日本の読者の眼前に描いて見せ、日本の読者が近代中国と中国人をさらに理解する一助となることを望む。

最後に一言。厳復は一九一二年（民国一）に、京師大学堂が改称されて北京大学となった際の第一代学長で、彼は民国初期における北京大学の維持・改革に絶大な貢献を行った人物でもある。

私自身も北京大学の一教授として、永田氏のために、そして我らが大先輩の厳復学長のために、その伝記の序文を書くことができ、深く栄誉に感じている。

本書の目的

厳復（一八五四～一九二一）は、存亡の危機に瀕した清末の中国に生き、祖国に近代西欧の合理的思想を導入して、「富強」への道を開こうとした偉大な啓蒙思想家だが、日本では、中国近代史の研究者以外にはほとんど知られていない。

中国の歴史上の人物のなかでも、西洋文明と深くかかわった彼の生涯の経緯はきわめて複雑多岐で、同時代の政治的英雄たちとは、一様に論じられないことがその要因だろう。

政治的信条も、革命派の思想家のような一貫性に乏しく、辛亥革命後に孫文《そんぶん》から臨時大総統の職位を奪取して、その後帝政を覬った袁世凱《えんせいがい》に加担したとされ、晩節を傷つけたために歴史の主流にのれなかったことも影響している。彼の一生を俯瞰すると、優れた才能と人間的な弱点をあわせもった、振幅の大きい性格であったことが理解できる。

さらに、啓蒙翻訳者としてとり上げられる翻訳著作の解釈や分析に、研究者の関心が集中し、厳復といえば、ややもすれば「学術研究」の対象になりがちで、一般の読者には親しみ難いテーマの枠の中に彼を封じ込め、敬して遠ざけているように思われる。

しかし厳復の生涯を、民族淘汰の危機に挑戦した、ひとりの中国人啓蒙戦士の闘いのドラマとして眺めると、あらためて彼のほとばしるような精神の奔流が伝わってくる。

それはあたかも同じ時代に、貧しい後進国明治日本で苦闘した、若い先覚者たちにも通じる共感の物語でもある。

このような理由から、本書では、彼の著作や翻訳以上に、厳復という人物と彼が追求した「富強」の意味、そして彼が生きた時代の推移を重点的に描き出すよう心がけた。

まず、厳復と、彼の目指したものを周知する、とりわけ、困難な時代に生きる、若い人々に広く知ってもらう、これが本書の主な目的といえる。

日本人としては、ともすれば固定観念にとらわれやすい近代中国から、厳復を基点としてこれまでにないあらたな展望と認識が得られれば、その目的はほぼ達成したと考えたい。

目次

序文（王暁秋／王衆一翻訳）……iii
本書の目的……vi

第一章——少年時代の環境……1
一 動乱清末の幼年期……2
二 郷土福建の民族英雄……6
三 初等教育……9
四 師と父の死……12

第二章——福州船政学堂時代……19
一 左宗棠と沈葆楨……20

二　首席入学…25
三　適者生存教育…27
第三章　実習航海と台湾従軍……35
一　練習船「建威」…36
二　巡洋艦「揚武」乗組み…39
三　台湾従軍…42
第四章　英国留学時代……45
一　清朝の留学生派遣計画…46
二　ポーツマス海軍学校…48
三　グリニッジ英国王立海軍大学…50
四　駐英公使郭嵩燾…57
五　パリ遊歴…64
六　人生の知己…69

第五章――北洋水師学堂時代……71

一　母校福州船政学堂に奉職…72
二　北洋水師学堂（天津）へ赴任…77
三　福建水師学堂壊滅と科挙挫折…88

第六章――甲午戦役（日清戦争）……101

一　黄海海戦と学友たちの死…102
二　馬関（下関）講和条約…119
三　救国への論説…126
1「論世変之亟」（世界の激変を論ず）…129　／　2「原強」（強なるもの）と「原強修訂稿」…130
3「辟韓」（韓愈を駁す）…131　／　4「救亡決論」（祖国の滅亡を救う秘訣）…132

第七章――変法維新運動……135

一　公車上書…136

二　ロシア語学館、通芸学堂（洋式学校）創設…139
三　新聞『国聞報』創刊…144
1創刊の目的…144　／　2「自立」の舌鋒…148　／　3国際社会へのアピール…150
四　戊戌政変　153
1「皇帝に奉る万言の書」…153　／　2維新幻想の崩壊…158　／　3『国聞報』弾圧停刊…169

第八章——翻訳活動

翻訳活動……175
一　ダーウィン・「淘汰」の衝撃…176
二　スペンサーと「要約者」ハックスリー…181
三　『天演論』（T・H・ハックスリー『進化と倫理』）…186
四　『原富』（A・スミス『国富論』）…196
五　自由の限界『群己権界論』（J・S・ミル『自由論』）…203
六　モンテスキューと「要約者」ジェンクス…208
七　ミルと「入門役」ジェヴォンズ…218

第九章　生々流転《せいせいるてん》……225

一　天津脱出…226
二　「名学会」と「国会」…231
三　開平礦務局…236
四　京師大学堂編訳局…240
五　安慶高等学堂…251
六　女子学生呂碧城…258
七　「名詞館」総纂…265
八　大総統袁世凱…269
九　「国立北京大学」初代学長…275
一〇　野望の生贄…289
一一　帝政推進組織…296
一二　忘却の彼方へ…306

エピローグ…318　／　あとがき…326
引用・参考文献…328　／　年譜…335

第一章

少年時代の環境

咸豊三―同治五年（一八五四―一八六六）

◉一―一四才

一――動乱清末の幼年期

◈アヘン戦争後の内憂外患

清代の咸豊三年一二月一〇日（一八五四・一・八）、閩《びん》（福建省）の福州南台蒼霞洲《そうかしゅう》の漢方医、厳振先《げんしんせん》の家に男の子が生まれた。厳復の誕生である。蒼霞洲は現在、福州市の市街地になり、生地には『天演論』の原稿を手にした厳復の石像が立っている。

『中国の近代化と知識人――厳復と西洋』（東京大学出版会）の著者B・I・シュウォルツは、「侯官県陽崎郷《ようきごう》で生まれた」と記述しているが、懐安《かいあん》県陽崎郷は厳家の本貫（本籍地）で、生家ではない。のちに懐安県が侯官県に併合されたので、厳復は署名に「侯官厳復」としている。「侯官」は漢代の官名で、遠く東漢時代からこの名があった。

陽崎郷は辺鄙な村落で、厳復が実際に住んだのは後年、父が亡くなってからの少年時代のわずかな期間と晩年である。蒼霞洲は福州の町中にあり、祖父の代から医院を開業するため陽崎郷から移り住んでいて、父の厳振先もここで医院を開業していた。

人乗りで、数千石の積載能力がある遠洋航海船である。福建は、ローマ時代前後の、古代東地中海世界における、レバノンのような役割を果たした。

平野を流れる中国の大河は一般に流れはゆるやかだが、福建の河川は、閩江をはじめ流れが速い。厳復の生れた家は現在の福州市内だが、故郷になる本貫（本籍）は台湾海峡に流れ込む閩江の沿岸、侯官県陽崎郷にあった。陽崎は陽岐村、陽崎渡ともいう。ここは明代に来襲した倭寇（日本の海賊）に対する抵抗基地だったが、清代のはじめ、台湾に拠って、滅びた漢民族王朝である明朝の回復を図った民族英雄、鄭成功《ていせいこう》が兵を渡河させたところと伝えられ、「鄭公渡《ていこうと》」とも呼ばれた。鄭成功（一六二四〜一六六二）、字《あざな》は大木《ダームウ》、福建南安県の出身である。南明の唐王朱聿鍵《しゅいつけん》から「国姓」の「朱」を賜ったことで、国姓爺《こくせんや》と尊称された。順治一八年（一六六一）、鄭成功は自ら兵二万五〇〇〇人を率いて数百艘の船に分乗し、「反清復明」の拠点である金門島を出発して澎湖に攻め入り、迅速に台湾上陸を果たして、三八年の長きにわたって住み着いていたオランダ人植民者を追放した。西欧人植民者を実力で追放した民族英雄として、鄭成功の記念碑的事績は、少年時代の厳復に強いインパクトを与えた。

◈アヘン戦争の英雄・林則徐

彼がもっとも身近に感じた、ほぼ同時代の民族英雄は、同郷の福建侯官出身で、巡撫、総督、欽差大臣を歴任し、すでに亡くなっていた林則徐《りんそくじょ》（一七八五〜一八五〇）だった。道光一九年（一八三九）、彼はアヘン禍対策担当の欽差大臣として、アヘンを禁ずるために広東に赴き、英国のアヘン販売機関から押収した約二万余函ともいわれる大量のアヘンを虎門《フーメン》海浜で焼却した。これが契機となって英国政府は派兵、両国軍隊の衝突となった。第一次アヘン戦争の勃発である。緒戦では林則徐が率いる広東の清軍は英軍の進攻を撃退したが、結局は敗退することを恐れた清朝朝廷の「投降派」官僚の策動に動揺した道光帝は、林則徐を譴責して欽差大臣を解任、西域の新疆イリに配流した。しかし清朝にとって、林は得がたい人材である。六年後の道光二五年（一八四五）、彼は許され、雲南と貴州を統括する雲貴総督に任命された。辺境の地で失意の日を送り、健康を損ねていた林則徐は、間もなく職を辞して故郷福州に帰り、読書と執筆につとめ、道光三〇年（一八五〇）に六五才で死去した。墓は福州北郊金獅子山麓にある。現在も「アヘン戦争の英雄」として、多くの人々が詣でている。ヨーロッパの外交官たちからは、清朝の高官の中で、もっとも的確な世界観をもつ人物と評せられた。故郷が生んだ歴史が誇る英雄の事績に影響を受けた少年厳復が、のちに西洋と中国を結ぶ碩学に成長した要因は偶然ではないだろう。

◈晋代に遡る厳家のルーツ

厳家の家業である漢方医院は、厳復の祖父厳秉符《げんへいふ》が侯官陽崎郷から福州南台蒼霞洲に移って開業し、父の振先《しんせん》も祖父に学んで医院を継いだ。母の陳氏は布衣《ほい》（庶民）の娘で、平民出身である。厳家のルーツで、福建における「厳《イエン》」という姓について、司馬遼太郎は『街道をゆく　中国・閩のみち』（朝日文庫）の「独木舟《まるきぶね》」で、晋の太康三年（二八二）のとき、ここに太守としてやってきた厳高という人物について触れているが、残念なことに、司馬は晋の厳高について語りながら、清末民初の厳復については何も触れていない。これほど中国を知悉し、多くの著作で知られる大作家でも、当時の社会情勢がそうであったように、やはり厳復への関心は薄かったのだろうか。

三——初等教育

◈蒙学家塾で学ぶ

父の厳振先は、厳半仙（厳名医）と呼ばれるほど、医術は熟達して評判が高かった。彼の事績を伝える「侯官厳先生行状」には、医療費を払えない患者には無償で治療し、閩地方に多かった伝染病から多くの人々を救うなど、医師の鑑として讃えられている。

このような父から、厳復はしばらくの間、初等教育を受けていた。八才になると、科挙（官吏登用試験）を目指すような富裕な家庭の子弟は、地方の官立学堂で学ぶ。しかし貧しい漢方医の子では経済的に無理なので、彼は咸豊一〇年（一八六〇）から私塾で学ぶことになった。古来、中国では官学と私学があった。私塾は私学の一種である。これに加えて、家伝師授（家庭教師）も私学の範囲に含む。

清末の私学の規模は二学級程度で、それぞれ「蒙養《もうよう》教学」（蒙学）と「経師《けいし》進学」（経学）からなる。蒙学は小学校から中学校相当、経学は科挙受験を目的とする、高等学校から大学程度の教科内容である。少年厳復が入学したのは、このような蒙学家塾である。

咸豊一〇年から同治二年（一八六〇〜一八六三）までの四年間を、厳復は私塾で蒙学の教科書のほか、科挙受験の基礎知識として、四書、五経を学んでいる。

同治元年、厳復は一〇才になり、叔父の厳厚甫《げんこうほ》が教える私塾に住み込んで、蒙学とともに書と詩作を学んだ。厳厚甫は博覧強記で詩作に長じ、私塾教授をしながら科挙の受験勉強を続けていた。その結果、光緒五年（一八七九）の科挙郷試で挙人に合格し、厳一族の名声を高めることになったが、『福建通志　高士伝』には「性狷介《けんかい》で寡黙」とあり、付き合いにくい人物であることを暗示している。少年の厳復はこのような厳しい老師《せんせい》から古典文学の薫陶を受け、旧体詩の詩作に興味をもつようになり、多数の詩を試作した。

◈「宋儒」黄少岩

同治二年（一八六三）、一一才の厳復は蒼霞洲の父の家に戻り、家庭教師を招いて教育を受けることになった。父の厳振先はささやかな漢方医だったが、彼の望みは息子にさらに高い教育を受けさせ、科挙に合格して官途に就かせることで、そのための投資は惜しまないつもりだった。彼の患者のひとりで、儒者の黄少《こうしょう》岩《がん》が、家庭教師として厳復を教えた。

彼は蒙学の家庭教師をさせるには惜しいような博学で、宋、元、明の学派にくわしい。

「漢学と宋学を、等しく重視せねばならぬ」

という主張が彼の持論で、著書『閩方言』でも、明代の学派である東林党の歴史を詳細に論じている。漢学は、漢代、唐代の経書訓詁《くんこ》（解釈）学を基礎とした学問で、儒学の主流になっている。多くの場合、解釈に解釈を重ねたような経書訓詁学からなる。

これに対して、宋学はこのような訓詁主義を排斥し、人間本来の性質や、宇宙（自然）との関係を明らかにしようとした。つまるところ黄少岩は、清代中国学界の主流から外れた「宋儒」であろう。

彼は厳復に四書五経の素読を教えるための教育カリキュラムを組んだが、その手始めに、近くの芝居小屋の二階を借りて、師弟が起居をともにしながらの授業をはじめた。素読の声は、周辺ではかなりうるさく感じられるので、その対策である。毎夜、階下で芝居が演じられているときは、老師《せんせい》は眠り、騒々しい鳴り物の音がやむと、起きだして灯をともし、再び素読がはじまる。しかし経書（四書五経のテキスト）には底知れない豊富な学識を傾ける博学の先生にも、あいにく、大喫煙《ヘビースモーク》という悪習があった。芝居小屋の二階を教場にしたのは、音響対策だけでなく、どうやら喫煙対策が主な動機かもしれない。

厳復少年は昼間の授業を終ってから、濛々と先生が煙草をくゆらす傍らに控え、宋、元、明代の学派や典籍、学術思想の由来や典拠についての先生の講話を、飽くことなく聴き入った。黄少岩は、授業の合間に、「国の興亡について心を寄せることは、知識人の義務である」と説いた。科挙受験に集中して、目前の打算的な知識のみに走りがちな少年の心に、師の黄少岩は「愛国心」の意識を植え付け、厳復の人生に大きな影響を与えた。

四———師と父の死

◈黄少岩の死と結婚

「松下村塾」のような教育は二年で終わり、同治四年（一八六五）に黄少岩は病死した。ヘビースモーカーに多い、肺がん系の病に冒されていたのかもしれない。単に教師としてだけでなく、師の人間性に共感と尊敬を抱いていた厳復少年は悲嘆にくれた。少岩が病床についている間、彼の息子の黄孟《こうもう》修《しゅう》が厳家を訪れて厳復を教えていたが、少岩の死後は孟修が正式に家庭教師となり、抜貢《バーゴン》受験をめざす厳復を指導した。抜貢とは、一二年ごとに各省の学生中の優秀な者を選抜して京師（北京）に送り、一定の試験を行う。その結果によって知県などの小京官《シヤオジングワン》（京師勤務の下級官吏）の職が授けられる制度である。高級官僚登用試験である科挙に対して、抜貢は若年層限定の、実務官僚登用試験にあたる。

翌同治五年（一八六六）春、厳復は一四才で王家の娘（王氏）と結婚した。二人は同年で、現代の感覚では首をかしげるような年令だが、当時としては、それほど不自然ではない。王家の実家は、厳振先の医師としての盛名にほれこみ、娘を息子厳復の嫁として託した。結婚は両家の親同士がとりきめるので、当事者である息子、娘には、発言権はない。

ところが、受験勉強はおろか、生活自体が立ちゆかなくなる事態が生じた。師に続いて、父、厳振先が病死したのである。

◈父の死と貧窮からの脱出

振先は腕の立つ漢方医だったが、賭博好きという、致命的な悪癖があった。医院が繁盛したにもかかわらず、いつも家計が苦しい原因は、しばしば賭博場に出入りして、賭けごとにのめりこんだことによる。この結果、わずかな財産はすべて失い、同治五年（一八六六）、黄少岩に続いて、振先は「霍乱《かくらん》」を病んで死んだ。霍乱は日射病の一種だが、当時、吐瀉や下痢をともなう症状の病は、広い範囲でこの病名で呼ばれていた。実際は、賭博の負債に窮し、精神錯乱による脳溢血などが原因と思われる。一家は収入の道を失い、その上に賭博の借金が残って、たちまち食うに事欠く生活苦に陥った。漢方医の家に生まれ、父の医業を継ぐつもりなら、それなりの修業をしているだろうが、息子が科挙を受験し、挙人、さらには進士に合格して高級官僚への道を歩むのがそもそもの父の目的なので、それがかなわぬ夢となれば、前途は見通しが立たず、なんらかの生き方を模索しなければならない。今日の飢えを凌ぐ食をどうするかという絶体絶命の境遇の中で、厳復は「清貧」という言葉の欺瞞を実感した。清い貧などはありえない。貧は汚く、醜く、残酷なものだ。貧は人間性を卑賤におとしめ、憎悪、猜疑を募らせ、人格を破壊し、精神を摩滅させる。この時から、彼のその後の生き方の中心は、個人、社会、国家、民族のすべてにおいて、「貧窮からの脱出」の一点に絞られた。父の死で、厳家の家族は彼のほか、母の陳氏、妻の王氏、それに二人の妹の五人となった。廃業した福州蒼霞洲の元医院の住いには債鬼が押しかけ、いたたまれなくなった一家は、一切の家財を捨てて、夜逃げ同然に住み慣れた町を離れた。辿りついた先は、厳家の故郷、陽崎郷に残されていた狭い土地と、物置になっている陋屋《あばらや》で、ここに彼らは身を寄せ合って雨露をしのぎ、母と嫁が近所の知人に嘆願して、刺繍や裁縫の手仕事をもらい、辛うじて食べるだけの銭を稼いだ。当時の女性は、女子教育の必須科目として家庭料理、裁縫、刺繍、時には機織りの技能を身に着けているので、このような事態になると、現実的な生活力がある。それに引きかえ、唯一の男手《おとこで》として一家のあるじとなるべき厳復は手に職がなく、道端でものを売る商才もないので、とりあえず、母や妻の稼ぎで食わせてもらうほかはない。屈辱と焦りにせきたてられ、彼は追われるように外に飛び出しては、木枯らしが吹き始めた陽崎郷の村落をめぐる狭い道をさまよい歩いた。

◈福州船政学堂

窮すれば通ず、ちょうどそのころ、転機が訪れる。同治五年（一八六六）の冬に、中国の各地で、「学生募集福州船政学堂」の告示が行われた。地元の福州では、陽崎郷の辻の掲示場にまで募集要項が張り出され、住民たちのあいだに噂が拡がった。

「おい、馬尾《マーウエイ》にできる船政学堂じゃ、船造りや船乗りを育てるんだとよ」

「宿舎と三度の飯つきで、給金も出すそうだぜ」

「教師はみんな、西洋人だそうじゃねえか、言葉はどうするんだ」

しかし、入学してから、何をどのように学ぶのか、とりわけ、卒業後の進路はどうなるのか、まったくの新設学堂なので、先行きの不安がぬぐえず、応募者は思うように集まらない。生活に余裕のある階層では、ほとんどが科挙に合格して、官途で立身出世するのがかれらの子弟教育の目的である。船政学堂の目的である技術教育は、反面として科挙合格者のような、高級官僚としての栄達を断念することを意味する。科挙とは無縁の一般民衆は、職人になるには工房で、徒弟として親方に仕込まれて仕事を学び、商人になるには商店で丁稚として働きながら、商売の一部始終を実際から覚えてゆくものとして、学校での職業教育には最初《はな》から信頼していない。これから創設されるらしい「水師」(海軍)に奉職するとしても、この時代、武官に対する評価は、文官よりも格段に低かった。要するに、船政学堂の教育目的が、近代産業における科学技術者として一般社会に評価されるまでにいたらず、高級職工養成所ほどの認識しかない。応募者が少ないのも当然だった。

この募集告示をみたとき、なによりも厳復の心を引いたのは、「給料が支給される」の一条だった。まだ、わずかながら、科挙への未練があったが、なにはともあれ、家族のためにも、今日、明日を生きなければならない。彼は母と妻に入学志望の決意を告げ、先行きの不安を抱きながらも、彼女らも同意した。給料が支給されるという条件は、生活苦の一家にとって、この際、何にも換え難い魅力である。

◈叔父・厳厚甫を説得する

入学志望者は、既定の入学手続きのほか、たしかな人物による保証書がいる。平民階級である厳復には、有力な保証人としての官吏や、地元の商人などの知己はなかったが、唯一、彼の私塾時代の老師で叔父の厳厚甫は、のちに郷試に合格して挙人となった人物で、「郷紳」(地方名士)として申し分ない。厳復と母はさっそく厳厚甫の自宅を訪れて、保証人になってもらうよう請願したところ、意外にも厚甫は拒絶した。

「政治的な紛争に巻き込まれたくない」

というのが、拒絶の理由である。船政学堂を統括する福州船政局は、三年前の同治二年(一八六三)に、閩浙総督に任命された左宗棠《さそうとう》が皇帝に請願して、今年の夏に認められたばかりである。

その当事者の左宗棠も陝甘総督に転任になった。

「万一、朝廷の方針が変った場合、入学者の保証などして、あらかじめ旗色を鮮明にするのはまずい」

厚甫は厳復の人間性や能力には疑いを持たなかったが、皇帝や取り巻きの意向によって、現場が振り回される過去の例を教訓として固執していた。利己的な厚甫の態度に、がっかりした母子が相談した親族のひとりが、一計を案じた。

「厚甫と陵（厳復の字）が叔父甥の間柄に間違いないことは、三代以上続いた系図からはっきりしているんだ。あんな非情な奴には、因果応報、こちらもそれ相当の方法で、仕返しをしてやれ」

彼は厳厚甫の経歴や功賞を書いた書面を作れ、といい、偽造した印鑑を送ってきた。このままで通ればよし、ばれれば居直る作戦である。母子とも、目的を達するためには手段を選ばない覚悟で、偽造した保証書を願書に添えて、船政局に提出した。あいにく、保証人への問い合わせ文書によって、事は厚甫の知るところとなり、彼は厳復と母を呼びつけて罵倒し、保証書を取り下げろと迫った。母子は床に跪いて、泣きながらひたすら詫びたが、取り下げるとは言わない。厚甫の罵倒の声が途切れたところで、厳復は顔をあげ、反撃した。

「叔叔《シューシュ》（叔父さん）、お言葉はごもっともですが、私にもひとこと言わせて下さい。父が亡くなって以来、我が家がどうなったかは、よくご存じのはずです。私たちは助けてくれる人もなく、陽崎郷に流れ着きました。ここで、ただひとつ、生き延びる道と思われる機会に必要な保証をお願いしたにもかかわらず、叔叔には聴いていただけません。もし、どうしてもお許しいただけないのであれば、そのときには、実の叔父にもかかわらず保証を断った非情な行為の結果、私たちは、生きるためにやむを得ず、保証書を偽造したと船政学堂当局に申し述べなければなりません。それは私の老師《ラオシ》であり、この地の名士である叔叔の面子《めんつ》にかかわり、まことに耐え難いことです。いかがすべきか、ご教示下さい」

「小僧、わしを脅迫するのか」

思わず、厚甫は恐怖に似た感情に襲われて、立ち竦んだ。親族を大切にして、危難の場合は何をおいても助け合うのは、中国人の伝統文化である。また面子を重んじることは、どの民族にも優るとも劣らない。しかも、彼はこの伝統教育の指導者である。あきらかに完敗だが、ここは長者の立場として、恩恵を与える形でわが面子を救わなければならない。

「許せんところだが、今回だけは特に見逃す。以後再びは許さんぞ」

厚甫は、強がりの形相も荒々しく、「帰れ」と戸口を指した。

第二章

福州船政学堂時代

同治五—同治一〇年（一八六六—一八七一）

◉一四—一九才

一──左宗棠と沈葆楨

◈左宗棠の福州船政学堂創設

厳厚甫《げんこうほ》との保証人問題は、厳復の捨て身の反撃でうやむやになり、同治六年一二月一日（一八六七・一・五）、彼は妨げるものもなく、馬尾《マーウエイ》の福州船政学堂の入学試験を受験した。馬尾は、東シナ海に注ぐ閩江《びんこう》の河口から二〇キロメートル余り上流にある、福州の河川港である。福州の市街は、さらに閩江を二〇キロほどさかのぼった上流にある。

馬尾に福州船政局が建設され、造船工廠と、それに付属する船政学堂（造船学校と航海学校）があり、地元の住民は「馬尾学堂《マーウエイシユエタン》」と呼んだ。まだ計画してから一年も経っていない。当然、生徒の募集もはじめてである。

福州船政学堂は閩浙総督左宗棠《さそうとう》によって創設された、近代中国最初の海軍学校である。同治五年五月一三日、左宗棠は皇帝に福州船政局（福建海軍管理局）の創設請願「福州船政局創設の建議」を上奏し、朝廷からは経費等の指示をつけて批准（承認）された。

海軍の建設は、左宗棠の十数年来の構想だった。彼は閩江流域福州馬尾鎮三岐山に船政局建設地を指定した。閩江は福州の北西方向から東南に流れ、福州市街近くでは中洲が点在しながら、下流の馬尾鎮付近で川幅が広がる。このあたり一帯が馬江である。

左宗棠は按察使《あんさつし》福建補用道、胡光墉《ここうよう》を、造船工廠建設工事の責任者に任命した。按察使とは、地方府県の民政、司法の監察官である。胡は上司の期待に応え、造船工廠は竣工した。左宗棠が構想した中国近代海軍の萌芽である福州船政局は、主として三つの部分からなる。すなわち、製鉄工場、造船工場、それに人材育成の場としての学堂（学校）である。左宗棠は同治五年一二月二四日付総理各国事務衙門公文書の中に、人材育成手順として重要な指示をしている。

（前略）仕事の原理を極めようとするなら、体系的に書物によって学ばなければ修得はできない。ゆえに、船政局の中において技術学校を付設し、十余才の俊英なる子弟を入学せしめ、教科書によって継続的に外国語、理数学など実学を教育する。卒業すれば指導者として後進を教育し、船舶の知識（造船、航

左宗棠（『船政学堂』科学出版社）

沈葆楨（『船政新発現』福建省音像出版社）

海）について、一からはじめて百（すべて）に至らしめる。（後略）

彼は「人材育成」を目的として、蒸気機関船の造船技術と、航海における操船技術の習得を目標実現の手段とした。それを具体的に実現する地として指定した福州馬尾鎮は馬江北岸に位置し、江の中にそそり立っている馬形の岩礁が地名の由来である。馬江から直角に東北に方向を変える曲がり角にあたるところに島があり、その東南部先端に建てられた仏塔、羅星塔が、航行の目印になっていた。それで、福州に領事館を置く英国人たちは、この島をPagoda Island（仏塔島）と呼んだ。河口から馬江までの閩江は大型船の航行も可能な水深があったが、沿岸は小さな島が碁石をちりばめたように点在し、両岸が狭まるところの山容は険しく、防備に適する。閩江の流れは馬江の東部から直角に東北に向かい、現在、福州長楽国際空港がある長楽市の北方を、小島によって二股に裂かれた河口から台湾海峡北部の東シナ海に注ぐ。付

福州船政局跡　現在、馬尾造船股份有限公司（『中法馬江海戦日誌』福州市社会科学院編）

近からは、木材や石炭などの資材も入手しやすく、二〇キロあまり上流の、福建の主都福州を守る軍事的関門にもなった。

◈沈葆楨の船政大臣就任

このように、左宗棠が船政局建設に没頭している時期に、清朝政府は同治五年（一八六六）八月一七日、彼を陝《せん》甘《かん》（陝西・甘粛）総督に任命した。清国の高級官僚は、数年ごとに他の任地へ転任する。左宗棠の閩浙総督在任期間は三年がすぎた。清朝政府は、彼の軍事的才能を買って、叛乱の多い地方の統治を期待したらしい。このときも、期待にたがわず、赴任時に寧夏《ニンシャー》など、北西部のイスラム系少数民族、回《ホイ》族の武装蜂起を鎮圧している。そのころ、当時広西巡撫（省長官）だった沈葆楨《しんほてい》が、母の喪に服して福州の実家に帰っていたので、左宗棠は喪中にもかかわらず、沈を船政局統括の船政大臣に推薦した。沈葆楨は二七歳で進士に合格、翰林院庶吉士《シュウジーシー》など主要な官職を歴任した俊英である。同治元年（一八六二）には

広西巡撫に昇進していた。同治四年二月、両親の病衰で、休暇を申請して帰国し、三月に母が没したので、さらに一〇〇日を服喪した。時あたかも、閩浙総督左宗棠が船政局建設を実行に移しつつあり、しかも陝甘総督に任ぜられたころである。左宗棠は、かつて欽差大臣としてアヘン戦争を戦った林則徐の幕僚で、沈葆楨は林則徐の女婿だったので、二人は相知の間柄である。人材獲得のチャンスとばかり、左は沈を口説いた。

「喪中は承知の上じゃ。船政大臣として指揮してくれぬか、頼む」

沈葆楨はかねてから、地方官吏は中央の政治問題にかかわるべきでない、と考えていたが、自国の危機と将来を思うと、一官僚の個人的な考えにこだわっている時期ではないという意識が強くなった。左宗棠は、沈葆楨を説得しながら、一方ではフランスの海軍武官を招いて、造船工廠の建造についての意見を聴取している。この日から一七日後の同治四年九月二三日、沈葆楨は船政大臣への就任に応じ、来年、六月に喪が明け次第、任事《しごと》をはじめると明言した。左宗棠は一〇月一八日に、「沈葆楨の喪が明け次第、船政大臣に任命されますよう、そして執務いたしましたら、局の方針は、すべてお任せ願います」と皇帝に奏上し、一〇月二七日、軍機処は任命を布告した。左宗棠は即座に、福州船政局に関するすべての指揮権を沈葆楨に一任し、一一月初旬に福州を離れ、陝甘に赴任した。このとき、彼は次のように訓示している。

汽船を一隻建造することが、武器を装備するよりも重要であることは、あらためて言うまでもない。いまだ服喪中であるが、沈葆楨（船政大臣）は全力を尽くし事に当り、本布告の宗旨（目的）を達成されよ。

二——首席入学

◈航海技術と英語を学ぶ

船政大臣沈葆楨の指導理念は、まず、実務人材の養成だった。彼は「船政の基礎は、船造りに先立つ人造りである」、つまり「船政の基礎は学校である」と方針を定め、同治五年（一八六八）冬に、福州船政学堂を創立して学生を募集した。入学試験は、それぞれ名前を点呼応答し、容貌を照合する「口試」「面試」と作文一篇、それに身体検査の三項目で行われる。厳復は自分の名前を「厳宗光《げんそうこう》」とした。与えられた作文の題は、「生涯父母を慕い孝養を尽くす論」である。技術学校の入試作文としては、甚だ奇妙だが、人倫の道として、「孝」を最上位に置く儒教社会としては、別段不思議ではない。おりしも、彼は父の死の悲しみに遭遇したばかりだったので、家の没落も含めて悲嘆の思いが移入し、心情あふれる長い文章を書き上げて提出した。幼年期から少年時代のすべてにわたって、家塾で蒙学の基礎を叩き込まれ、文章も書体も見事である。少年とは思えない厳復の思想に、監督官として作文を閲覧した沈葆楨は深い感銘を受けた。とりわけ、彼も母を亡くして喪に服しているところだったので現実感がある。他の受験者と比較しても、格段の差を感じた沈葆楨は、厳復を首席の成績として入学を許可した。厳復と西洋を結びつける、新しい人生への門が開かれたのである。

同治五年一二月一日、福州船政学堂が開校し、厳復の学校生活がはじまった。開校当時、校舎はまだ建築中で、とりあえず福州城(市内)南の定光寺境内にある塔頭の白塔寺と、仙塔街の民家を借り、臨時の校舎兼寄宿舎とした。年内は仮校舎で学び、年が明けてから、馬尾の船政局構内に竣工した校舎と寄宿舎に移ることになる。

左宗棠は陝甘総督として赴任するに際し、清朝廷につぎのように奏上した。

学堂を開設する一方、熟練した外国語教師を招致し、英、仏の外国語を教え、数学製図に精通させます。学生(生徒)は当地の、教育を受けていない聡明な子弟から、資質あるものを選抜して入学させ、勉学させます。

年が明けて、同治六年(一八六七)のはじめ、仏人技師アーベルが洋風建築として設計した校舎が完成した。船政学堂は、「前学堂」と「後学堂」の、二つのコースに分けられている。前学堂は造艦技官を育成する造船学校で、フランス語を学んで造船技術の授業を受けるので、「法(仏)語学堂」とも称した。目的は、優秀な軍艦建造技術者の育成である。後学堂は航海学校で、英語を学び、操船と航海技術の授業を受ける。学校は別名を「操船学堂」「英語学堂」とも称した。目的は、将来の海軍士官を育成する、近代中国最初の水師(海軍)学堂とすることである。「後学堂」はさらに航海科と機関科に区分された。学生は入学の際、いずれかの進路を選ぶよう指示される。厳復は、航海科を選んだ。英語コースの進路を選んだ結果は、彼の生涯を決定的なものにする。

三——適者生存教育

◈造船・操船の人材育成

「船政学堂で優秀な学生は、すべてえり抜きの俊英であります」

京師（北京）の清朝宮廷に、左宗棠は誇らしげに奏上している。学堂の授業では、進路によって英語、フランス語のいずれかを必修科目として選択させ、この外国語を媒体として数理学の基礎学科、それに艦船設計、海図などの作図力を教育する。造船技術と工廠長としての管理能力、操船技術と船長としての統率能力の養成、これが船政学堂を創立した目的である。しかし彼らに対してしかるべき待遇をしなければ、厳しい学科訓練に耐えられる優秀な人材を確保することはできない。船政学堂は中国ではじめて造船や操船の人材を体系的に育成し、将来、水師の要職に就くべき若者の出自の地となるのである、と彼は力説する。

左宗棠は、学生（生徒）の学習レベルや生活水準、実習職場単位の能率などを、すべて評価対象として規定した。厳復は毎月銀四両《テール》を給料として支給され、彼はそのうち二両を母や妻の待つ実家に送金し、残り二両を自分の費用とした。

左宗棠は当初、福州船政局の規模を、造船工廠を五カ所、学堂一カ所、敷地面積二〇〇畝《ムー》（約一三万三〇〇〇平方メートル、一畝は約六六五平方メートル）と構想していた。沈葆楨が船政大臣に就任してから、この構想は拡大され、造船工廠は一三カ所、学堂校舎が五カ所、敷地面積は六〇〇畝と約三倍の規模となり、外観も大きくなった。沿岸には防潮堤を施し、工廠の土台は海面から五尺(尺はメートルの約三分の一)まで盛り土し、そのために、近隣六〇キロメートル前後の土地の土を買い占めた。船政学堂は造船系と操船(航海)系のほか、設計図、地図、海図などを作成する教育部門が必要とされ、「絵事院」が翌同治七年(一八六八)に増設された。才能ある年少者を選抜して作図技術を学ばせ、卒業後は船舶や機械の設計を担当する技官の養成所とする。このほか、昼間は造船工廠で働き、夜は寄宿舎で勉強する多数の若者もいて、成績優秀者は選抜され、前学堂(造船科)への進学が許された。新入生の募集については、船政大臣沈葆楨や船政局担当者も苦心した。

◈厳格な校則と競争思想

学堂の校則は厳格で周到だった。校則の条項はつぎの通りである。

一、学生には全員、入校後、端午《たんご》、中秋にはそれぞれ三日の休暇を与える。越年時には、学堂を閉じて全員実家へ帰宅し、開学時には登校する。ただし、外国の祝祭日には休暇はない。毎朝の起床、夜の就寝前には、教官から点呼と訓令を受ける。怠惰に流れて、学業をおろそかにしたり、教師を侮ったり、同学(学友)をいじめたりしてはならない。

二、学生は、入校後の食費、医療費は、すべて学堂事務局から支給する。重病患者は病状を監督教官が判断、帰宅させるよう指導し、治癒すれば復学させる。

三、学生の日常の食事は、学堂が供給する。各員の成績と、実家の状況を勘案して、規定によって毎月、銀四両を支給する。

四、学堂の日程は、三カ月ごとに一回試験し、教官によって採点、評価される。成績第一等レベルの者は、洋銀（銀貨）一〇元をもって表彰する。第二等レベルの者は無賞無罰、三等レベルの者は「惰一回」と記録、「惰二回」者は訓戒、「惰三回」者は落第とする。その第三回目で一等になった者は、別賞として衣料を贈り、意欲を鼓舞する。

五、学生の修学年限は、五年を限度とする。理由なく長期に休学したり、別に仕事を持つなどのことがないよう、学業に専念することを、入学時に本人及び父兄から誓約書を提出しなければならない。

六、聡明で才能ある学生を、監督官は常に留意して、見聞した情報を報告し、これによって船政大臣は、かれらの中から新たに監督者を選任する。

七、学生は卒業後、水師（海軍）士官として選任される。但し、造艦工廠長職、艦長職は、特に素質がなければならない。

八、卒業生の中で、（試験に合格した）有資格者は、工廠長、または艦長に任命する。

これによると、船政学堂の著しい特徴は、学生に対する厳格な管理と試験制度、それによって生じる優秀な者を褒賞すると同時に、劣弱な者を淘汰する、競争教育思想である。この校則の適用範囲は、学習カリキュラム、生活待遇、賞罰条例、学制と管理方法、卒業後の進路などに、原則として規定されていることが理解できる。これらは、現実に実行された。学堂の記録によれば、前学堂（造船コース）では、一八六七年二月から、一八七三年一一月までに第一期入学者一〇五名のうち、死亡者六名、落第などによる退学者六〇名で、わずか三九名のみが卒業している。すさまじい精鋭選抜、劣者淘汰の世界である。入学者一〇五人から死亡者六人とは、まさに戦場だ。退学者を戦傷者、生き残りが卒業生三九人とすれば、かれらは激戦を生き残った兵士と変わらない。この時代、学ぶことは、命がけだった。後学堂(航海コース)では、第一期卒業生は三三名、このなかに厳復がいる。第二期は一三名、第三期は八名と、辛うじて持続している感がある。

◈日・中の西洋式軍備教育

このころ、隣国の日本では、成立したばかりの明治新政府兵部省が、一八六九年に海軍操練所を築地に創設した。海軍操練所は兵学寮、そして海軍兵学校と名を改める。海軍兵学寮発行の教科テキストとしては、明らかな資料は少ないが、現在までに知られているものでは、英文原書の翻訳で『蒸気機械書』『博物階梯《かいてい》』『航海教授書』『数学教授書』『代数学教授書』『砲術教授書』『機学要語』など、英文原書では地理書、歴史、窮理(物理)、数学では代数学、算術、三角術、幾何、微積分、航海書では『英セーンス氏航海書』『米ボウジーチ氏航海書』『蘭ピラール氏航海書』など、各国の著名な教科書を翻訳してテキストとした。そして入寮資格は一五才以上であれば誰でも受験できるようになった。翌年(明治三)一〇月一二日、太政官は兵式を陸軍は仏式、海軍は英式にする公式決定を布告した。福州船政学堂でも英仏で兵式を分担するなど、日清両国は、競って西洋式軍備教育に国力を集中してゆく。

このような緊張した情勢を意識して、船政学堂の授業は、いささかも仮借しない厳しいものだった。学堂が雇用契約をしている外国人教習(教官)たちは、彼らに求められている使命感を意識して、真摯に職責を果たした。清国水師（海軍）を迅速につくりあげるために、清朝もこれらの外国人教師を手厚く待遇し、「頂《デイン》戴《ダイ》」（官位帽）「宝星《バオシン》」（勲章）を授与して、尽力を奨励した。「お雇い外国人」は通常、高給なので、すでに契約期間を満了しているにもかかわらず、満期延長を望む者もかなりあった。

◈基礎学科課程を首席で卒業

学堂の教程は、第一期の新入生が入学した当初は、それぞれのレベルに合わせた授業をしたので、それほど厳格ではない。カリキュラムにある学科にも、一定の教科書はまだ定めていない。ある程度の基礎知識を教えてスタートラインが揃うと、前学堂ではフランス語、西洋の一般機器、造船技術、算術、代数、幾何、解析幾何、三角、微積分、物理、力学などの初等教科と並行して、工廠で作業実習を学ぶ。後学堂では、機関科と操船（航海）科で実習教科が分かれるが、厳復が在籍した操船科では、英語によって一八科目の自然科学の基礎教科、さらに人文科学の授業があった。これに加えて、沈葆楨は課外科目として、毎日「聖諭広《せいゆこう》訓《くん》」（皇帝の勅諭）や『孝教』を全員で朗読させ、道徳科目とした。理数系の実務教育だけでなく、軍人として伝統的な道徳教育を重視する、船政大臣の方針である。

厳復は、同治六年（一八六七）一二月一日から、所定の在学期間である五年間に、英語をはじめ、代数学、解析幾何学、平面三角法、球面三角法、微分・積分学、動静力学、流体力学、電磁学、音響学、熱学、化学、地質学、天文学、それに航海学など、多岐にわたる学科を学んだ。これらの内容は、当時の西欧でも最新の学問や技術で、大別すると、自然科学の基礎知識と、航海技術の専門知識の一括伝習である。清国はもちろん、西欧列強にとっても、壮大な実験であった。厳復は、最優等の成績で、福州船政学堂後学堂を卒業した。彼にとって馬尾の五年間は、一生のどの時期にも換えるものがないほどの、黄金の高揚期だったに違いない。基礎学科課程卒業に続いて実習訓練のため、のちに戦艦「定遠」の艦長になる劉歩蟾《りゅうほせん》らの同学とともに、実習船「建威」に乗り組むことになったとき、厳復たちは連名で英人教官ジェームズ・キャロル（James Carol）に、次のような感謝状を贈った。

私たち一同は学堂を卒業し、修得した能力を実際に試みるべく、いま、まさに実習航海に出ようとしています。すでに周到な準備を終え、出発に際し、私たちは先生の忠実な生徒として、これまでのたゆまぬご指導に感謝の意を表します。（中略）

西洋国家の教育原理の源はギリシャにあり、ギリシャ人の原理の基礎は中国によるものです。かつては、智の原則は、古代の中国が四辺に伝える起点でしたが、これらが西方の国々によって高度の実用原理として高められるまで、その後の中国は、なんら意を注ぐことがなかったのです。明末の万暦時代に、有名な利瑪竇《りまとう》（マテオ・リッチの中国名）がはじめて天文学と数学を中国に紹介し、理論を詳細に説明しました。

しかるに、それ以後中国では、西洋の諸国が、これらの原理を広く応用している状況を知る人はありません。その理由は、伝える人がいなかったからです。

私たちのキャロル先生は、これら実用科学の基礎原理を十分に理解し、遠く英国から渡来して、数学、地理、天文学などの学科を教授され、いかなる状況でも問題なく任務が達成できるよう私たちに力を授け、十分にその任務を果たされました。先生の教育者としての精神に接し、私達は深く感化されるともに、今日、ここでお別れするのは、まことにお名残惜しく思います。

マテオ・リッチ（一五五二～一六一〇）は、ローマで数学と天文学を学んだイエズス会の会士で、中国へのキリスト教伝道の先駆者として知られる。一六〇一年に北京に至り、明朝万暦帝神宗に拝謁して、中国での布教と北京での居住を許された。布教とともに、西洋の学術文化伝播として数学、天文学の原理を漢訳し、とりわけ協力者徐光啓《じょこうけい》とともに、ユークリッドの演繹《えんえき》論的論証数学『原論』一三巻から、六巻を『幾何原本』として翻訳注釈し、中国の数学に大きな影響を与えた。しかし、五年間を英語で西洋の数理的学問を学んだ英才たちであったが、世界の文明の起源は中国である、とする中華思想は、厳然として崩れることはなかった。厳復たちは練習船「建威」に乗り組み、遠ざかる陸地に雄叫びを上げ、首途《かどで》の挨拶を贈った。

「わが祖国、中国に栄光あれ！」

第三章

実習航海と台湾従軍

同治一〇—光緒二年（一八七一—一八七六）

◉一九—二四才

一——練習船「建威」

◈練習船の建造と航海実習

船政学堂の五年間の基礎課程を卒業した後学堂の卒業生は、練習船に乗り組んで実際の航海技術を身につける。福州船政局には当初、卒業生を実習させる練習船はなかった。汽船を買うような、金額が大きい予算がない。しかしいよいよ、第一期卒業は来年に迫り、同治九年(一八七〇)、船政局は自局の造船工廠で建造した第三号汽船「福星」を、練習船に改造した。福星は木造機関付きの練習船に改装されたが、きわめて小型で、操船訓練の実習生はわずか一〇名前後しか乗せられず、操船性能もわるい。翌同治一〇年一月、福州将軍の文煜《ぶんいく》は朝廷に、ドイツから買い取った遠洋航海用帆船に補助機関をとりつけて改装し、練習船「建威」と命名したと奏上した。建威は長さ一二五フィート(一フィートは三〇・四八センチメートル)、幅二七フィート、積載重量四七五トン、前部砲一門、後部砲四門を備えている三本マストの帆船で、福星に比べて格段に操作性がよい。厳復は船政学堂の基礎課程卒業に続いて、航海実習生として同級生一八人とともに建威に乗り組んだ。数カ月間の基礎訓練を経て、同治一一年冬には、建威は東シナ海、黄海、それに渤海と中国東部沿岸を北へ帆走し、浙江、上海、烟台、天津に寄航して福州に戻る、沿岸試験航海を行った。同治一二年(一八七三)正月、後学堂第一期卒業の建威乗組実習生は、英人教官に率いられて福州を出帆、厦門、香港、シンガポール、ペナン島(マレー半島の西側、マラッカ海峡北口にある小島)まで、四カ月をかけて航海した。指導教官は実習生に自分で操縦させ、参加した実習生の行動を詳細に記録して、学習に用いた天文海図の用い方の状態を観察し、常に日月星辰の方位を測定させた。この結果、帰りの航海では、実習生たちは自在に操舵できるようになった。教官は実習生の動作を点検しながら、彼らの行動記録を照合し、一方では海洋の気象の変化と、それに対する実習生の反応に注意を集中した。

台風が発生すれば、巨大な波濤は山のように襲いかかり、叩きつけるような激しいピッチング(縦揺れ)や

初期の練習船「福星」
(『船政学堂』科学出版社)

ローリング（横揺れ）の中で、教官は実習生の精神状態と対応能力を成績優劣の評定として観察し、採点した。陽暦七月、建威は馬尾の船政局埠頭に帰着した。

　このときの「建威」の実習航海について、船政大臣沈葆楨《しんほてい》は次のように総括評価している。

細心かつ大胆な操船で、粵《えつ》（広東）出身の張成《ちようせい》、呂《ろ》翰為《かんい》が群をぬき、一方、計算が精緻で、計測に長じた者は閩《びん》（福建）出身者の劉歩蟾《りゆうほせん》、林泰曽《りんたいそう》、蔣超英《しようちようえい》が筆頭である。

同治一二年までに、「建威」は実習訓練の航海を二回実施したが、その結果、操舵能力をマスターした実習生は十数人にのぼり、それぞれ新造船に乗り組んで、一人前の任務を担当した。沈葆楨が評価した、「建威」乗組の優秀実習者の名簿に厳復の名はない。

　その理由は、彼は実習二年目に、新造艦「揚武」に配置転換を命じられたからである。

二——巡洋艦「揚武」乗組み

◈最大級の新鋭巡洋艦

同治一一年（一八七二）、二〇才の厳復は、遠洋航海実習のため、新造巡洋艦「揚武」に配置転換された。揚武は福州船政局が建造した七番目の機関つき帆船である。船体は鉄骨木皮（木材張り）で全長六三・四メートル、幅一一メートル、吃水五・六三メートル、排水量一五六〇トン、機関一一三〇馬力、巡航速度一二ノットの仕様で、乗員定数一四七人、砲一一門を備えている。フランス人造艦技師アンウイットの設計監理によって、三月一六日に進水した。同治八年（一八六九）五月一二日以来、福州船政局の造船工廠では、第一号船「万年清《まんねんしん》」の進水に続いて、第二号船「湄雲《びうん》」、第三号船「福星」、第四号船「伏波《ふくは》」、第五号船「安瀾《あんらん》」、第六号船「鎮海」が相次いで進水し、同治一一年に至って「揚武」「鎮南」「飛雲」「靖遠」「揚威」「済安」などの船が続いて建造され、この時点で、福州船政局は十数隻の汽船を保有した。このうち、第六号船までは平均一五〇馬力の輸送船や小型砲艦だったが、これらは軍用船としては効率が悪く、砲も少ないという弱点があった。そこで船政局は第七号船の設計では、欧米の砲艦の様式をとりいれ、船政局の技術顧問であるフランス海軍将校ジクェル（P.M. Giquel）が、本国に手配して購入した一一三〇馬力の機関を装備し、効率を飛躍的に向上させた。そして同治一〇年五月二五日（一八七一・七・一二）に着工、翌一一年三月一六日（一八七二・四・二三）

に進水した。約九カ月の工期を費やしている。艦名は「揚武」と命名された。揚武は、当時としては最大級の新鋭巡洋艦だった。鉄骨木皮構造で蒸気機関と三本の帆走マストを備え、前部に六門の膛《とう》砲(元込め砲)のほか、船首に二本、船尾に一門を装備した。別に重量六トンの旋転砲が備えられ、合計一〇門の艦砲で武装していた。揚武の火器装備は、砲の口径、数量、性能のいずれをとっても、前の六艦をはるかに凌駕した。

艤装を完了した揚武は、直ちに船政学堂付属の実習練習艦に指定された。厳復は揚武乗組みを命じられ、東シナ海から黄海を経由して、日本の各地を巡航した。艦長は、英海軍から派遣されたトレイシー中佐(のちに中将に昇進)である。英国海軍は清国と並行して、日本の海軍創設にもかかわっていた。おなじころ、日本政府も、海軍を創設中だった。揚武は日本の長崎、横浜などに寄港し、清国海軍の軍艦を見ようと押し寄せた数万人の群衆は、砲身を黒光りさせた揚武の威容に感嘆した。

◈明治政府の領土拡張政策

一八六〇年から七〇年の初めにかけて、明治政府は国是とする「富国強兵」の路線を走りはじめた。一八七二年(明治五)、政府は兵部省を廃して陸軍省、海軍省を設け、国軍の創設を図ったが、その目的は国防が建前とはいえ、本音は領土拡張である。矛先はまず、琉球(沖縄)に向く。琉球王国は清朝からは保護国扱いされ、薩摩の島津藩と清朝の両方に朝貢し、両属のかたちで独立を図ってきたが、結局、島津藩に征服された。明治維新後、日本政府は琉球藩を置いたが、明治四年(一八七一)に行われた廃藩置県で藩が廃止されて府県が置かれ、北海道のほか、三府七二県のひとつである沖縄県となった。一方、清国は琉球が清の属国であるとしている。発火しやすい領土問題をはらんだ中で、事件が起った。

福建海軍旗艦隊「揚武」（左）と砲艦「伏波」（右）
（『厳復与厳復故居』香港人民出版社）

ジクェル（P. M. Giquel）
（『船政学堂』科学出版社）

練習船「振威」（左）「飛雲」（中央）「済安」（右）
（『船政学堂』科学出版社）

三――台湾従軍

◈台湾での琉球人殺害事件

同治一〇年(一八七二)一〇月一五日、福州に向かっていた琉球の朝貢船二隻が台風に遭遇し、台湾に漂着して乗組員五四人が原住民に殺害され、一二人が逃れて福州に流れ着いた。福州は「貢道《こうどう》」とよばれる、琉球が清朝へ朝貢する窓口として、清朝から指定された港である。福州の役人は、これらの乗組員を琉球に送り返すとともに、これまで余り知られていなかった、台湾の住民について状況調査をはじめた。

日本の明治政府は、自国民である琉球人が殺害された国際問題であるとして大きくとりあげ、この機会に琉球・沖縄を、清国の属国から日本の一部であるとして、国際的に認めさせようとした。これに対して、清朝にはそれほどの緊迫感がない。危機感を感じるとすれば、造船や兵器など近代的設備に要する、膨大なコストである。翌年同治一一年一二月一四日、内閣学士宋晋《そうしん》は、福州船政局など閩《びん》の造船所の経費がすでに四、五〇〇万両《テール》に達しているのは浪費である、江蘇、滬《ろ》(上海)の各造船所もまた然《しか》り、当面、これらを停止するよう命じていただきたい、と朝廷に奏上している。日本政府は清朝とは逆に、積極的に軍備と外交の根回しを進めていた。目的は、台湾である。外務卿副島種臣《そえじまたねおみ》は米国駐日公使ドロンに、台湾を略取するまでの手順の資料を示した。あらかじめ打ち合わせていたらしく、米国駐厦門《アモイ》領事リーセントが休暇で帰国の途中というふれこみで日本に立ち寄り、ドロン公使は彼を副島に紹介した。日本はすでに、現地人に殺害された琉球人の事件を好機として、台湾への侵攻計画を立てている。このような状況での交渉に、リーセントは中国のことわざにある「識途老馬」（老馬は道を知っている）、つまり経験豊富で老練の仕事人《プロフエッショナル》として評価されていた。副島は彼を対清使節団の顧問に招請し、陸軍将官相当の職として待遇した。明治六年（一八七三）三月九日、日本の太政官政府は、副島種臣を全権大使に任命し、条約交渉に長けたリーセントの献策を参考にしながら、琉球人殺害事件について清国と交渉にあたることになった。会談の場所は天津ときまった。四月二〇日、副島使節団一行は天津に到着した。リーセントも、正式構成員として随行している。

◈台湾総督府の設立と出兵

清国側は、李鴻章《りこうしよう》が全権として副島と会談を行ったが、互いの主張を述べるにとどまり、陽暦五月七日に、副使柳原前光《やなぎわらさきみつ》が北京で総理各国事務衙門大臣毛昶熙《もうちようき》、董恂《とうじゆん》を訪れ、台湾原住民による琉球人殺害事件として実務会談を行った。毛昶熙と董恂は日本側の問題提起を、清国の国内問題で、決裁権はわが国にあるとして突っぱねた。日本側としては、予想通りの清国側の反応で、会談は、武力を行使するまでの手順のようなものだった。次は、実行あるのみである。

明治七年（一八七四）四月、日本政府は台湾蕃地事務都督（台湾征討軍司令官）に陸軍中将西郷従道《さいごうつぐみち》を任命し、外交顧問を米国厦門領事リーセント、軍事顧問を米軍現役将校のカイザーが担当した。日本軍は三六〇〇人余の兵を、軍艦三隻、輸送船一隻に分乗させて、台湾に向かって出動した。報告を受けた清朝同治帝は、直ちに軍機処を通じて、福建船政を統括する沈葆楨に「台湾生蕃《せいばん》（原住民村落）一帯を、機密に調査する巡閲を命ずる」と、勅諭書を下した。清朝廷はまだ、実態を把握しておらず、一週間後に英国駐華公使ウェイドから問合せの書簡を受け、ようやく事の重大さに気がついた。日本軍約三〇〇〇が、台湾東部に上陸した、という。同治帝は軍機大臣を通じて、沈葆楨を周辺の海防欽差大臣に任命し、台湾に渡って日本の侵台事件の処理を命じた。陽暦六月四日、沈葆楨は福建布政使潘霨《はんい》と、船政局外国人監督のジクェル、それに福州水師学堂の学生と兵七〇〇〇人を率いて三隻の汽船に分乗し、台湾に向かった。厳復は揚武乗組みとして随行し、台湾の海岸線を測量する作業に従事した。彼にとって、はじめての実戦従軍である。

欽差大臣沈葆楨の指揮で、清軍は約一万人に大増員され、清代全体を通じて、台湾で最強の軍事力を展開し、上陸した総勢三五〇〇人ほどの日本軍は、包囲される状態になった。その上、日本の遠征軍にとってわるいことに、夏から秋にかけて、台湾東部から南部は、疫病が蔓延していた。日本軍は伝染病患者が数知れず発生し、毎日、四、五人以上の病死者が続出した。一日おきに、一隻の船が、屍体と病人を満載して日本に向かい、軍の士気は落ち、兵は泣いて帰国を願った。窮した日本軍司令部は、陽暦一〇月三一日に清軍と「台湾事件特別条項」を締結し、日本軍はすべて台湾から撤収した。

翌年一月三〇日、沈葆楨は艦隊を率いて、台湾から福州に凱旋した。この二カ月前に、一九才の同治帝載《さい》淳《じゅん》が病没し、わずか四才の光緒帝載湉《さいてん》が帝位についた。清朝宮廷は、これまでに続いて、西太后が「垂簾の政」を行うと布告した。

第四章

英国留学時代

光緒三—光緒五年（一八七七—一八七九）

◉二五—二七才

一――清朝の留学生派遣計画

◈清国海軍欧州派遣留学生

同治一二年（一八七二）一一月、沈葆楨《しんほてい》は福州船政学堂前、後学堂を卒業した学生を、航海科は英国、造船科はフランスに留学させ、艦船、兵器、練兵技術に新機軸を導入するべく朝廷に奏上した。この建議は承認されたが、間もなく台湾事件が発生し、発議者の沈葆楨は台湾に出兵したので、留学問題はしばらく先送りになった。光緒元年（一八七五）、洋務派の官僚丁日昌《ていじつしょう》、呉賛誠《ごさんせい》が前後して福州船政局の督弁《とくべん》（監督）に就任し、前、後学堂の学生による西洋式の造船と航海技術の研究状況を視察し、その結果、外国留学が急遽必要であり、留学によって彼らの教育効果はいちじるしく向上することを確信すると北京に上奏した。

この年、福州船政局の監督を務めていたフランス海軍将校ジクェル（P.M.Giquel）は契約が満了し、帰国することになった。ただし、引き続いて軍事兵器購買代理人を引き受け、欧州で買い付けに奔走している。彼は中国語を流暢に話し、中国名を日意格《リーイーグ》と名乗り、中国側の立場として働いた。沈葆楨は船政学堂の五名の卒業生、すなわち前学堂から魏瀚《ぎかん》、陳兆翺《ちんちょうこう》、陳季同《ちんきどう》ら、後学堂から劉歩蟾《りゅうほせん》、林泰曽《りんたいそう》をジクェルに同行させるよう委託した。前学堂生はフランスへ、後学堂生はイギリスと留学先がきまり、仏英それぞれの造船工廠、軍艦、それに軍需工廠（兵器工場）を実習見学した。このときは翌年に行われた第一期留学生の先駆的な役割で、操艦の成績が抜群だった劉歩蟾と林泰曾は、イギリスへ発注した軍艦の引渡しを受け、中国へ航行する目的があった。厳復は翌年の正式留学生に指名されている。光緒二年（一八七六）一一月二九日、沈葆楨は欽差大臣直隷総督李鴻章《りこうしょう》と連名で、福州船政学堂卒業生を外国留学させる許可を求める上奏文を光緒帝に提出した。

李鴻章と沈葆楨は、奏上文の中で、三品御候選道の李鳳苞《りほうほう》を留学生の監督に推薦した。二人は、李を学識が広く志が高く、西洋の数学、各国の興亡の原因に通じた人材であると賞賛し、その上で、彼を第一回清国海軍欧州派遣留学生引率監督の最適任者として推薦した。ついで二人は外人監督としてジクェルを推薦した。実力者の李鴻章は、沈葆楨の原案によるこの上奏文を高く評価した。そのころ、厳復は福建海軍所属の巡洋艦揚武乗り組み実習を終える時期だったが、ちょうど離任して帰国する指導教官の英国海軍トレイシー中佐が彼を呼んだ。彼は実習航海での厳復の勤務態度を高く評価し、賞賛していた。

「君は今日、海軍教育課程をすべて卒業した。私もまた故国へ帰任する。互いに長い間の付き合いで、いま別れに臨んで悲しみに耐えない。適当な言葉も贈ることができないが、ひとこと言っておこう。学問は卒業をもって終るものではない。学を修めた出発点で、世に出て仕事に就き、その後は自ら求めて更に学ぶのだ。現状をもって満足してはならない。新しく知るべき知識は無限だ。君たちがともに努力することを望む。これは海軍の世界だけでなく、どの場合も同じだ」

先に述べたように、トレイシーは後年、中将に昇進した。厳復が英国に留学した際には助力を与えたと、シュウォルツは『中国の近代化と知識人』（東京大学出版会）で、トレイシーについて触れている。

二――ポーツマス海軍学校

◈世界最高水準の海軍人材育成

光緒三年二月二七日（一八七七・三・四）、厳復は第一期留学生の一人として、馬尾《マーウェイ》から軍艦「済安《さいあん》」に搭乗して出発し、香港で欧州行きの汽船に乗り換えて英国に向かった。一行の構成は、前学堂卒業生一四人、後学堂卒業生一二人、在学生八人、中国人監督李鳳苞、外国人監督ジクェル、随員馬建忠《ばけんちゅう》、書記陳季同《ちんきどう》、それに翻訳（通訳）羅豊禄《らほうろく》の総勢三九人である。造船科には、すでにフランスで造船工廠を実習見学した経験がある魏瀚や陳兆翶がグループの中核となり、航海科では首席卒業生の厳復と、のちに北洋艦隊の旗艦となる新造戦艦「定遠」を、ドイツから中国へ回航指揮した劉歩蟾が中心となった。

陽暦五月一一日、彼らはヨーロッパに到着、行き先に従ってそれぞれの留学先に分かれた。留学の目的は、速成の海軍幹部養成であるとともに、将来、世界最高水準の水師（海軍）提督と造艦技監の育成である。

厳復が留学した一八七七年は、イギリスは資産階級（ブルジョアジー）が政治的地位を確立し、通商と貿易、領土の拡張のために、比類のない強大な海軍力を拡大した時期である。その結果、三度にわたる植民地争奪戦争をことごとく勝利した。太平洋地域ではオーストラリアとニュージーランドを英領とするなど、一〇〇年前には、ヨーロッパ大陸に接する人口六〇〇万ほどの農業や牧畜を主とする小さな島国は、いまや世界最大の植民地をもつ富強帝国「大英帝国」に変身した。その象徴が、船である。上海に来航したイギリス（英国）船と技術は、フランスと並んで世界の最高水準だった。一八六六年の時点で、英国はすでに煙突五本、マスト七本、三二台の機関を備えた巨大汽船を保有している。当時、中国ではその威容を、「天下第一（世界一）の大汽船」と評した。

東アジアでは、日本も同様に英国に留学生を派遣していた。一八七七年三月に、日本が英国から購入した鉄鋼船が進水したとき、すでに日本からの留学生は約二〇〇人に達していた。日本人の留学は比較的早く、後年、連合艦隊司令長官として日本海海戦を指揮した東郷平八郎《とうごうへいはちろう》は、一八七三年（明治六）八月、テムズ河に係留した英国海軍のフリゲート艦ウースター（Worcester）号を校舎にした、ウースター商船学校に入校している。厳復の留学よりも四年前で、留学実行はやや日本の方が早い。

光緒三年（一八七七）四月一日、清国留学生監督李鳳苞は、陳季同、馬建忠、および羅豊禄を伴って、外国人監督ジクェルとロンドンの清国公使館に郭嵩燾《かくすうとう》公使を表敬訪問した。厳復ら十数人の航海科留学生は、ポーツマスに集合した。ポーツマスの地名は、日本人には日露戦争の講和条約を締結した、アメリカ東北部、ニューハンプシャー州の都市が知られているが、この場合はオリジナルのイギリスで、イングランド南西部ハンプシャー州南岸にある軍港都市である。イギリス海軍の主要根拠地で、海軍学校がある。厳復たちはポーツマス海軍学校に入学し、五カ月間在籍した。

三――グリニッジ英国王立海軍大学

◈英国海軍発展の起点

光緒三年八月(一八七七・九)、厳復は同行した五名の留学生とともに、ポーツマスの英国海軍学校から、グリニッジ英国王立海軍大学に入学した。この大学は、ロンドン市郊外の東南方向、テムズ河流域に位置し、元は王宮の一部である。

建築が始められたのは一七〇五年で、完成は一七五二年、大英帝国《グレートブリテン》の富と四七年の工期を費やした、壮麗な石造建築である。フランスと植民地問題で「七年戦争」を戦った当時、多くの負傷兵のために王宮を海軍病院とした。その後、ヴィクトリア女王の即位以来、六四年間戦争は途絶えたので、一八七一年にここは海軍の教育機関となり、一八七三年に王立海軍大学として、毎年の経費二万五〇〇〇ポンド余が王室から支出された。厳復が入学した五年前の一八七二年秋に、日本の岩倉特命全権大使一行がイギリスを訪れ、「是ヨリ川蒸気船ニテ、流レニ遡リテ緑威《グリンウイッチ》ニ至ル」と、次のように記録している。

緑威ノ海軍病院《ホスピタール》ハ、元王宮ニテ、英王ノ有餘ノ地(離宮)タリ、維廉《ウリヤム》第三世、及ヒ馬利《メーリー》后ノ時代ニ、英宮ヲ以テ海軍ノ病院トナシタル、高名ナル所ナリ、全院ミナ白石ヲ以テ建築シ、宮宇宏大ナリ、(以下

略）

（『特命全権大使　米欧回覧実記』二　岩波文庫）

校門を入った正面には、ヴィクトリア女王の銅像が屹立し、キャンパスの背後に広がるテムズ河の右岸に、グリニッジ山が樹木に包まれて聳え立っている。四〇〇余年の歴史を誇るグリニッジ天文台は、この山頂にあった。一八八四年に、この地点を通過する経線が「本初子午線」と定められた。本初子午線は、ここ

「緑威（グリンウイツチ）ノ海軍病院」（この後、海軍大学に）（『特命全権大使　米欧回覧実記』二　岩波文庫）

グリニッジ英国王立海軍大学の近景（『船政新発見』福建省音像出版社）

を零度として、地球上の経度測定の基準とするのである。大都市ロンドンに近いので天文観測には不適になり、現在は天文台はない。

ゆったりと流れるテムズ河を、絶えず往来する機帆船から発する機関音が、延々とつらなる工場のように川面に響いた。グリニッジ王立海軍大学の歴史は長く、多方面に才能を発揮する優秀な海軍指導者の養成を目的として、英国海軍発展の起爆点となり、世界制覇へと大英帝国を飛躍させる基点となっていた。このような教育環境のなかに、厳復、薩鎮冰《さつちんひょう》、方伯謙《ほうはくけん》、林永昇《りんえいしょう》、葉祖《ようそ》珪《けい》、何《か》心川《しんせん》の六名が、清国海軍派遣留学生として入学した。光緒三年八月二四日（一八七七・九・三〇）、監督李鳳苞は、公使郭嵩燾に六名がグリニッジ海軍大学に入学したと報告した。学長と教授から、歓迎の言葉があったという。

留学生の受け入れは、この国の国策になっていた。学内の広大なキャンパスは建物とあわせてA、B、C、Dの四区域に区分され、A区域は管理棟と校舎、図書館、B区域は画像館（提督記念館）で、二階以上は歴代英国海軍提督の肖像画が展示されている。一階は食堂、ホールと客室、それに運動室がある。C区域は二階以上が大講義室で、階下は球技室、D区域は模型収蔵館で、過去数百年間のあらゆる船舶の模型が収蔵されている。校舎の背後は、右側に機器を試作する実験工場、左側には外国の傷病兵を収容する病棟、左側は一五〇〇人を収容できる水兵の教練場がある。

大学の役員は、長官シェイダル提督、フォールス学長、「キャプテン」（艦長）と呼ばれているダニエル事務長、教科主任は数学がラット教授、応用物理学がレール教授、船舶工学（船舶浮力安定性理論、機関理論）がルー教授、砲台学（要塞構築技術、砲台設計）がニートン教授、航海学（海戦戦略、気象学、海路図、島嶼測定作図）がアルフェン教授で、これらの教授たちはすべて厳復を教え、鍛えた。

◈グリニッジ式授業と猛勉強

英国人ばかりの学内生活で、中国人留学生の英語力は急速に上達し、なかでも厳復の英語と専門知識は長足の進歩を遂げた。厳復がグリニッジで学んだ主要な学科は、上記の技術系学科とならんで、戦時国際法や判事、検事、弁護士の裁判制度に支えられた市民社会、議会や選挙制度が挙げられる。授業で講義に続く討論では、近年の交戦経緯がテーマになった。たとえば独仏の戦争では、一八七〇年に開戦し、翌七一年に独（プロシャ）側の勝利に終った普仏戦争、一八五三年に開戦したロシア帝国対オスマン・トルコ帝国のクリミア戦争についての討論である。とりわけ、後者はオスマン側に加担した英国がクリミア半島に出兵し、英海軍はロシアの黒海艦隊基地があるセヴァストーポリ要塞包囲戦に参加した。クリミア戦争は、関係国が一八五六年にパリで講和条約を締結し、開戦後約三年間でおわった。教室での討論では、主として交戦経緯と作戦指導、鉄鋼船の発展情勢などが論じられた。

授業は早朝、教室に集合し、六時に授業がはじまる。月曜、火曜、木曜は終日、授業があり、水曜、金曜、土曜は午前中が授業で、午後は授業はない。それぞれの教師は多量の授業量を時間一杯に密度の濃い講義をするため、授業中の質問は禁じられている。そのために学生は質問個所を教師に文書で預け、回答を待つ。放課後、学生と教師は問題の疑問個所を理解するまで討論する。これがグリニッジ式授業である。厳復は抜群の集中力と記憶力を発揮して、与えられた問題を的確に理解し、正確に解答した。

知識が増えるにつれて、彼は勉強の状況や見聞の感想を、詳細に日記に書きはじめた。グリニッジ時代の彼の日記『漏舸《ろうか》紀経《ききよう》』（水漏《みずぶ》船日記《ね》）には、科学の実用への強い関心を書き留めている。光学や音響学は電気学の構成要素である、という頁では、これらの動作は、必ず理論として（記号、数式などで）文書にすることができる。

と、科学の実用化を賛美した。

清国留学生の刻苦勉励ぶりは驚異的だった。彼らは極度に時間を惜しみ、日夜猛勉強した。しかし航海科（艦上実習）の学生江懋祉《こうぼうし》のように、努力を重ね知識を積んだ秀才であったが、過労が重なって結核で喀血し倒れる留学生は少なくなかった。航海技術のほかに、艦砲、一般武装火器、電気学などの学科を詰め込まなければならない。無理の度合いが過ぎて結核に冒され、喀血が止まらず帰国に追い込まれ、ほどなく死亡する。明治初期の日本の留学生も、同様の状況がみられた。祖国の期待を自覚し、責任感の重圧を担った若者の悲劇である。江懋祉のほか、航海科の学生何心川も結核に冒され、先日帰国したところだった。

このような猛勉強の結果、清国留学生の成績は、英国人学生と比較しても総じて優秀であった。厳復の同期の留学生中、造船科では魏瀚、陳兆翶が最優秀で、「フランス海軍造艦技官」の資格が与えられた。航海科では、劉歩蟾、林泰曽、厳復、蔣超英が成績最優秀で、とりわけ艦上実習が長い劉と林には、英国海軍指導士官の称号が与えられた。

◈西欧社会思想への関心

留学生は、毎日が別の理由で緊張した学業生活が続いた。その理由とは、留学生に課せられた「出洋章程」、すなわち留学生の教育課程が、規定通り厳格に実行されているからである。留学生は三カ月ごとに監督によって試験で選別され、試験の結果は船政大臣と通商大臣が協議して評価を決定する。試験の科目は平均一五科目で、必修学科は共通、専門学科は造船、航海に分かれる。

厳復は明晰な頭脳に加えて刻苦勉励に努めたので、グリニッジ海軍大学の定期試験ではしばしば優等をとった。薛福成《せつふくせい》『出使英法義比四国日記』では、次のように記述している。

航海科学生二〇人のうち、劉歩蟾、林泰曽、厳宗光（厳復）、蔣超英を最優秀となす。薩鎮冰、方伯謙、何心川、葉祖珪これに次ぐ。林永昇、林穎啓《りんえいけい》、江懋祉又これに次ぐ。

厳復とともに英国で学んだ一二人の航海科留学生は、厳復を除いて大部分の時間を艦上実習に費やしたのに対し、厳復は清国海軍の教官候補者として、艦上実習をすべき時間を英海軍大学で学術理論学習に集中するよう命じられた。彼はその貴重な時間を読書に割き、祖国を救うための真理を探求しようとした。二年間のグリニッジにおける自分の使える時間を、彼は一着の海軍大学学生の制服を着たきりのまま図書館で読書に耽り、海軍戦術論、海戦国際法など授業の必須科目のほか、さらに多くの西欧大思想家の著作を閲読した。彼は中国人にとって遠い世界だった、西欧社会思想への重厚な扉を開いた。とりわけ、中国がもっとも必要とする「富強」への道を示す著作は、「経済学の父」といわれるアダム・スミスをはじめ、ほぼイギリスの思想家で占められている。彼らの著作の言語が英語であることも、厳復に幸いした。彼がベンサム、マルサス、ミルなど、この時代に強い影響を与えたイギリス功利主義派の思想家の著書、それに当時、聖書に反する思想と世論が沸騰した、ダーウィンの『種の起源』にも目を向けたであろうことが、後年の翻訳活動の内容から推察できる。光緒四年（一八七八）に郭嵩燾の後任となった駐英公使曽紀沢《そうきたく》は、日記に次のような厳復評を記述している。

三月一三日、これは学生厳宗光からの書簡だ。甚だ長い。宗光の性格は率直、聡明で学を好む。議論をすれば知識は豊富だが、やや自信過剰で傲慢なところがある……

新公使曽紀沢と厳復は、最後まで反りが合わなかったらしい。ただし、「自信過剰で傲慢なところがある」という批判は、後年厳復と接した人々の印象記からみても、かなり当たっているようだ。このころから、彼の栄光と挫折の後半生が忍び寄ってくる。

四——駐英公使郭嵩燾《かくすうとう》

◈初代駐英公使と厳復の交友

厳復が留学したころ、清国は初代駐英公使として、湖南湘陽《しょうよう》出身で二九歳で進士に合格した俊英洋務派官僚の郭嵩燾を派遣していた。清朝最初の駐外国公使である。

郭嵩燾は博学多才、開明思想の持ち主で、アヘン戦争以後、洋患（列強侵略）について思索をはじめていた。そしてこれまでに経験したいろいろなルートから西洋を理解し、いつも友人と西洋の天文学や気象学につい

駐英公使郭崇燾
（『厳復与厳復故居』香港人民出版社）

て議論し、洋学者李善蘭《りぜんらん》から西欧人編集による中国語の『数学啓蒙』を借りて読み、他の友人から西洋人発行の中国語新聞を借りた。歴史地理学者何秋濤《かしゅうとう》の著書『朔方備乗《さくほうびじょう》』(北方の備え)の読後、ロシアの人文地理をめぐって議論している。このほか、アヘン戦争当時の地理学者魏源《ぎげん》の大作『海国図誌』を読み、西洋科学技術の研究に専念した。彼はロシア政府から清国に贈呈された図書や物理化学実験機器を「歩兵戦略論」「操船実務」「西洋一般科学機器」として分類記録し、また中国語と外国語の異同を論じるなど、その知識欲はとどまるところを知らなかった。

郭嵩燾は洋務派の官僚が封建制国家のまま、新しい工業社会を官で独占しようとする動きに反対し、中国の民間商工業を盛り立て、一般私人の事業経営を奨励すべきであると主張した。その手段として、主要な海港に市舶司(貿易管理局)をおき、商船や貿易業者に取引を奨励し、海運と外国貿易を通じて、中国の商人は、外国資本家の商取引の方法を学ぶべきである、というのである。しかし宮廷には官僚万能の保守勢力がはびこり、彼の先進的な発言はこれら頑固派(保守勢力)にとって受け入れ難いものだった。郭は在任中の北京から広東巡撫に転任したが、ここでも上司の保守派総督と衝突して左遷される。

一方、清国は英国にはじめて公使の派遣を決定したが、西洋で中国を代表できる人材探しに苦慮し、恭親王と軍機大臣の文祥《ぶんしょう》は郭嵩燾の起用願いを皇帝に奏上した。光緒元年(一八七五)元旦前に、郭は詔勅を奉じて北京に戻り、かねて記述していた『海防実務』を上申した。既述のように、官の権限緩和、民間の商取引拡大を推進するという内容で、保守派の反感は相変わらずだが、同感する官僚も増え、総じて郭嵩燾の知名度は高くなった。

彼はロンドンに赴任し、その繁栄する大都市を自分の目で見て、資本主義国家の本質について改めて熟考した。彼は教育が急務であると力説し、学校を開設するよう、南洋大臣沈葆楨に書簡を送り、保守派の主張する軍事教育優先には反対した。

人材は国を強め、物事の根源に関係します。よろしく通商港に学館を開設し、日々必要な実務のみを教科とする実業学校とすべきです。まずはこのための制度づくりが立国の根本であり、軍事はこのあとでよいと考えます。

光緒四年（一八七八）正月一日辛亥元旦、厳復は監督李鳳苞に従った六名の学生とともに、清国公使館を訪問し、郭嵩燾公使に春節の祝賀の挨拶をした。厳復は初対面である。

グリニッジで学ぶ留学生六人来訪、年賀の挨拶をなす。よって小餐を供す。……厳又陵（厳復）最も多く談話す。（後略）

当日の郭嵩燾『倫敦・巴里日記』の記事である。論理的で弁舌が機敏、問題のとらえどころが巧みで話しぶりも生き生きしている厳復は、郭嵩燾に強烈な印象を与えた。以後、二五歳と六〇歳の年齢差を超えて、ともに中国と西欧の学術、政治の相違を語り合い、しばしば時を忘れたと伝えられる。『倫敦・巴里日記』には厳復と接触したことを記載した記事が三六カ所ある。光緒四年元旦の初対面から、光緒五年元旦の別れの語らいまで、郭嵩燾は一年間の日記の中に三三カ所の厳復の活動と評論の記録を書き、ほぼ毎月接触があった。休日のすべての時間を割いて「日夜不休」(休むことなし)と記載している。郭嵩燾は、駐英公使として赴任したばかりのロンドンの第一印象を、次のような詩で表現した。

市街は灯光満天の星の如く煌めき、車馬は滔滔と行き交ひ煙霧を生ず
城市の栄え、宮殿の美、これに優るものありや

◈英国の政治体制への驚き

着任して数日後、彼は英国外務省にドルビー外相を訪れて信任状を提出し、公使館に戻って館員を集め、次の「五つの戒」を命じた。

一、食事の際の喫煙を禁ず　二、女遊びを禁ず　三、賭博を禁ず
四、遊蕩のための外出を禁ず　五、喧嘩を禁ず

反面として見れば、当時の清国公使館の規律状態が推察できる。このほか、整理整頓し、規律を遵守すること、四種の新聞を閲覧することを命じた。これらを翻訳させ、英国の社会を理解するためには、時間がかかってもやむを得ないと考えた。郭公使は英国の政治体制を知悉するために上院議会を参観し、新任のビーコンスフィールド首相と会見した。下院(日本の衆議院に該当)では議員が弁論を戦わせて法案を決議する経過を傍聴し、その感想を日記に記述している。

この国では、党派に分かれて国政を審議する。現在、二つの政党が、政権を争っている。現政権はビーコンスフィールド党首の自由党で、最近まで、前政権のグラッドストーン党首が率いる保守党だった。自由党議員は四〇〇人余、保守党議員は三〇〇人余で、互いに攻撃し言論で勝利を争う。ここでは、政権がどの党になっても、議案はそれぞれルールにしたがって議員によって審議され、必要な場合、変更あるいは否決される。勝敗は政党議員の比較数できまる。中国では見ることのできない制度である。

光緒三年二月二七日（一八七七・四・一〇）の日記には、英国の課税制度を論じた感想がある。

西洋が興隆、発展する所以は、君主と国民がそれぞれの立場で、共に等しく国政にかかわっているからである。

彼は英国議会の歴史から、絶対君主制と主権在民君主制の得失を比較して、国民のエネルギーを取り入れる立憲君主制こそが、国家の基本であると論じた。

一方、厳復は大学で海軍の知識を学びながら、時間の都合をつけて裁判を傍聴し、司法制度のあるべき姿を実感した。被告のために弁護士が弁論し、書記官が裁判の進行を記録し、刑事事件や民事訴訟を公平に処理する結果、市民は安心して仕事や生活ができる。

「貴（役人）が卑（人民）を断罪し畏れさせる」古来からの中国王朝の法体制の差が、西洋との富強の差を生じたと厳復は痛感し、衝撃のあまり、しばらく放心状態になった。後年、彼がフランスの政治思想家モンテスキューの大著『法の精神』の翻訳を志した動機は、このときに芽生えたのであろう。彼は英国の富強と中国の貧弱の要因を対比し、初歩的ながら一つの確信に到達した。光緒四年三月七日（一八七八・四・九）、厳復は郭嵩燾を訪ねて自分の視点と結論を話した。彼は中国で直ちに改めなければならないものを三つ挙げ、第一には、異端者を排除すること、第二には、情実に流れること、第三には、盲目的にある方向に従うことであるといい、郭嵩燾は深刻にして明晰な指摘だ、と賛同した。

二人は、互いによき知己を得たことを喜んだ。郭嵩燾は旧態依然とした体制を突破しようとする自分の仕事の困難と、道理が影を潜めた現状を思い、若い厳復の指摘に心底から同感した。しかし彼は京師（北京）で宮仕えをしていたとき、注官（官吏監視役）の何金寿《かきんじゆ》が参奏（疑惑弾劾奏上）のために身近に起居していたこと、また駐英副公使の広東人劉錫鴻《りゆうしやくこう》が、自分を陥れようとしている注官である懸念を感じ、これを怖れて厳復との議論で、政治的に微妙な部分は日記には書いていない。

◈厳復の科学技術への観察眼

光緒四年四月二九日（一八七八・五・三〇）、郭嵩燾公使はグリニッジ海軍大学を参観した。留学生監督李鳳苞、通訳の羅豊禄、四人の公使館員、それに公使館補助員の英人マコーレィらがつき従った。郭公使はまず、厳復らの起居する寄宿舎へ向かった。ここで勉強している留学生は厳復のほか、方伯謙、葉祖珪、何心川、林永昇、薩鎮冰の六人で、彼らは狭い通路に整列して公使一行を迎えた。厳復は郭嵩燾に摩擦で発電する物理実験を披露し、つづいて方伯謙とともに公使に付き添って、日暮れになるまで構内を案内して参観させた。彼は案内しながら数学から、対数の問題をいくつか示した。対数は乗法（掛け算）を加法（足し算）に、除法（割り算）を減法（引き算）に転換する、計算の加速法である。物理学では、ニュートンの万有引力の法則、力学では熱力学から熱伝導率、流体力学から水圧についての基本理論を説明し、科学の事例はいずれも共通した原理があると語った。

郭嵩燾は厳復の科学解説を絶賛し、留学生に科された日記にまとめて欲しいと要望するとともに、その日の自らの日記には、貴重な見聞として、できる限りくわしく書き記した。

三日後、監督の李鳳苞が留学生の日記を検査し、厳復の観察記録を第一とした。内容は郭公使に説明した理数学の諸原理のほか、英国人医師が記述した光、熱、空気、水、運動、飲食の医療六要素、それに軍隊の発展、爆薬炸裂力の測定にまで及んでいる。清国政府は、エリート留学生の観察能力を使って、英国の軍事技術の概要を吸いとろうとしていた。これらに加えて、厳復は中国社会が鉄道敷設を危険視して、せっかく敷設した路線を撤去するなどの現状を「四つの問題」にまとめて批判し、鉄道を敷設して機関車を利用すべきであると主張した。厳復は鉄道敷設に熱心だった。留学する以前、彼は沈葆楨に西洋の鉄道図説を紹介し、西洋の平坦で広い馬車道路と蒸気機関車軌道が、交差点で衝突しないように上下に交差して通行しているさまを説明したことがある。この話を、郭嵩燾は厳復との議論のなかで聞いて感心し、話題は中国と西洋の政治の根本的な考え方にまで及んだ。

彼の深刻な現状認識は、いずれも朝廷に跋扈する保守勢力への憎悪を反映している。しかも、国家の事態は目に見えて破綻の方向に傾きつつあった。

五――パリ遊歴

◈フランス陸軍の閲兵式典

光緒四年六月二日(一八七八・七・二)、厳復はロンドンから、フランスの首都、パリに向かっていた。清国留学生の実習の詳細な規定である「出洋章程」の履修項目としての、船舶機関の構造を学ぶ、という目的である。造船科の留学生は第四年目に造船所や機関工場で一年間、製造工程や監理マネージメントなどを実習する。航海専攻の留学生は前期九カ月を学校で基礎知識を学び、後期九カ月を現場で実地訓練する。ただし、今回の厳復らの場合は、フランスの軍事施設や都市構造を観察して、中国へ西洋中枢の技術を移入する役割を担わされていた。彼らの行き先は、新設されたばかりのフランス駐在清国公使館である。到着したときは、既に夜遅くなっていた。

このころ、郭嵩燾はちょうどパリに駐在していた。彼はこの年の正月二一日(二・二二)に、清国政府から駐英公使兼駐仏公使に任命された。五月二一日(六・二二)、彼は妻を同行して、ロンドンから東南東に向かって約九〇キロメートルほどの地点に位置する港町フォークストンから汽船でドーバー海峡を渡り、フランスのブローニュ港に上陸して、汽車でパリに向かった。途中、フランス北部の交通の要衝である都市アミアンで下車して休憩し、乗り換えた列車でパリに到着した。

この日、パリでは年に一度の大規模な閲兵式典が開催されたが、清国駐仏公使郭嵩燾は到着が一日遅れるので、参事官藜庶昌《れいしょしょう》、外国人留学生監督でフランス人のジクェルと公使館員の聯芳《れんほう》、陳季同、馬建忠らが参観した。郭嵩燾がパリに到着する時刻に、館員たちは揃って出迎え、藜庶昌は公使に、昨日の閲兵式と外国賓客との対応を、自分の感想をまじえながら報告した。

「四万人の隊列が整然と分列行進し、縦横ともにまったく隙がありません」

報告を聞いて、郭嵩燾はフランス陸軍の指揮官の統率力と、軍事水準の高さを実感した。留学生李寿田《りじゅでん》から報告された「筆記」に、フランス陸軍の総員約二七〇万人の構成が詳細に記録されている。当時のフランスの工業の発展速度はイギリスに比べると緩慢で、農業政策が上位を占め、大資本が高利貸形式で国外の弱小国に輸出を強行していた。国内の政局は不安定で同じような政党派閥が競い合い、軍隊が政治闘争の道具になっていた。フランス政府は社会不安を隠蔽し、民心を収攬する目的で、しばしば各種の祭典を実行した。

留学中の厳復（二六才）
（『厳復集』第一冊　中華書局）

この日の夜遅く、パリ市内の四カ所で放火があり、街中の車の通行が禁止された。二日目に、厳復一行六人がパリに着いた。

◈パリの行政管理と天文台

陽暦七月二日、郭嵩燾は厳復らと公使館員一同、計一三名を夕食に招いた。この小宴で、遠来の客をねぎらうつもりだった。パリはセーヌ河の河畔に位置し、市街は整然として繁華なことで知られている。黎庶昌は「地球上で第一の都市だ」と感嘆した。

厳復は数日を費やしてパリの市街を見て回り、外観だけでなく、市の行政管理の成果にも感銘を受けた。七月一一日の夕方、厳復と羅豊録は郭嵩燾を訪ねて歓談した。厳復は見聞の印象を語った。

「西洋の長所は、行うことが自然の理にかなっていることです」

郭公使は厳復が科学的に正確に観察していると感じ、同感だ、と日記に書いた。厳復がパリで活動して以来、一カ月ほどの間の郭嵩燾日記には、彼らが会った回数は十数回にわたっているが、話の内容には触れず、もっぱら食事を共にした回数とそのときの政治色を除いた話題を記録している。たとえば、鉄道施設図の解説、天文台や有名なパリの下水道の見学、それに西欧人が絶賛するヴェルサイユ宮殿の参観など、重要行動事項を記載し、感想を付記した。七月一八日、厳復は郭嵩燾に従って、パリ天文台(Observatorie de Paris)を参観した。天文学は、ヨーロッパ科学史上でも指導的地位にあり、中世の暗黒を近世の黎明へと啓蒙した学問である。コペルニクスが著書『天体の回転について』で主唱した、太陽を中心とする地動説や、ケプラーによる惑星運動の法則の発見は、固定観念となっていた教会教義の天動説を根本的に否定するとともに、近代天文学を諸科学の基礎とした。そして啓蒙時代の一八世紀を駆け抜け、早くも一九世紀を人々は「科学の世紀」と呼び、天文学に促されるように、その他の諸科学や産業も飛躍的に発展した。

天文台では、フランスの著名な天文学者に解説されながら、清国公使一行は、凹面鏡を設置した巨大な反射望遠鏡をのぞき見た。この場所はきわめて高く、パリを一望できる。

頑丈な鉄の基礎は地面深く埋め込まれ、その上に巨石を置き、高い望楼が互いに支え合うように連続している。望遠鏡の重さは約三トン、円筒形で大きな架台に設置され、上下に動かすことができる。精度の高い天体望遠鏡による観測に、厳復たちは感嘆した。

◈下水道・宮殿・砲台

七月二四日には、監督李鳳苞と厳復ら学生は、郭嵩燾に従って有名なパリの下水道を見学した。ここはパリ市内の汚水を集めて十数キロの遠方まで導き、市内の河川を汚さないようにする大地下建築構造物である。参事官の黎庶昌は、生涯忘れられないものとして、ロンドンの地下鉄と、パリの地下下水道を挙げた。この二つは、「公共とはなにか」という問いへの具体的な解答として、中国人エリートたちに強烈な衝撃を与えた。

七月二七日厳復は郭嵩燾に随行してヴェルサイユ宮殿を参観した。ほかに監督李鳳苞とフランス人監督のジクェル、それに英国人公使館員のマックリーが随行した。ヴェルサイユ宮殿は、パリの西南一八キロの地点の高台にある。この歴史的建造物は、一六世紀から一八世紀のフランス国王によって建造された行宮《あんぐう》である。広壮な宮殿は左右対称形式で、庭園に囲まれ、宮殿から放射状に三本の広い道路が走っている。庭園は縦長約三キロで、南北全長は四〇〇メートルある。とりわけ建築は風格があり、当時のヨーロッパの宮殿建築に模倣された。国王ルイ一六世が大革命で処刑されて以後、宮殿は共和制政治体制の議事堂に改装されたが、その後、重要な式典の場所になった。

午前中に参観を終えた一行は、フランス外務省の接待担当者に昼食に招かれ、特別にしつらえられた宴席で歓談した。午後にはサンシェルマンの陸軍士官学校に招かれて、校長が馬術演習を披露した。そのあとすぐに、パリ市を囲むように建造された砲台を見学した。

平時でも、砲台には五〇〇〇人前後の兵が常駐しているという。次の日も見学などに費やしたのち、郭嵩燾はロンドンに帰った。厳復はまだ数日パリにとどまって、探訪のあいまに写真屋で、のちに有名になった自分の肖像写真を撮り、再び英仏海峡を越えてグリニッジの英国海軍大学に帰った。

六――人生の知己

◈郭嵩燾の帰国と引退

翌年（光緒五年、一八七九）のはじめ、郭嵩燾は、公使の職を交代させる通告を清国政府から受けていた。厳復は郭嵩燾の知遇を受けた幸運に限りない感謝を捧げ、彼の離任を痛惜した。清国駐英公使郭嵩燾の離任は、『ロンドンタイムス』に大きく掲載され、公使交替の理由の詮索と、在任期間中の政治的功績を論評した。厳復がこれらの記事を翻訳した目的ははっきりしていた。彼は清朝政府の郭嵩燾への処遇にきわめて不満だったが、自分にできることは、この人事を批判する『ロンドンタイムズ』を中国語に翻訳して自国人に見せることぐらいだった。『ロンドンタイムズ』は、まず清国政府の夜郎自大（思い上がり）的認識から説き起こし、郭嵩燾公使を欧州について通暁していると賞賛して、中国が対外派遣する公使を見る目を失った事件であると論じた。厳復はこの翻訳を、帰国した郭嵩燾に送った。

郭欽差《きんさ》（公使）の解任は、およそ英国、仏国で彼を知るものは等しく残念がった。

郭嵩燾は公使時代に、頑固派（保守派）洋務派官僚の腐敗醜行と、職務怠慢を暴露攻撃した内容の書簡を、李鴻章に送っている。

これに対して、「腐敗勢力」は、帰国した郭に当然のように報復をはじめた。

大学士李鴻藻《りこうそう》は、腹心の駐英副公使劉錫鴻を使って郭嵩燾を攻撃した。郭が駐英公使を務めた時期の記録をまとめた著書『使西紀程』の版木ができ上がった直後、検閲官の何金寿が問題個所があると指摘し、出版を差し止めて版木を破壊した。すかさず劉錫鴻は、皇帝の権威と国風を貶める三大罪状にあたるとする問責状を提示し、郭嵩燾を弾劾した。すなわち、小国（英国を指す）国王に、大清帝国の公使が起立して表敬したこと、公使たるものが夷人の服装である洋服を着用したこと、音楽会で音楽を聴くだけでなく、西洋人に倣って諂《へつら》うような所作をしたこと、などである。

京師（北京）の保守派官僚は一斉に、郭を罷免するよう要求した。このような状況の中で、郭嵩燾は病を理由に自ら引退した。

これが彼の一年七カ月間にわたる、初代清国駐英公使兼駐仏公使として活動した結果だった。光緒一七年六月一三日（一八九一・七・一八）、郭嵩燾は七三歳でこの世を去った。

「人の一生で、真の知己を得る以上の難事があろうか！」

このとき、北洋水師学堂総弁（校長）在任中だった三九才の厳復は、訃報に接して激しく叫び、慟哭した。

第五章

北洋水師学堂時代

光緒五—光緒二六年（一八七九—一九〇〇）

◉二七—四八才

一――母校福州船政学堂に奉職

◈繰り上げ卒業と母校への着任

光緒五年五月（一八七九・六）、福州船政学堂では指導教官が不足し、教育課程の実施にも支障をきたすようになったので、厳復を繰り上げ卒業として教習の職に就かせると福建船政督弁の呉賛誠《ごさんせい》からの命令が到来した。厳復は光緒三年三月から五年六月まで、英国留学は二年余りだったが、成績は群をぬいて優秀だったので、上記の事情で待ちきれない船政当局は、繰り上げて教習に任命した。

厳復が最初に奉職した福州船政学堂では、四人の洋人総教習（教科主任）にそれぞれ教習を配置し、航海、機関の専門教官を充当する教育体制を編成していた。招請した洋人教習は、すべて学術や技術を修得して帰国した留学経験者に置き換える方針で、西洋の技術や学術を修得した船政局の職員も徐々に増加した。

この当時、李鴻章《りこうしょう》は南洋海軍に配属するため、「蚊子船《ウエンズチュアン》」と呼ばれる四隻の小型砲艦を購入して、中国に航行する手配をしていた。沈葆楨《しんほてい》は、折りよく留学から帰国する劉歩蟾《りゅうほせん》、林泰曽《りんたいそう》、それに病気で中途帰国する何心川を、それぞれ艦長に任命した。新造艦の移送航海の結果は衆望にたがわず成功し、沈葆楨と李鴻章はきわめて満足した。

万里の波濤を越えて、各艦が無事回航されたしらせを受け、二人の大臣は、留学生が成長したことを実感したのである。

国内の海防運動が緊迫した情勢で進行し、造船工廠も人材を求め、船舶も国産船と輸入船もあわせて増加している状況の中で、沈葆楨と李鴻章は艦船乗組員の需要が増大していると考えた。かりに現在の留学生全員が帰国して船政学堂の教職に任じられ、新たに航海士官と造艦技官を養成したとしても、依然として需要を満たすことはできない。西洋の学問、技術は日進月歩で絶えず発展している。中国の海防は、外国人に依存する考えを真剣に改めなければならない。外国に操られることなく、絶えず留学生を派遣し、常に最新の技術を学ばせるべきで、事あるごとに留学を止めさせるような、一貫しない政策は克服しなければならない。

このような趣旨を中心とした上奏文は光緒五年九月二〇日に提出され、一〇月一六日(一八七九・一一・一九)に上諭指示が下った。留学章程に照らし合わせ、人材を選抜して、留学生として派遣する準備をせよとの詔である。清政府は、沈葆楨・李鴻章両大臣の提議を批准(承認)した。それから二カ月後に、沈葆楨は持病の悪化により死去した。享年六〇才であった。「天性沈着にして練達老成」と讃えられた南洋大臣・両江総督を、清朝はこの重大な時期に失った。厳復もまた、自分の人生の方向を定めてくれた師であり、上司でもあった大切な人を失ったことを知らされた。

厳復が教えていた福州船政学堂は、引き続いて教育活動を続けていたが、前学堂は八期、卒業生一八〇名で学生募集を中止した。工廠管理者の質の低下と、入学志望者が甚だしく減少している状況による。ただし後学堂は継続して少なからぬ人員を募集し、航海科の卒業生は総計一九期二四七名、機関科卒業生は計一四期二一〇名の実績を残した。厳復が帰国奉職してからの学堂の在校生は三四〇名で、学堂にとって創立後、第二の高揚期である。

中国海軍将校の七割は福建出身といわれ、福州船政学堂はまさに中国海軍人材の揺籃、「海軍軍人像の鋳造処」となった。

福州船政学堂の創設以来の経過をみて、清国政府は海軍学堂の建設を重視した。各地の洋務派官僚も、福州船政学堂の成果に強く啓発された。これに加えて、海軍建設の高潮期が到来し、沿海地方や長江など大河沿岸の各省では陸続として、馬江学堂を模した一群の「水師学堂」を興した。隣国の日本では、一八七六年(明治九)に海軍兵学寮を海軍兵学校と改称し、東京築地に海軍兵科将校となすべき生徒を教育する中心拠点とした。海軍兵学校はまもなく広島県呉《くれ》の海軍鎮守府(軍港)に近い、瀬戸内海西部の江田島に移り、日本海軍人材の揺籃となったことも強い刺激となった。

◈三洋海軍の創設

同治一三年九月二七日(一八七四・一一・五)、総理衙門は海軍基地の名称について意見書を提出し、広東巡撫張兆棟《ちようちようとう》が見直して再度提出した。三洋海軍の名称内容が、今度は北洋、東洋、南洋水師計画と修正された。威海衛軍港、烟台要塞を含む山東から、直隷(首都北京、天津を含む河北省)を守備範囲とする北洋海軍、同様に、江蘇、上海を含む呉淞、浙江を範囲とする東洋海軍、そして福建(福州、厦門《アモイ》)、広東を範囲とする南洋海軍が配置され、江蘇布政使丁日昌《ていじつしよう》が立案・提議した、近代中国海軍の構想が明らかになった。

光緒元年四月二六日(一八七五・五・三〇)、総理衙門は各方面の意見を綜合し、原則として北洋、東洋、それに南洋とする三洋海軍を創立する方針で合意した。ただし、現状では財政が不十分なので、まず「北洋艦隊」を第一軍として創設することに決定した。

◈北洋水師学堂の総教習となる

光緒六年三月一一日（一八八〇・四・一九）の夜、文華殿大学士、直隷総督兼北洋大臣李鴻章は、三洋海軍立案者の丁日昌と側近の注官（官吏監視役）張佩綸《ちょうはいりん》、それに内閣学士陳宝琛《ちんほうちん》に、海軍幹部候補の能力について質問した。以下は三名の奉答である。

丁「現在、提督候補としては邱宝仁《きゅうほうじん》、鄧世昌《とうせいしょう》、劉歩蟾《りゅうほせん》、それに林泰曽《りんたいそう》が挙げられておりますが、この中では劉が最も優秀です」

張「劉歩蟾は粗野、林泰曽はやや軟弱なところがあります」

陳「厳宗光《げんそうこう》（厳復）は人物識見が大きく、資質に恵まれています。機会を見て、中堂（李鴻章の尊称）ご自身により福州でお調べいただければ、ご納得を得ると存じます」

陳は厳復と同郷の福建閩《びん》県侯官出身で、よく知っている間柄でもあり、彼の能力を買っていて、機会があれば上層部に推薦しようと思っていた。彼は同治七年（一八六八）に二〇才で進士に合格、翰林院庶吉士に任ぜられた俊英で、このとき三一才であった。厳復の死後、彼は故郷閩県侯官陽崎郷《ようきごう》に建立された厳復の墓に、次のような墓碑銘を書いた。

李文忠（李鴻章）は厳復の才能を偉とし、水師学堂総教習に任じた。（李文忠偉其能、辟教授水師学堂）

官僚たちの奉答を聞いた九日後、李鴻章は福州船政督弁黎兆棠《れいちょうとう》に書簡を送り、建設を予定している天津水師学堂に厳宗光を教習として赴かせるよう命じ、あわせて閩広（福建・広東）水域の練習船の状況報告と福州船政後学堂の章程（規定書）を送るよう指示した。

李鴻章は彼らの具申を綜合し、新設の本格的な海軍学校となる北洋水師学堂の総教習に、厳復を起用した。とりわけ、陳宝琛の推薦が効いたと伝えられる。厳復は命を奉じて思い出深い福州船政学堂を離れ、天津に向かった。この時点から、彼は新たな人生の転機に達するのである。

二――北洋水師学堂（天津）へ赴任

◈北洋水師学堂の開学

厳復は光緒六年（一八八〇）に天津に到着した。彼の手紙などから、七月七日（八月一二日）であるとされる。日本では明治一三年にあたり、西南戦争の内乱が収まって三年がすぎ、内閣制度への整備や、法典編纂など、ようやく政府としての基礎が安定しつつあったころである。七月一四日に、李鴻章は天津機器局の構内に天津水師学堂を開設し、前船政大臣呉賛誠が創設責任者となることを光緒帝に奏上した。

李鴻章の奏上議案は、きわめて迅速に朝廷で批准され、一七日には上諭が下り、水師学堂の開設承認と、それに続いて厳復が正式に総教習に任命された。七月二一日付の手紙で、李鴻章は黎兆棠に、厳復はすでに天津に到着した、呉賛誠督弁の尽力により、天津水師学堂は来年春に竣工すると知らせている。翌年、光緒七年正月（一八八一・二）、『万国公報』第六三一巻に「天津水師学堂章程」が掲載された。初期の教育内容と教育目的が七条にわたって示されている。次にその要所を示す。

一、（入学試験で）選抜される学生は、出身地を問わない。良家の子弟で一三才以上一七才以下を年限とする。既に数年の古典による読書教育を受け、作文能力もあることを前提とする。紳士相当人物の保証人を要する。入学志願者は天津道及び海関道（道は税関長官）によって面接試験を受け、一〇〇名を選抜して二次試験を水師学堂で行い、六〇名を選抜する。正式の学習は入試二カ月後とし、その間に性情が悪かったり、挙動が軽薄である場合は即時退学を命じられる。

二、不合格者で再度受験する者には、一カ月後に別記補欠試験を行う。（受験者が少ない場合の対策らしい）

三、在学期間は五年とし、五年未満で去る場合は退学とする。

四、初期の入学者には学力差があるので、読書量が非常に多い者を第一班、文理（文章の理論）にはまだ十分ではないが、読書量は多い者を第二班とする。読書量が少なく、文理にもまだ通じないが、素質があると認められた者を第三班とする。

五、第一班は毎月扶養金銀一両《テール》、第二班は毎季（三カ月）衣類・履物費を含めて銀二両、第三班は衣料費を含めて銀一両を扶養費として支給する。学業が進んだと認められる場合、再度試験をして昇級を考慮する。

六、学堂所属の医師が常駐し、学生が病気になった場合は学堂の医務室で診療して、父兄が立ち会うことができる。また、医薬の準備もある。重病の場合は実家に帰って治療するが、医療費は支給しない。治癒後は復学する。

七、学生の食事は、本学堂の規定により給与する。

厳復が福州船政学堂を去るとき、あらかじめ誘っていた学生二八人が、その後、天津にやってきた。光緒七年二月七日（一八八一・三・五）、前船政大臣呉賛誠は上海に来て、天津水師学堂のために学生募集をした。

この日の新聞『申報』は、社説とあわせて「学堂章程」を掲載した。募集人員が不足していることがわかる。

七月（陽暦八月）になり、校舎が完成した。天津の市街から東へ八里（四・六キロメートル）、天津機器東局の傍に建てられている。教室は広々として整備され、一〇〇余本を下らない垂木が天井を支え、広いバルコニーと花樹に包まれた新校舎は、中国最初の海軍士官学校の精鋭が学ぶ場所にふさわしい雰囲気だった。別棟に天体観測所があり、天文学を学ぶ学生が観測をする。一見して天津水師学堂は、見る者にひろびろとした庭園のような印象を与えた。李鴻章は「北洋の人材を養成し、その価値を高める」と表面上の目的を掲げたが、真の目的は、彼の率いる「北洋軍閥の一環である北洋海軍の人材育成」であった。

◈カリキュラムと競争制度

天津水師学堂は海軍兵科士官のみの養成機関で、福州船政学堂のような造船科はない。学科は航海科と機関科に分設された。航海科の授業は、教室と屋外で行われる。教室での授業科目は、国語（中国語）、英語、一般数学、代数、三角関数、平面・立体幾何、天文学、航海学、海上測量、力学、流体力学など、屋外授業は陸軍操兵、銃砲理論、弾薬理論、信号、射撃操練などである。機関科の授業も、教室と屋外実習であるのは、航海科とかわらない。教室では国語、英語、一般数学、代数、三角関数、平面・立体幾何、化学、一般物理、力学、流体力学、魚雷学、ボイラー学、橋梁学、製図学、機械工学、燃料学、工作実習などで、屋外実習は航海科と同様である。

航海科、機関科ともに招請した洋人教師が担当し、正教習各一名が専任した。毎日遅くまで教習たちは学生を校外に引率し、西洋（とりわけ英国）の海軍教練法によって訓練した。その後、福州船政学堂出身の留学帰国生に、副教習を委任することになり、授業は英語を主とし、実技、読書では中国語を併用した。

学堂在学の五年間のうち、四年間で所定科目を終了し、最後の一年は北洋大臣が試験で選抜した学生に練習艦で一年間、海上実習訓練を受けさせる。艦上訓練では各種艦砲の操作、弾薬の扱い方、マスト上のロープ操作、帆走技術など、艦上におけるあらゆる諸技能に通暁させた。

学生に対する学堂の試験は、きわめて厳格だった。春、夏、冬の三季に小考（中間試験）を行い、秋季は北洋大臣李鴻章がみずから試験に臨席する大考（本試験）がある。試験の結果評価には大きな差があり、優等者には贍銀《せんぎん》（給与）が加増され、あわせて功牌（銀製の賞牌）や衣料が贈られた。学生は給与待遇に満足していたが、さらに学業の進展を奨励するため、試験のたびに褒賞として加増し競争させた。それでもしばらくすると新入生が不足し、同時に受験者の質が凡庸になってきた。一定の募集の時期が過ぎると、その後しばらくは目に付くような才能のある者が少なくなる。李鴻章はその原因に思い巡らした。

「贍銀がまだ少ないようじゃ、いま少し増やせば、さらに集められるじゃろう」

彼は月給贍銀一両を四両にあらため、さらに優秀な成績で卒業した場合は、破格の待遇で海軍に採用すると声明し、入学志願者は随時受験できて、水師学堂総弁（校長）は公平に入学させる、と布告した。当然のことだが、いかに不公平がまかり通っていたかが推察できる。水師学堂総弁は道員呉仲翔《ごちゆうしよう》である。当時の道員（監察官）の尊称は「視察」と称した。総弁は道員の官職位が必要である。厳復の官職位は武官職共通の「司《し》銜《かん》」で、道員よりも下位だから、まだ総弁にはなれない。厳璩《げんきよ》「侯官厳先生年譜」（『厳復集』第五冊、中華書局）では、正四位官で厳復より官職階級上位の呉仲翔が総弁だったが、実際の工作（教務指揮）は、実質的に校長である厳復がとりしきっていた、という。周囲の評判はよく、役所の上下関係の交流も広い。彼のまわりには、いつも高級官僚や知識階級の人士があつまっていた。

◈厳復の失望と李鴻章の懐柔

水師学堂の形は、厳復の努力によって整ってきた。しかし学堂の外観とは逆に、彼の心は次第に憂鬱な雲に覆われてゆく。

当初、募集に応じた志願者は、英語はおろか自国語である中国語さえ読み書きできないものがいる状況である。それが李鴻章の督励を受けた厳復の苦心の教育訓練により、一通りの学力を身につけることができるまでになった。当然、この功績は厳復を第一に評価すべきはずだが、なによりも李鴻章の名声のみを高めることになった。李自身も、それを当然と思っている。結局は科挙偏重で、洋式の学校や教習は道具にすぎないとする洋務派の悪弊が、李鴻章の言動からあらわになった。

北洋海軍は、事実上、李鴻章の私兵軍団となっていた。彼は人事を独占し、腹心の官僚を多数採用して自己の政治勢力を強化していた。厳復を福州から天津に呼び寄せた目的は、その才能を尊重していたことには間違いないが、さらに期待した関心事は、厳復が李の派閥である北洋軍閥の一隊の長として、忠誠を尽くすことにあった。李中堂からそのような誘いを持ちかけられたとき、厳復は失望と悪寒を覚えたであろう。朝廷内外の官場（役所）では、どこもかしこも自己の功利に執着する貪官汚吏が横行する。目前に返事を待っている老高官は、まさしく彼らの代表にちがいない。厳復にその意志がないと見るや、李鴻章の態度は一変した。

しばらくの間、二人の間のやりとりは疎遠になったが、李としては厳復は余人をもって換え難い人材で、なんとかして気まずい関係を修復したいものだと思っているところへ、思いがけない情報が寄せられた。厳復が、アヘンを喫煙している、という。アヘンは国家が禁止する麻薬で、水師学堂の総教習の問題としては放置できない。それにしても、なぜアヘンなどに手を出したのか。

「奴も、従わなかったことを後悔しとるのじゃろう」

李鴻章は、即座にこの件を利用した。彼は水師学堂視察の際、宿舎に厳復を呼び、人払いをして意見をした。

「君のような人材が、(アヘン)喫煙をしているとは、まことに惜しむべきことだ。なんとか改める道を考えてくれ」

人心を懐柔する術に長けた、老練な李中堂の説得に、若い厳復は感じ入って受け入れた。

「中堂は、実に感じさせるものがある」

アヘンにはそれほど深入りしなかったようで、この時以来、遠ざかったらしい。彼は天津の学堂に就任してから、接するもの一切に、武官としてきわめて慎重に対処した。

「総教習、ここでやってゆくためには、十分に謹んで自ら身を守るのが肝要ですよ」

と、厳復にアドヴァイスする声に、彼も同感していたからにほかならない。

総教習の給与は、彼の家族を含めた生活には十分でなかった。彼は家族を福州に残し、単身赴任である。生活費を送金すると、貧しく味気ない天津の単身生活に、しきりに郷里と家族のことが思い起こされる。彼は天津にとどまりたいとは少しも思わなかった。水師学堂の発足が一段落したら、故郷の福州へ帰任を求めるつもりだった。社会は動乱状態で、天津の裏町にも飢餓状態の貧窮がいたるところに見られる。その一方で、朝野の官僚は国家の利益など無視したように快楽をむさぼり、特権にしがみつき人材を排除している。憂悶に駆られて日ごろの慎重さも忘れ、彼は人々に話しかけた。

「このままでは三〇年もたたないうちに、わが国の属国はすべて奪い取られ、中国は老いた牛のように、外国人に鼻面を引き回されるだろう！」

これを聴いた者はそれほど危機感がないので、ほとんど理解できないままに忘れてしまったが、注官から報告を受けた李鴻章は、厳復の思考が依然として体制批判に偏向しつつあると警戒し、必要最小限度に距離を置くようになった。

◈「富強」の原理との出会い

光緒七年（一八八一、日本では明治一四）、二九才の厳復は公職の余暇に洋書を読みはじめた。この一年で、彼は英国の哲学者・社会学者、ハーバート・スペンサーの『社会学研究』（The Study of Sociology）を読んだ。この書は著名な社会進化論者スペンサーの代表的な著作で、原書（英語）は一八七三年出版である。厳復は読み終わって感動し、

「この書に接する時期が遅かったことを恨む」

と「訳余贅語《やくよぜいご》」に賛辞をこめた感想を書いた。これは『厳幾道年譜』（王蘧常、商務印書館）に収録されている。この書はのちに厳復によって『群学肄言《ぐんがくいげん》』と翻訳され、中国で出版された。

はじめて英人斯賓塞《スペンサー》の『群学肄言』を読み進むごとに、感嘆すること未曾有であった。……斯賓塞氏

の『群学肄言』は、まさに群学（社会学）の先導の書である。……

厳復は『社会学研究』と著者スペンサーに心底から敬服し、本書は国家と社会のあるべき根本原則を語る内容を示していると論じた。この時から生涯を通じて、彼はスペンサー派となった。彼は西欧諸国、主として英国の著名な経済学者、哲学者による最新出版の著作を研究し、彼らの理論から西洋、とりわけ英国の「富強」の原理を、ノウハウとして探求しようと決心した。

中国で「富強」の原理を実現しようとした最大の軍閥政治家が李鴻章であった。厳復が天津水師学堂で総教習として九年間、会弁（副校長）として一年足らず、その後一〇年間を総弁（校長）として、光緒二六年（一九〇〇）に義和団と列強連合軍によって天津が破壊されるまで勤務していた前後の三〇年間はまさに、李鴻章の洋務運動事業が進行した時期である。

李鴻章は、富国強兵を得るためには「求富」、転じて「求強」を国家目標として提唱し、まず富み、次いで強力にいたる順序を国の指導理念とすべきであると認識していた。このあたりまでは、西洋の政治思想とも共通している。

◈李鴻章の専横と賄賂の横行

北洋海軍の人事は、ただ一人の人物がきめる。そこに権力を私物化した、公私混同がきわまる。海軍の各部門はなにごともすべて、李鴻章の私信によって動き、彼を取り巻く淮《わい》系（北洋軍閥の前身）の腹心たちが、その指示を実行していた。ドイツで軍艦の購買を担当している李鳳苞《りほうほう》公使も、旅大（現在の大連）の港湾地区である旅順に構築される砲台の購買や弾薬の選択には、すべて李鴻章の私信による指示がついていた。この具体的な情報として、篠原宏『海軍創設史』（リブロポート）「清国海軍の近代化」で、

清国の軍艦は当初（同治二年〜光緒八年・一八六三〜一八八二）英国からが大部分を占めていたが、光緒八年（一八八二・明治一五）からは、それがほとんどドイツに変わる。この裏の事情としては、李鴻章にとって天津海関の独人ディートリッヒが良き助言者であったことが挙げられる。彼（李鴻章）はディートリッヒを経由しての発注を好んでいた。

と、新興のドイツが「良き助言者」ディートリッヒを用いて、李鴻章に贈賄攻勢をかけていたことを暗示している。光緒三年（一八七七）、李鴻章はドイツのステッチンで独海軍の新造戦艦ザクセン（Sachsen）が進水式を行った報告を受け、ドイツ製の艦が英国艦に比較しても遜色がないと知らされた。翌年、駐独公使として赴任した李鳳苞は、清国の軍艦をドイツで建造するよう提案し、李鴻章はザクセン級の戦艦二隻、巡洋艦一隻、水雷艇一〇隻をディートリッヒを介してドイツのフルカン社に発注した。この間に李鴻章、李鳳苞はじめ、関係者に横領された公金は六〇万両に達した。

一八八一年一二月二八日、第一号戦艦は「定遠」と命名され進水、翌八二年一一月二八日、第二号戦艦が「鎮遠」と命名され進水した。戦艦「定遠」「鎮遠」、巡洋艦「済遠」の三隻は、光緒一一年（一八八五）に劉歩蟾に率いられて中国に回航、北洋艦隊に配属された。北洋海軍の軍需物資購買では、例年、各地区と海上の島嶼から、水流のように絶え間なく多数の買弁がつめかけ、天津の直隷総督衙門に足を向けた。武器業者とし

て各種砲、水雷、小銃、拳銃、剣など、物品では装備品（砲兵、騎兵、歩兵）、火薬と炸薬、医薬品、外科器具、病院設備、ガーゼ、綳帯にいたるまで、李鴻章の息がかかっていた。買弁たちは門番と守衛、それに李鴻章の料理人、理髪職人にまで賄賂を贈った。

賄賂にかかった費用は、最後には商品の価格に上乗せされる。この費用は、契約成立にかかわる必要経費である。彼らはさらに李中堂に接近するため、中堂に影響を及ぼすことができる取り巻きと協定して、もし彼らの口ぞえによって受注が成功した場合、きわめて高額の謝礼金を約束している。その謝礼金も当然、原価格に上乗せして請求する。

この結果、国庫の支出からは、きわめて多くの高額で無駄な物品を購買することになり、収賄が習慣となった、おびただしい「熟練者」が北洋海軍全体に蔓延した。

軍艦など、国家財政を左右する購買で、清朝は自壊作用を進行させている。清末当時、砲艦を購入する手順としては、多くの中間搾取を図る関係者の手を経て成立するのが常識だった。外国人もまた、これに積極的に参与していて、そのたびに大利をむさぼっていた。

各国の無頼の徒、羶《たん》（生臭いもの）に群がる蝿のごとし。

（中国史学会編『洋務運動』第八冊、上海書店）

李鴻章と売買に関わる洋人たちは、さらに「漁利」（不当な利）を得ていた。西欧の軍需業者が、利潤への策略をほしいままにできる理由は、ひとつには清朝官僚の貪心、別の面では、近代科学の知識と武器の性能を知ることが甚だ少ない、愚昧な科挙上がりの官僚を利用するからである。不学で技術に暗い凡庸な官僚は、国家に巨大な損失をもたらした。

李鴻章は北洋海軍の軍事検閲を網羅し、淮系軍閥以来の政治的地位を膨張させ続ける。富に必要な倫理が抜け墜ち、ひたすら利己への欲望に走る権力者に、厳復はもはやこの国の未来を思い描く気力も失せる気がした。

三——福建水師学堂壊滅と科挙挫折

◈清仏戦争と福建水師の壊滅

一八五〇年代から、仏（フランス）軍はベトナム侵攻を繰り返していたが、一八八三年一二月一一日に本格的な中仏戦争が勃発した。この日、クールベ提督が指揮する仏軍六〇〇〇人がベトナム北部のソンコイ河流域の街ソンタイに侵攻し、ベトナム人の「黒旗軍」と清軍が迎撃したが、李鴻章の「委曲求全」（妥協的解決）の方針で士気が振るわない清軍の主力は逃走し、黒旗軍と残った少数の清軍は三日間戦闘を続けたものの、ソンタイは陥落して、ゲリラを恐れた仏軍は住民のほとんどを殺害した。後年のアメリカによる、ベトナム戦争の前触れのような状況である。この結果、清政府は李鴻章を天津に派遣し、フランス代表フルニェと中仏「簡明条約」別名、李＝フルニェ協約に調印した。条約のおもな内容は、清国がフランスのベトナムに対する「保護権」を承認することである。ほとんど一方的にフランス側の要求を受け入れた条約であるばかりか、結局は武力行使が再開された。翌一八八四年七月中旬、クールベ提督の率いる仏艦隊は、清国福建水師の基地である閩江馬尾《マーウェイ》に侵入を強行し、河面に停泊した。福建艦隊を管掌する船政大臣何《か》如璋《じょしょう》は「委曲求全」方針を遵守して兵を戦闘配置せず、許可なく発砲を禁止する、違反者は勝利しても斬罪に処す、と命じた。和議交渉の際、フランス側から何かと因縁をつけられるのを恐れたと思える。八月二三日、停泊していた仏艦船から、突然水雷と砲撃が福建水師の艦隊に襲いかかった。錨をあげる間もない状態の各艦は、それでも反撃を開始し、旗艦揚武は仏艦隊の旗艦ヴォルタの後方にまわって砲撃し、第一弾がブリッジに命中して水兵六人を倒し、艦橋に立っていたクールベ提督も負傷したが、辛うじて生命は助かった。揚武は集中砲火を浴び、かつて厳復が実習航海に乗り組み、沈葆楨のもとで台湾に従軍した船体の一部が、水面に突き出した状態で沈没した。砲艦の振武は左右の舷側に砲弾を受けたが、沈没直前に砲撃した一弾が敵艦に命中し、艦長に重傷を負わせ、練習船福星は敵艦隊の中に全速力で突入して、両舷側から発砲したが、弾薬庫に被弾して爆発、轟沈し、乗組員全員が戦死した。李鴻章の指示する委曲求全戦略で戦闘力を殺がれ、仏艦隊の馬尾奇襲作戦で軍艦一一隻、商船一九隻が撃沈され、左宗棠、沈葆楨以来、一〇年間をかけて建設した福建水師は壊滅した。二〇〇〇余万両を費やして設立した福州船政局馬尾造艦工廠も、仏軍艦からの艦砲射撃で徹底的に破壊された。

閩江馬江で砲撃する仏艦隊
(『中法馬江海戦日誌』福州市社会科学院)

◈待遇への不満と科挙受験

清仏簡明条約、いわゆる李＝フルニェ協約によって明らかになった李鴻章の妥協行為は、前線の将兵や朝野の読書人（知識人）の間に反感を引き起こした。彼らを代表する反李派は、李鴻章を懲罰せよとの要求を上書として提議した。李は厳復が彼らの仲間の一人ではないかとの疑いを持ちはじめていた。厳復はこの情報を入手して憤慨するとともに、足元が崩れるような恐怖感に襲われた。彼が洋務派李鴻章に期待した中国の独立と富強は、結局は官僚派閥の強化と腐敗を増すだけで、李鴻章が推進した求富求強は、窮極には李鴻章のための行動であることは確かだが、何といっても李鴻章は清朝の重臣かつ権力者で、いわば国家そのものである。李に反抗することはきわめて危険と思わなければならない。

厳復の弟である厳観瀾《げんかんらん》は、李鴻章に睨まれている厳復を心配して、

「李中堂が現在の方針を変えることはないから、ここは兄上も中堂に従うべきでしょう」

と書簡でいさめ、厳復も、その通りだと思った。所詮、彼も李鴻章配下の一武官にすぎない。それ以来、彼はできるだけ李の指示を仰ぐ形で接触の機会をふやし、対話を重ねて疑惑を解くようにつとめた。やっと五年後、その効果があらわれて彼は昇格する。

厳復は水師学堂総教習として政府の上級者に提出した意見書が、往々にして取り上げられない状況を重要問題としていた。彼はその原因が、自分の官職にあると判断した。彼の官職階級は、軍官共通の「都司」で、意見を提言する資格者として軽微であること、且つ正式な科挙出身者でないのが、採用されない原因であった。これに対しては既成の制度を変えるか、自分が科挙出身者となるか、道はふたつしかない。憤懣を募らせた彼は、後者の道、科挙受験を決心した。少年時代、福州で蒙学を学んだ厳復は、基礎学力には自信があ

る。一通り努力すれば、挙人から進士、あわよくば翰林を経て爵位を得る段階までの可能性もある、そうなれば、意見書提出の資格はおろか、実現も夢ではない、少なくとも、提出した自分の言論は、社会に影響をあたえることができるのだ……。

厳璩は、「侯官厳先生年譜」に次のように記述している。

府君(厳復)は英国留学から帰国したのち、中国社会の現状について次のように考えた。わが国の人々の意識は旧態依然だ。新知識を軽蔑し、学問といえば徒《いたずら》に詞文のみを尊重し、真理を求めようとはせず、日ごろますますその弊害を感じる。自分のような官職位階の低い者は、発言しても軽んじられ、無視される。これはひとえに科挙出身者ではないからだ。宮仕えしてまず痛感するのは、科挙出身がすべてという事実である。

このあと、厳復は天津水師学堂在職中で、科挙に合格するかどうかわからないが、科挙に向けて官途を転向すると宣言した。その目的は官職を得て、実権派高級官僚から、遂には当朝(今上《きんじょう》)天子と接触、彼らに自分の主張を説き、影響を与え習慣として定着させること、そして科学技術など新しい学問を伝播して、富国強兵の目的を果たす、というものである。

(『厳幾道年譜』)

私は八比(八股)を治めるべく発奮し、努力を重ねて考試に応じた。

しかし合計四回の挑戦も空しく郷試の初段階で落とされた。最初の本試験である郷試の受験資格さえ得られず、それまでの努力は空回りに終わって彼の失望は大きかった。

◈洋務運動の理想への期待

そしてこの経験で、あらためて八股文に代表される科挙の国家的有害を認識した。彼の胸中には、彼を理解するであろう南方の要人のもとに赴きたいという気持ちが、絶えず渦巻いていた。その地とは広東、要人とは当時、両広総督張之洞《ちょうしどう》である。

光緒二一年一二月二〇日（一八九五・一・一五）付の、いつも相談相手としている、四弟観瀾宛書簡に、その心中を吐露している。

> 兄は北洋での宮仕えで、蠟を噛むような味気ない日を過している。張香帥《ちょうこうすい》（張之洞）の言葉は、兄にとってきわめて共感できる。近いうちに北を去って、南にゆきたいと考えている。……このことは、お前の心だけに秘めて、他に漏らすな。

張之洞（一八三七～一九〇九）字は孝達《こうたつ》、号は香濤《こうとう》、直隷（河北）南皮出身で、代々官吏の家に生まれ、同治二年（一八六三）、進士に合格、殿試では率直に時の政治問題を論じ、大学士の称号を受けるとともに、殿試の上位合格者の進路である翰林院編纂となった。二六才であった。光緒一〇年（一八八四）には、彼は両広（広東、広西）総督に任命され、人材養成のため、「水陸師学堂」（陸海軍士官学校）を広東に設立するよう上奏した。

外国から教師を招き、西洋の兵書を翻訳し、測量して地図を描く。火薬を製造し、電信などの技術を導入、各部門ごとに教育を進め、これらを軍事の備えとする。（徐立亭『厳復』哈爾濱出版社）

同時に、張之洞は最新兵器の製造を主張し、石炭鉱山、製鉄所など、軍需工業の創設を説いた。

「各省ごとに鉱務局を設立し、石炭の採掘、製鉄工場を生産促進させる」。

彼は広東に六年在任し、「孜々《しし》として治を求め、あらゆる所を改革し、あらまし完了した」（徐世昌『大清畿輔先哲伝』）と、その統治を賛美された。光緒一五年（一八八九）、張之洞は湖広（湖南・湖北）総督に転じ、漢陽製鉄所と湖北銃砲工廠を開設した。同時に、織布、紡績、製糸、それに製麻の四工場を建設、それに数種類の最新式学堂を建設した。張之洞が実施した成果は、洋務運動の理想的な流れであったといえる。厳復は張之洞が彼について高く評価していると伝え聞き、張之洞なら自分を満足できる地位で用いてくれるであろうと思い込んだ。

甲午戦役（日清戦争）の敗因は教育にありと主張した張之洞は、中国に新しい教育を振興するための方策として、光緒二四年（一八九八）に『勧学篇』を著作、刊行した。湖広総督在任中の光緒二八年には、日本から高等師範学校校長の嘉納治五郎《かのうじごろう》を武昌に招いて、会談を重ねている。会談は六回にわたり、そのうち二回は深夜に及んだ、といわれる。

張之洞の新教育政策は国家の新学制を先取りして、その普及状態は北京よりも湖北、湖南の方が進取的かつ実践的であるといわれた。その結果、皮肉にも革命期の有能な人材がこの地から輩出した。後年の毛沢東《もうたくとう》も湖南人である。

◈北洋水師学堂校長への昇進

しかし厳復の希望は、結局は幻想に終った。彼が張之洞に抱いた期待は、あくまでも国家のために奉仕するヨーロッパ的倫理からなる「公人」であったが、清末の現実は「私人」がすべてに優先した。要するに、張之洞も李鴻章も、本質として、ほとんど区別がつかない、個人としては優れているが、倫理的にまだ未成熟社会の段階にある、封建官僚のひとりにすぎなかった。だが、張之洞への思いは、その後、甲午戦役（日清戦争）まで続いた。

光緒一四年（一八八八）、三六才の厳復は天津から北京に行き、「順天府郷試」を受験した。清代の直隷省順天府は京師（首都）の一部で、各省と同等の郷試開催資格があった。

光緒一五年に、直隷総督李文忠《りぶんちゅう》は、厳復を北洋水師学堂会弁（教頭）に昇格任命した。この学堂に総教習として奉職してから一〇年かかっている。昇格資格には一定の官職が必要だが、同じ年に海軍保案（賢才を推薦する制度）が彼に適用され、「同知」の官職を得た。といっても、ほぼ捐官《えんかん》（金で買う官職）で入手したのである。同知は副知府（州役所の助役）相当で正五品官、清代の捐官商品としてこの官職が多く使われたが、あくまでも予備職で、厳復自身も同知として実際の職務で任官はしていない。ただし、翌年、総弁（校長）へ昇任するための資格にはなった。ちょうどこの年に、西太后から政権を戻された光緒帝の親政がはじまった。「垂簾聴政」で政治権力を握ってきた西太后は、一九才になった光緒帝載湉《さいてん》に権力を移した。

光緒一六年（一八九〇）に、会弁に昇進してからわずか一年で彼は総弁に昇進した。同知の官職を得たとはいえ、やはり弟、厳観瀾のいさめを容れて、李鴻章に迎合した効果があったと彼は思った。その思いが四弟観瀾宛書簡に見える。

わが弟の言を用ひたる結果、老生にして多くのことを知る（用吾弟之言、多見此老）、果たせるかな、忽ちよきことあり、不思議、不思議！（果然即有好処、大奇大奇！）

◈妻の死と科挙受験の断念

二年後の光緒一八年（一八九二）、四〇才のとき、妻の王氏が亡くなった。少年時代から貧窮の中で、一時は針仕事で家計を支え、福州船政学堂学生、実習航海、従軍航海、英国留学、そして天津、北洋水師学堂赴任と、人生のほとんどを共に暮らすことが少なかった。

妻の死後、二人の女性を妻に迎えたが、王氏は彼にとって、まさに第一位の妻であった。その証しは、陽岐郷鰲頭山《ごうとう》にある厳復墓に、王氏の遺骨が合葬されていることからも明らかである。このあと、江夫人を妾妻として迎えた。厳復としては、亡き妻王氏の喪に服するためにも、正規の婚姻は避けたと思われる。

この年には、彼は海軍から保荐《ほせん》（保証）されて「道員」に選任された。道員は正四品官で、知府に比べると半格高い。この選任には、水師学堂会弁ながら科挙にエネルギーを消耗する厳復に対する、李鴻章の配慮があったと伝えられる。厳復の気配りもあって、二人の間柄はかなり改善されていた。しかしなお厳復には、正式の科挙合格者ではないという不安がつきまとっていた。光緒一九年（一八九三）、四一才の厳復は、これが最後になる福建郷試を受験し、またもや落ちた。この以後、彼は科挙を断念する。彼は郷試どころか、予備試験の科試の段階でことごとく落ちた原因を認識していた。「誤って書のみを習う」結果である。清末の科挙試験場は極端な腐敗が横行し、公正に実力のある秀才を選ぶのは不可能に近い状態だった。受験のための学堂の教育内容も「学風敗壊」(退廃)していた。杭州人の繆《びゅう》民曽《みんそう》が編集した『文章遊戯』に、清末の科挙受験の醜悪なカンニングや買収のテクニックの記事がある。清帝国は無数の膿んだ傷が悪臭を放つ、瀕死の巨人と化した。

厳復は腐敗しきった科挙考試に絶望し、今後二度と受験しない決心を固め、あらためて自分自身の進路として、李鴻章との関係をさらに強める方策を立てた。

◈反教会闘争から反西洋運動へ

光緒一八年(一八九三)当時、厳復は友人のスコットランド人、アレクサンダー・ミチー(宓克)が前年に書いたパンフレット『中国における宣教師たち』(Missionaries in China)を『支那教案論』と題して翻訳し、その上に要約をつけた。この論文で、ミチーはヨーロッパ人ながら、客観的に宣教師側の伝道方法が不当であると非難し、宣教師がいう、

「中国人は、宗教をまったく持たない」

という主張に、儒教の概念を根拠として反論した。

宣教師の伝道がときには中国現地民の反教会闘争に遭遇して、自国の駐留軍隊の力を用いて排除することが続き、これが民族意識を激しく刺激した。

光緒一六年から一七年(一八九〇〜一八九一)にかけて、四川、江南、熱河を中心に最高潮に達した三つの反西洋宗教闘争が発生した。ローマ・カトリックやプロテスタント諸派の宣教師は続々とこれらの地方に侵入し、教会を設立して信徒も増大したが、その原因となった強引な伝道が住民の反感を買い、各地に教案(伝

道紛争）が相次いだ。

同じ年、歌老会（清代の秘密結社）首領の余《よ》棟臣《とうしん》が率いる龍水鎮の群集が、太刀や長矛を手にして教会を襲撃し焼き払った。そして蜂起を宣言する旗を掲げて、外国の宗教に反抗する騒乱は最高潮に達した。蜂起の民衆軍が掲げる檄文のスローガン「扶《ふ》清滅洋《しんめつよう》」は、清国を扶《たす》け、侵略的西洋を撃つ、幕末日本での尊皇攘夷と類似した形容だが、尊王はまさに皇を尊ぶ意であるのに対し、「扶清」という表現は、清を自分たち漢民族とは一線を画すもの、という響きが感じられる。これに続いて「誓雪国耻」（国耻《こくち》を雪《そそ》ぐことを誓う）、「以除民害」（以って民の害を除く）など戦闘の目的を掲げた。

余棟臣の反キリスト教闘争は、列強の侵略抵抗闘争にまで発展した。各地で頻々と蜂起が起り、いたるところで教会堂が破壊され、重慶など郷試が行われた場所では、余棟臣の画像が貼られたりした。時間が経過するにつれて、事態は大規模な反西洋運動に広がる。

光緒一七年（一八九一）日本では明治二四年、長江の中流から下流域で大規模な騒乱が沸き起こった。四月

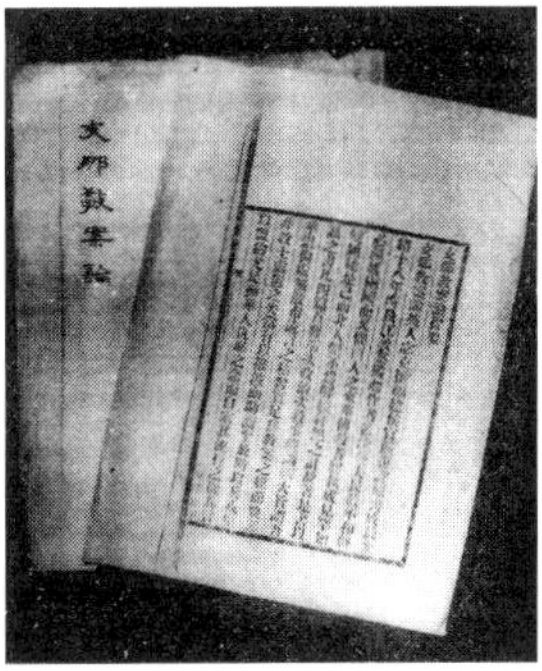
『支那教案論』（『厳復集』第四冊、中華書局）

末から九月まで、江蘇、安徽、浙江、広西、湖北、湖南などの数十カ所の町で暴動が発生し、外国宣教師の教会を襲った。抑制が効かなくなった暴徒は、教会で育てられている嬰児まで虐殺し、教会側が銃で応戦する事態となり、それが新たな暴動の火種となった。窮乏に追い詰められ、自暴自棄になった長江埠頭の苦力《クーリー》(荷担ぎ人夫)、荷船の船頭や水夫、浮浪者や無頼漢など、主として長江水運を稼業とする貧民の群集が暴動の中心になっていた。暴動にはそれぞれ、背後に組織的な指導グループが動いている。

湖南では、反洋教の指導者である周漢が編集した大量の宣伝パンフレットを全国各地に流布させて決起を呼びかけ、江蘇や揚州の会党(秘密結社)はビラを掲示して行動を予告、南京から上海までの長江流域でも会党が蜂起の指導的役割を果たした。

◈北京に迫る危機

北京に近い北方でも同年、河北省熱河東部の朝陽県で、これまで最大規模かつ計画的な武装蜂起が発生した。蜂起の中心人物の名は金丹道《きんたんどう》で、数千人から数万人にいたる群集を動員し、彼らは闘争の矛先を天主堂(ローマ・カトリック教会)に向けた。この年、朝陽一帯は長雨で、穀物はほとんど収穫できなかった。飢えた農民が教会に向かったところ、教会堂から発砲され、銃撃で殺されるものが続出した。これが群集を激怒させ、「焚堂滅教《ふんどうめつきょう》」(教会堂を焼き、洋教を滅ぼす)意識がさらに高まった。この経過を見る限り、清国政府はまったくといってもよいほど無力で、存在感がない。無政府状態といっても言い過ぎではないだろう。ミチーがこのリポートを書いた目的は、巨大帝国と思われている清帝国の実情を、キリスト教宣教をめぐる中国社会の反響という形で暴露したルポルタージュである。

厳復は彼の初めての翻訳出版となる『支那教案論』の「摘要」に、清国政府官僚の外国に対する敗北主義を摘出して見せた。このような国の非常事態にもかかわらず、空疎な議論と不満談義で時を浪費する人士に、彼は罵声を浴びせたい心境だったろう。

それどころではない。祖国はいまや興亡の断崖絶壁に立っていた。一八九四年の夏に開戦した対日戦争、日本では日清戦争と呼ばれる「甲午戦役」で、清陸軍は朝鮮戦線で壊滅、清海軍北洋艦隊は黄海海戦で敗退し、軍備を失った首都北京に危機が迫っていたのである。

第六章

甲午戦役——日清戦争

光緒二〇—光緒二一年（一八九四—一八九五）

◉四二一—四三才

一――黄海海戦と学友たちの死

◈東学党の蜂起と日本軍出兵

光緒二〇年（一八九四）、日本では明治二七年に、清と日本の間に甲午戦役（日清戦争）が勃発した。甲午（きのえうま）の年に当たるので、中国では甲午戦役または甲午中日戦争と呼ばれる。事の発端は朝鮮である。明治維新後、欧米先進国を目標に富国強兵を国是とする日本は、ヨーロッパ諸国の植民地獲得戦略をも踏襲する領土拡張政策を推進した。対外的には、まず朝鮮海峡をへだてた隣国李朝の朝鮮半島と、中国が統治する台湾を日本の版図におさめ、さらに中国大陸へ進出するという「大陸政策」を企画している。

この年の春、朝鮮南部で民族宗教結社「東学党」が指導する、大規模な農民蜂起が勃発した。「逐滅倭夷《ちくめつわい》」「尽滅権貴《じんめつけんき》」などのスローガンは、日本と朝鮮王朝を指している。蜂起軍はまたたく間に朝鮮南部の全羅、忠清、慶尚の三道を支配し、反侵略・反封建の風潮が全国的に広まった。陽暦六月四日、李鴻章《りこうしょう》は朝鮮政府の要請に応えて、直隷総督葉志超《ようしちょう》と太原鎮総兵（連隊長相当）聶士成《じょうしせい》に一五〇〇人の清軍を率いさせ、九日から一一日にかけて朝鮮西海岸の牙山港に上陸して、日本政府に清軍出兵を文書で通告した。

伊藤博文《いとうひろぶみ》内閣の外務大臣陸奥宗光《むつむねみつ》は、「日本はやむを得ず、かく行動した」と常に受身の態勢をとり、欧米諸国から侵略の疑いをもたれないように努めたが、その一方で、「一旦事あるの日は軍事上において総て機先を制せんとしたるを以て」（『蹇蹇録《けんけんろく》』第三章）清国が既に軍隊を朝鮮へ派遣したからには、天津条約（朝鮮へ日清両国が派兵する場合の相互報告条約）を照合して互いに情報を交換するなどの時間はないという。陸奥は清国からの出兵通知がまだ到着しない二日前、すなわち六月五日に、特命全権公使大鳥圭介《おおとりけいすけ》を京城に派遣した。大鳥は大坂の適塾で蘭学を学び、榎本武揚《えのもとたけあき》らとともに函館五稜郭で官軍と戦って敗れ恭順、伊藤博文総理、陸奥宗光外相のもとで清国兼朝鮮公使を務めた。大鳥公使は軍艦「八重山《やえやま》」に搭乗して横須賀軍港から出帆したが、この艦には増員された一〇〇名近い水兵が乗り組んでいる。陸奥は海軍大臣と協議して軍艦何隻かを仁川に回航し、その兵員三〇〇名を大鳥公使が京城に入るのに付随させるよう命じた。陸奥外相の指示通り、仁川に到着した大鳥は海兵隊三〇〇人を率いて京城の公使館に帰任し、これに続いて、陸軍第五師団から選抜し一戸《いちのへ》少佐に率いられた一大隊の陸兵が、京城に到着した。その後、東学党の勢いは減衰したが、日清両国は一旦進駐した兵を撤兵させることは、もはや「騎虎の勢」となった国内の動きを止め難い。とりわけ、陸奥は最初からこの状況を予定していた。

『蹇蹇録』第四章で陸奥がいう「最初帝国政府が朝鮮に軍隊を派出せし時において業《すで》に定めたる所なれば」とは、最初から外交交渉の結果による意志が希薄だったことを意味している。日本はこの時点で、戦時動員できる最新装備を備えた二三万人の陸軍と、六万トン余の新鋭艦隊を擁した海軍を建設していた。その上に、多数の情報機関を中国に潜入させ、陸軍参謀次長川上操六《かわかみそうろく》も朝鮮、中国国境を視察し、詳細な軍用地図を作成している。この後は、矢を放つだけだった。

すでに六月二日には、日本政府は朝鮮政府が清朝政府に派兵を要求しているという情報を入手していたので、公使館と居留民を保護するという名目で派兵を決定した。五日に、日本軍は広島に戦時大本営を開設し、約八〇〇〇人の混成旅団を輸送船団で仁川に派遣した。

◈東郷平八郎の「高陞号」撃沈

中国国内では世論が主戦派に傾き、光緒帝や翁同龢《おうどうわ》など皇帝派が主戦派として圧力をかけたので、李鴻章もやむなく衛汝貴《えいじょき》、馬玉昆《ばぎょくこん》、左宝貴《さほうき》、豊陞阿《ほうしようあ》などの将が率いる四軍団の朝鮮派遣を命じ、陸路では中国東北部の遼東から鴨緑江を渡河して平壌に進軍させ、海路からは英国商船「高陞《こうしょう》号」を雇船して軍隊を朝鮮西部の牙山港に輸送した。これに対して、七月二五日の早朝、日本の連合艦隊第一遊撃隊の「秋津州《あきつしま》」艦と「浪速《なにわ》」艦が偵察のため仁川沖にある豊島《ほうとう》付近に達したとき、清国の軍艦「済遠《さいえん》」と「広乙《こうおつ》」に遭遇、砲撃戦で「済遠」は北西に、「広乙」は陸に沿って遁走した。これを追撃していた「浪速」の傍らを通過しようとした英国国旗を掲げた汽船に、「浪速」の東郷平八郎《とうごうへいはちろう》艦長が万国信号で「直ちに止まれ」「直ちに投錨せよ」と命じた。停止させた汽船を観察すると、清兵を多数乗せている疑いがある。このため、人見《ひとみ》大尉を端艇で派遣して臨検させたところ、一〇〇〇余名の清兵が乗船していた。東郷艦長はこの汽船、すなわち「高陞号」の船長に浪速に続航するよう命じ、船長は応じたが清軍の将校は拒んで従わず、銃剣をつけた番兵に船長や船員を監視させた。東郷は決意して「高陞号」を撃沈し、端艇を出して船員を救助した。清兵はほぼ全員が死亡した。以上は篠原宏『海軍創設史』（リブロポート）中に記載された『日清海戦史』（川崎三郎、春陽堂、明治二八年）の要部だが、『蹇蹇録』では、艦長が撃沈を命ずるまで四時間をかけて船長や清軍将校の説諭につとめたと記

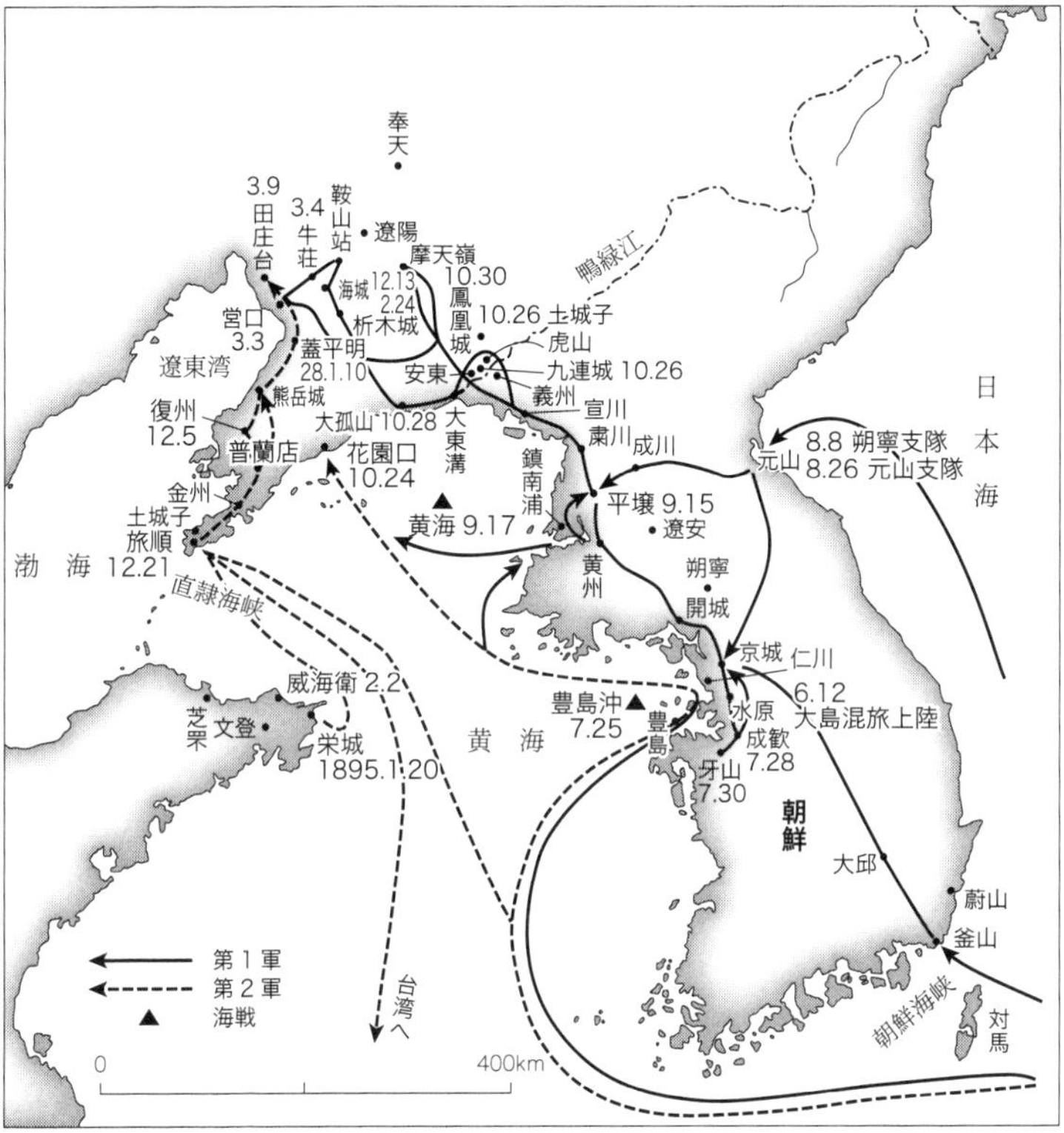

日清戦争経緯図
（『一億人の昭和史　日本の戦史1　日清・日露戦争』毎日新聞社）を参考

述している。英国留学で戦時国際法を学んだ東郷艦長は慎重だったが、これらの状況は後日に明らかになったことで、

日英両国の間まさに一大紛争を惹起すやもはかられずとて何人も痛く驚愕《きょうがく》し、……(『蹇蹇録』第一〇章)

と、内外の大問題になった。情報は上海経由で世界中に報じられ、とりわけ英国の世論は一時激高したが、その後、状況分析が行われ、当時の英国で国際公法の権威だったホルランド、ウエストレーキの両博士が「高陞号の中立国船としての義務遂行状態」を論じ、これによって英国外相キンバレー伯爵は、「高陞号」を所有する船会社に対して日本政府に賠償を求めることはできないと勧告し、英国の世論も次第に沈静化した。当時、新興国として不平等条約から開放される突破口をひらきつつあった日本は、国際公法の遵守に神経をとがらせ、これに違反すると欧米から批判をうけることをきわめて恐れていたので、この事件に関する陸奥の記述は、当時の外務大臣としての心境を率直に表現している。

豊島の海戦は交戦国たる清国に対しても、中立国たる英国に対しても、日本海軍は戦時国際公法の規定の外に逸出したる所為なかりしことを世界に発揚したるは、実に名誉というべきなり。(『蹇蹇録』第一〇章)

◈北洋艦隊と日本艦隊の衝突

甲午戦役(日清戦争)は、豊島沖での海戦が発端となったといわれているが、戦争全体の帰趨が決着したの

は、一八九四年（明治二七）九月一七日の黄海海戦であった。戦場は鴨緑江河口の大東溝沖なので、中国では鴨緑江口（大東溝）海戦と呼んでいる。

一七日の朝、清兵上陸援護のため鴨緑江河口に停泊していた清国北洋艦隊は、西方から向かってくる日本艦隊を発見し、急いで錨《いかり》を上げて五マイルの地点で迎撃しようとした。

北洋艦隊の編成は北洋海軍提督丁如昌《ていじょしょう》が坐乗する旗艦の「定遠」以下「鎮遠」「経遠」「来遠」「致遠」「靖遠」「済遠」「平遠」「超勇」「揚威」「広甲」「広丙」、水雷艇「福龍」、同左隊一号からなる。厳復と同期の、福州船政学堂から英国へ留学した帰国生六人が北洋艦隊の主要艦の艦長を務めていた。一方、日本海軍は七月一〇日に新しく常備艦隊「西海艦隊」を新設し、これまでの常備艦隊と合わせて「連合艦隊」を組織した。司令長官は伊東祐亨《いとうすけゆき》中将で、旗艦「松島」「千代田」「厳島《いつくしま》」「橋立」「比叡」「扶桑」の六艦からなる本隊と、旗艦「吉野」「高千穂」「秋津州」「浪速」の四艦からなる第一遊撃隊、それに砲艦「赤城」、巡洋艦代用の「西京丸」が従った。先述の『海軍創設史』に記載された『帝国海軍史要』（広瀬彦太、海軍有終会、昭和一三年）から、要所を簡略して示す。

九月一七日午前一一時三〇分、日本艦隊の先頭を進んでいた第一遊撃隊の旗艦「吉野」のマストに「敵の艦隊東方に見ゆ」との旗流信号が掲げられた。正午すぎに、伊東司令長官の命令で第一遊撃隊は進路を東北東に取り、清国北洋艦隊に向かって一列縦隊で進んだ。これに対する北洋艦隊は中央に旗艦「定遠」「鎮遠」を置き、左翼に「来遠」「致遠」「広甲」「済遠」、右翼に「経遠」「靖遠」「超勇」「揚威」、それに「丙遠」が二隻の魚雷艇とともに従い、あたかも猛禽が左右に羽を広げ威嚇するような「後翼単梯陣」を展開していた。とりわけ、「定遠」「鎮遠」は日本側が最も恐れる、当時世界最大のドイツ製・ザクセン級戦艦だった。両艦は同じ規模、構造で、排水量七三三五トン、三〇・五サンチ（センチのフランス語発音）主砲四門を備え、速力一四・五ノット、建造は一八八二年である。日本の主力艦である旗艦「松島」は排水量四二七八トン、速力一六ノット、主砲は三二サンチ砲一門だが、一二サンチ速射砲を一一門備えていた。建造は一八九〇年（明治二三）である。

北洋艦隊は主力艦の大きさで日本艦を圧倒したが、艦数は一一隻、日本側は一二隻で、排水量トン数は清側三万三四六六トン、日本側四万八四〇トンである。総合的な戦力では、すでに清側は不利になっていた。北洋艦隊には「顧問団」として、「定遠」にはドイツ砲兵少佐フォン・ハネッケン、英国海軍下士官ニコルス、機関士アルフヒト、「鎮遠」には米国人ヒロ・マクギフィン、ドイツ人砲術長ヘックマン、「致遠」には英国人機関士パービィスらが乗り組んでいる。表面は日清二国の戦争だが、その背後では欧米諸国がすでに予想される歴史的な大海戦から貴重なデータを得ようと、国際情報戦争を戦っている。各国の思惑をはらんで、海戦がはじまった。

双方の距離六〇〇〇メートルに至り、北洋側は砲撃を開始し、「吉野」など第一遊撃隊付近に着弾して水柱を上げたが日本側は直進、午後零時五五分、距離三〇〇〇メートルで「吉野」が砲火を開いた。砲弾は主として北洋艦隊右翼の「揚威」と「超勇」に集中し、両艦はともに火災を起こして、「超勇」は三〇分後に沈没した。後続艦の「高千穂」「秋津州」「浪速」は「定遠」「鎮遠」と交戦しながら、「吉野」以下第一遊撃隊は反転して本隊と合流し、「定遠」「鎮遠」に接近した。この時点で清艦隊の両翼諸艦は砲撃目標を「松島」など日本艦隊の本隊に変更するとともに、衝突を試みようとしたが、本隊の諸艦は速射砲などを猛烈に砲撃して阻止した。これによって北洋艦隊の両翼諸艦の進路が乱れ、行動陣形がばらばらになった。この原因は日本艦隊と比較して清艦隊の速力が遅く、例えば「松島」が一六・〇ノット、日本艦隊の平均速度が一九ノットなのに対して、「定遠」「鎮遠」が一四・五ノット、明らかに八年の新旧艦齢の差が実戦で生じた。高速を活用した日本艦隊が、常に大口径の砲口を照準できる位置に移動するのに対して、清艦は日本艦の動きに対応するのに追われる不利な状態に陥った。

操艦が混乱した北洋艦隊主力は戦列が支離滅裂となり、小型艦の「揚威」「広丙」は逃走をはじめ、旗艦「定遠」は集中被弾で火災を起こし、「致遠」は転覆沈没した。豊島海戦で逃走歴のある「済遠」は再び逃走し、これに誘われるように「経遠」「来遠」「靖遠」「広甲」の諸艦がいずれも激しい砲撃で破壊された姿をひきずるように戦場を離脱し、「吉野」以下第一遊撃隊は追撃に向かった。戦闘現場には、いまや二隻の主力艦、旗艦「定遠」「鎮遠」の二隻のみが留まっている。旗艦「松島」「千代田」以下、大破した「比叡」を除く五隻の本隊は、洋上に傷つきよろめく二隻の戦艦に砲火を集中した。午後三時半ごろ、「鎮遠」から砲撃した三〇・五サンチ鋼鉄榴弾が「松島」の前部砲台に命中炸裂した。乗組んだドイツ人砲術長ヘックマンが砲撃したと伝えられる。「松島」の鋼鉄舷板は一〇メートル余り吹き飛ばされ、三二サンチ主砲は使用不能、予備砲も破壊された。付近にあった多量の弾薬が引火爆発し、一瞬にして分隊長志摩《しま》清直《きよなお》以下二八名が戦死、六八名が負傷した。大部分の砲も破壊され、わずかに一二サンチ砲六門を残すに過ぎず、あたりは肉片が飛び散り赤黒く血がぬめりつく凄惨な状態に陥った。軍歌「勇敢なる水兵」にうたわれた、佐々木信綱による「まだ沈まずや定遠は」の歌詞は、この時に戦死した一水兵の最後のことばとされる。

やはり、北洋海軍の誇る「定遠」「鎮遠」は、定評通り「沈みにくい」戦艦だった。しかし上部構造物は猛烈な砲弾の炸裂で曲がりくねり、鋼板はめくれ上がって散乱している。懸念の通り、速力の差と速射砲の威力は清艦の戦力低下を加速させた。

そのうちに薄暮となり、伊東司令長官は第一遊撃隊に対し本隊に合同せよと命令した。戦闘能力を失った北洋艦隊は西南方向に敗退してゆく。

戦場から西方には旅順要塞、西南方向の山東半島東北部には北洋艦隊の基地、威海衛がある。日本側は伊東長官が坐乗した旗艦「松島」は大破し、一〇〇人近い死傷者で収拾がつかない状態なので、旗艦の任務を「橋立」に移し、松島を修理のため呉軍港に回航させた。「松島」「比叡」「赤城」「西京丸」を欠いた日本艦隊は翌一八日朝、索敵のため前日の戦場周辺を回航したが清艦の姿はみえない。一方、北洋艦隊では逃避行中の「経遠」「致遠」「超勇」の三艦は浸水が激しく沈没し、「揚威」「広甲」は擱座して破壊した。定遠は一五九発の命中弾を受けて火災を起し戦場を離脱、鎮遠は命中弾二二〇発を受け炎上したが、なお、主砲は健在で、「松島」の主砲砲台に命中させた砲撃は最後の反撃だった。残存艦の「定遠」「鎮遠」「来遠」「済遠」「丙遠」「広丙」の六隻は旅順軍港に入港したが、修理には数カ月を要した。

◈旅順・威海衛の陥落

陸上では、黄海海戦の前日である九月一六日に、日本陸軍第一軍（山県有朋《やまがたありとも》軍司令官）が平壌を占領し、一〇月二四日には第二軍（大山巌《おおやまいわお》軍司令官）が遼東半島の東北部海岸花園口に無抵抗状態で上陸して旅順に向かって進んだため、北洋艦隊は旅順を離れて威海衛に移った。遼東半島東海岸ぞいに進軍して一カ月たらずで旅順に到着した第二軍は、旅順要塞を攻撃した。旅順要塞は洋務派李鴻章が国費銀数千万両《テール》を投じ、一六年をかけて建設された、東洋最大の清国海軍要塞である。しかし軍紀が退廃した清軍は予想以上にもろく、一一月二一日、旅順要塞は一日で陥落した。日本軍の戦死者四〇、負傷二四一、失踪（行方不明）七、清軍の戦死者概算四五〇〇、捕虜六〇〇、このほか一万三〇〇〇の清兵は漁民や荷船労働者に扮して海上に逃れ、あるいは軍服を脱ぎ捨て、農民や商人に扮して市中にまぎれ込んだと『参謀本部編　日清戦史』（『一億人の昭和史　日本の戦史Ⅰ　日清・日露戦争』毎日新聞社）に記述されている。

島田謹二『アメリカにおける秋山真之』（朝日新聞社）によると、後に日本海海戦の参謀として有名な秋山は、第三遊撃隊海防艦「筑紫」の航海士秋山大尉として、一一月二一日午前一時から夜明けにかけて旅順港海岸砲台の前を通過した。この砲台は旋回砲台で陸戦にも使えるので、水師営付近から突撃する日本の陸軍部隊を砲撃させないよう援護するのが目的だった。六時一五分に清軍旅順砲台からの砲撃がはじまり、着弾の物凄い水柱が近づくと、

「体が変にこわばり、のどがカラカラにかわく。水がほしくてしかたがない」

と秋山は率直に告白している。六〇〇〇メートル接近して「筑紫」が砲撃を開始した。

「着弾を見ていると、あんがいあたらないものだ。気のせいか、敵弾のほうが近々と「筑紫」のまわりにおちてくる。なんともいえぬ気持ちの悪いものだった」

軍艦の戦いは、互いに相手の状態が見えないから、こちらとしては一方的に被害をうけているように感じる。名参謀秋山真之も例外でないとすれば、「普通の人」として親しみが湧く。翌一八九五年二月三日の威海衛総攻撃のときには、威海衛東口砲台からの重砲弾が左舷上甲板煙突の下から右舷上甲板の裏につきいり、右舷上甲板には戦死者の骨がバラバラにとんで、黒ずんだ血がベッタリ甲板に付着している。戦争はこわいという実感がそのとき骨身にしみた。……

この話は、戦争終結から数カ月後の一八九五年秋、米国留学を命じられた秋山大尉が、アメリカ海軍退役大佐で海戦史家のアルフレッド・セイヤー・マハンをニューヨーク・セントラルパーク近くの自宅に訪問し、種々教示を受けたときの談話として伝えられている。

日本側の陸軍は一月二〇日、第二軍二万六〇〇〇が輸送船五〇隻に分乗して威海衛の反対側東南の栄城湾岸から上陸し、吹雪の中、「積雪地表ヲ覆ヒ殆ド路線ヲ識別スル能ハズ加フルニ地形断絶起伏」（『参謀本部編 日清戦史』）の難行軍の末、二月二日、厚さ三メートルの城壁をめぐらした威海衛城を、背後から攻撃した。威海衛軍港には南北海岸の沿ってに各六カ所、港内の劉公島《りゅうこうとう》に三カ所、巨砲を備えた砲台があったが、清軍の抵抗はほとんどなく、日本軍砲兵隊の九センチ臼砲による砲撃で砲台はすべて破壊され、捕獲した砲は九〇門で、五五門が使用可能だった。

二月五日午前三時、日本艦隊の水雷艇一〇隻が威海衛港内に侵入し、第九号艇の発射した水雷が「定遠」の左舷後部に命中した。艦体が左に傾斜したため、提督丁如昌は旗艦を「鎮遠」に移した。「定遠」は浅瀬上で自爆して擱座、鋼鉄の砲台と化した。

◈北洋艦隊の全滅

陸上では陸軍第二軍の攻撃で、港内にそって配置された砲台は次々に占領され、港内に停泊する北洋艦隊の残存艦は、これら占領された砲台の日本軍からの砲撃で、艦体はスクラップのように破壊された。もはや北洋艦隊が全滅に瀕しているのは、誰の眼にも明らかだった。以下、連合艦隊司令長官伊東祐亨の日記（『元帥伊東祐亨』 篠原宏『海軍創設史』所収）から、終末までの時をたどる。

二月一二日午前八時半、清国小型砲艦「広丙」が、白旗を掲げて港口東から向かってきた。日本側は島村海軍参謀が水雷艇で迎えると、軍使として「広丙」艦長程璧光《ていへきこう》少佐が丁提督の書信を持参したという。内容は降伏意思表示であった。『参謀本部編　日清戦史』第六巻から、その要部を引用する。

（前略）本提督初ハ飽マデ決戦シテ艦沈ミ人尽キ、而シテ已《や》マント思ヒタリシモ、今ヤ生霊ヲ保全セント欲シ、休戦ヲ請《こ》イ、現ニ劉公島ニ在ル艦船及《および》劉公島砲台並《ならび》ニ兵器ヲ貴国ニ献セント欲ス。因テ内外海陸職員、兵勇（正規の兵と義勇兵）、人民等ノ生命ヲ傷害スルコト無ク、且ツ其ノ島ヲ去リ、帰郷ヲ許サレンコトヲ切望スル所ナリ。（後略）

清国北洋艦隊旗艦「定遠」
（Conway's ALL the World Fighting Ship 1860–1905）

総兵（副提督）・「定遠」艦長劉歩蟾
（『船政学堂』科学出版社）

これに対して、橋立の艦長室で検討を終えた伊東長官は「彼が望を容《いれ》ることに決し」、事務手続きに入った。降伏条件が受け入れられたことを見届けた提督丁如昌は一六日、「鎮遠」艦上で致死量のアヘンにより服毒自殺した。艦隊総兵（副司令官）で「定遠」艦長の劉歩蟾《りゅうほせん》もそれより先に自殺している。敗戦の責任は提督と総兵がともに負うので、死はまぬかれないと覚悟したのだろう。少なくとも実質的な提督は劉であったといわれる。提督丁如昌と、厳復とともに英国留学同期最優秀者であった劉歩蟾の死で、清国北洋艦隊は終焉を迎えた。威海衛で降伏した清兵は約三八〇〇人で、日本艦隊は一六日日没までに、これらの投降兵を威海衛西方の芝罘《ジーフウ》に輸送して解放した。日本側の死傷は陸海軍あわせて約四五〇名、捕獲した軍艦は一〇隻（一万五一三五トン）に達した。

丁如昌の死の翌日の二月一七日、日本の連合艦隊は威海衛に入港した。湾内の劉公島には、いまは滅びた北洋艦隊の海軍公所（司令部）の建物がある。日本艦隊はここを司令本部として、海兵団の兵士一四四名が守備にあたった。

❸ 敗戦の原因と教訓

甲午戦役の戦況は、厳復に眼がくらむような衝撃を与えた。彼はこれまで自分の前途に心を奪われ、科挙考試に没入していたが、あらためて現在の祖国の命運を心配しなければならなくなった。日本軍が遼東半島に迫り、旅順も旦夕の危機に陥っているころ、いたたまれなくなった彼は友人の陳宝琛《ちんほうちん》に三度にわたって手紙を送り、国の命運への憂慮と、愛国心に高ぶる感情を示している。陳宝琛は厳復と同郷の友人で、当時、内閣学士兼礼部侍郎だった。光緒二〇年（一八九四）八月二四日付の書信で、厳復は陳に北方での戦況を伝え、冒頭に清軍が平壌で壊滅状態になり、敗残兵は鴨緑江東北方面に逃走したと報じた。厳復は水師学堂総弁であるとともに、英国系新聞などから逸早くニュースを知り得る立場にあった。引き続いて彼は北洋海軍と日本海軍が交戦した状況を伝え、北洋海軍の軍艦に乗り組んだ「同学の友人たち」が勇猛に戦った経過を述べて賞賛したが、それに比べて「砲声を聞いてたちまち遁走した」「済遠」の艦長方伯謙《ほうはくけん》を「無頼」(信の置けない奴)と罵倒し、さらには李鴻章の用人(人の用い方)を批判した。

「李鴻章の人の用い方は、事を壊す者を求めて買うようなものだ」

彼は敗戦の教訓から、指導者とは如何にあるべきかという認識を得た。厳復は陳宝琛に、張之洞《ちょうしどう》に引き合わせてほしいと、かねての願望を打ち明けた。彼はもはやこの国の前途を、湖広総督張之洞に託さざるを得ないと思った。

「内には私物の広大な屋敷と彫刻で飾り立てた壁面、外には賄《まいない》で成る政権体制」

腐臭を放つ清朝社会と崩壊しつつある祖国を目前にして厳復は鬱屈し、彷徨し、苦悶した。その中から、彼はいまや混沌とした思索を通じて、新しい選択をしようとしている。

同年、(光緒二〇年)九月九日(一〇・七)厳復は陳宝琛への三度目の書信で、戦況の続きを伝えた。

「平壌におけるわが軍壊滅をお知らせしてから、東三省(直隷、遼東、山東)は、すでに要塞の価値を失った地域と化しました。祖先はこれをもって、歴代帝業の結びとされるでしょうか。而して、今後、天下でわが祖国の子孫を守れるものはだれもいません。如何にすべきか、如何にすべきか!」

「如何、如何!」厳復の筆致は、地団太を踏むように畳みかける。彼は政府実権派が日本軍の中国侵略に対し、「無為無策で手を束ね」と、憤激の極まる感情をほとばしらせた。そして清軍の作戦と戦闘のあまりの拙劣さに唖然とし、為すこともなく敗れた祖国に悲憤の涙にくれた。彼は朝廷内部が主戦派と講和派に分裂している状態を分析して、甲午戦役で清国が損害を受けた根本原因が、清国政権の体質そのものにあると結論した。

「今日の原因は、倭(日本)の狡猾もさりながら、実に清国側の無策なり!」

◈責任追及と失われる人材

敗戦の責任について公表されないことも、厳復には納得できなかった。まず軍人には厳しく責任が追及される。根本的な政治責任は、上にゆくほどあいまいになる。

北洋海軍「済遠」の管帯(艦長)方伯謙は、黄海海戦中に敵前逃亡し、艦隊の隊列を乱した罪を問われた。李鴻章は北京の軍機処に奏称(皇帝への報告)の形式で指示した。

「戦いに臨んで逃亡を図るとは、将の風上にもおけぬ行為、副将ともども則《ただ》ちに正法(死刑)に処し、以って軍規を粛正されんことを」

軍機処は李鴻章からの命令電信を受信し、北洋艦隊の残存艦と旅順軍港に逃避した「済遠」から方伯謙を逮捕して、旅順近郊の黄金山山麓で斬首刑に処した。彼はグリニッジ英国王立海軍大学で厳復とともに学び、郭嵩燾公使が留学状況を視察した際には、寄宿舎で居並んで公使を迎え、ともにパリ歴遊をした優秀な学友であった。清国海軍は福州船政学堂後学堂以来の俊英のほとんどを、この戦役によって失った。

陸軍では、総兵(大佐相当)衛如貴《えいじょき》が淮《わい》軍の将として平壌の守備に就いていたが、敵に遭遇するとたちまち退却し清国領に逃れた。軍機処は彼を罷免して逮捕した。李鴻章は彼を庇護しようとしたが、さすがに朝廷の人士からも非難の声が強く、中堂（李鴻章）自身の責任問題にも波及しかねないので、庇護は断念した。衛如貴は鎖枷をつけて北京に護送され、菜市口刑場で衆人環視のなかで斬首された。

◈日本軍の侵攻と官僚の無能

このころ、遼東半島の花園口に上陸した日本の第二軍は、乃木希典《のぎまれすけ》少将が率いる第一旅団を前衛として、旅順口背後の要衝、現在の大連市にあたる金州を攻撃した。金州には清軍六〇〇〇が一三門の砲で守備していたが、一一月六日に占領された。

日本の新聞社は『国民新聞』から国木田独歩、『大阪毎日新聞』から相島勘次郎などの従軍記者を派遣してニュースを競ったが、新聞『日本』から正岡子規が病態を押して従軍し金州で喀血、空しく帰国したのもこの時期であった。旅順水陸営務処大隊の大隊長龔照玓《きょうしょうてき》は、金州が陥落したと聞き、兵とともに旅順を逃亡して煙台にたどりつき、天津に向かった。東洋一を誇った旅順要塞がもろくも一日で陥落したのは、清軍のこのような実態による。

厳復はこれら「市井小人《シャオレン》」（巷《ちまた》の無頼漢《やくざ》）同様の腐敗した軍隊が、陣地を堅持できるはずがないと予見していた。旅順要塞を失い、北洋艦隊の基地もなくなった。首都への関門が崩壊したので、早くも北京に危機が到来し、厳復は足摺りするばかりに焦燥に駆られた。

「傲慢にして愚昧、理性を失い国を誤る」（昏庸驕蹇《こんようきょうけん》、喪心誤国）

対日作戦で何も有効な準備をせず、軍需物資の補給も無に等しく、しかもその責任から逃避し続けていると李鴻章を罵る彼の筆致は激しさを増す。

朝廷でも反李鴻章の張謇《ちょうさい》や文廷式《ぶんていしき》が提出した、李鴻章への弾劾文が承認され、李は直隷総督を罷免され、後任には両広総督劉坤一《りゅうこんいつ》が起用された。とはいうものの、劉も侵攻する日本軍にかならずしも抵抗できる見通しはない。厳復は劉坤一を信頼しなかった。この厳復の予想は的中し、その後の事態は清国にとって破滅的な講和条約になだれ落ちてゆく。

厳復はこの惨敗の局面に到った根本原因が、人材登用制度であることを具体的に指摘した。科挙合格者である高位の官僚らは、彼らが詰め込んだ四書五経の知識の対岸にある根本的に必要な実用知識と実行力が抜け落ちていて、国家が崩壊しつつあるときも、その病根がどこにあり、それが如何なるものかさえわからない状態だ。

有能な人材は野に埋もれさせたまま、凡庸な科挙合格者に内政外交の大権を与え、非常事態に遭遇し対処できずに国中に有能な人物を求めても、一人として事態を収拾できるような官吏を採用できない。官吏が悪いのではなく、危機に対処できる有能な官吏を採用できない制度が問題なのだという。首都の危機で皇帝と西太后は西安へ蒙塵し、北京では恭親王奕訢《きょうしんおうえききん》が軍務の統率を任せられた。紫禁城の留守番を命じられた状態である。宮廷の士大夫（科挙出身の官僚層）らは、危機的情勢を自分達に責任が及ばないように都合よく歪曲したので、病根の所在がますますわからなくなり、まさに「頭痛救頭、脚痛救脚」（根本的な治療をせず、姑息な対処療法に終始する）の悪循環に陥った。朝廷は対日講和を求めることに決定したが、日本との交渉をする時と場所、それに肝心の条件がきまらない。国家体制は手を束ねて死を待つばかり（束手待死）となり、手の打ちようがない（一籌莫展）みじめな状態に陥った。甲午戦役の砲声と悲惨な敗北への直面は、用いられぬままに眠っていた厳復の真の才能を目覚めさせ、以後、彼は超人的な文筆活動を開花させてゆく。

二——馬関（下関）講和条約

◈条約交渉と全権委任状

戦争はまだ終っていない。遼東半島の旅順、山東半島の威海衛が陥落し、首都北京は無防備となった。この時点から馬関（下関）条約締結までの経緯を、陸奥宗光『蹇蹇録《けんけんろく》』第一四章「講和談判開始前における清国および欧州諸強国の挙動」（岩波文庫）から辿ってゆく。

清国は今や敗運漸く迫り、一日も早く戦争を息止《そくし》するを望めり。

しかし敗戦の実感が薄い朝廷官僚や地方の総督、巡撫（省長官相当）は、立場上、現実ばなれの講和条件を主張する。しかしともかく日本軍との交戦を停止させなければならないので、一八九五年（明治二八）一月、清国政府は欽差大臣張 蔭桓《ちょういんかん》、邵 友濂《しょうゆうれん》を講和使として日本に派遣した。講和談判の場所は、戦時大本営が置かれている広島で、日本側は首相伊藤博文、外相陸奥宗光らが広島県庁を会場にして対応の予定と発表した。しかしこのときは清国側が全権委任状を用意していなかったので、日本側は会談を拒絶した。

清国使臣は国際公法上普通の全権委任状を帯有せざりしことを発見したり。(『蹇蹇録』第一六章　広島談判)

清国の二人の全権大臣が外交交渉に際して、皇帝の命令書のみ奉じて、相手国と交換する全権委任状を携えなかったのは、清国を頂点とする中華思想がいまだに国際法より上位にある観念の固執を思わせるが、まず張、邵両人に国際法の知識が乏しいことが根本的な原因だろう。陸奥は両「全権」を使い走りの小役人と断定し、扱いは一変した。

もっとも日本としても、それほど先輩面《づら》はできない。わずか二三年前の一八七一年(明治四)に横浜を出発した特命全権大使、いわゆる岩倉使節団は翌明治五年二月二三日ワシントンの米国国務省で(不平等)条約改正に関する交渉の第一回会談に入ったが、このとき、岩倉使節団は条約改正の権限保持を証明する全権委任状を携えていなかったことが明らかになった、というより、そのような国際法の知識がなかったのである。米国側は当然、使節団を正式の全権使節として認めず、条約改正交渉には応じない。

米側との第一回会談の結果、副使伊藤博文と小弁務使森有礼《もりありのり》が全権委任状の必要を強調して、それを得て再渡米するため、副使大久保《おおくぼ》利通《としみち》が二等書記官小松済治《こまつさいじ》を伴ってワシントンを出発、翌日伊藤も出発してニューヨークで合流し、日本に帰国した。そのように苦心惨憺して全権委任状を提出したものの、肝心の条約改正は不成功に終った経緯がある。清国の国際法の基本的な知識不足がもたらしたこのたびの結果をみて、伊藤首相、陸奥外相は苦い思いで反芻したことであろう。張、邵の両人は空しく長崎から帰国した。

◈全権大臣・李鴻章の登場

これに対して欧米諸国では、日本の強硬な態度に不快を示した。清国が自国の伝統に固執して、しばしば国際法に照らせば問題を起こしていることは欧米外交筋では常識となっていて、今さらのように日本が国際法を振り回すのは、講和談判を有利に運ぼうとする魂胆があるのではないかとの疑念を表明した。とりわけ中国北部を愛琿《あいぐん》条約などで割取し、なお朝鮮国境で日本と対峙するロシアは、日本の中国領土侵入を警戒している。『蹇蹇録』第一七章「下ノ関談判　上」から、欧米諸国の反応を引用する。

（前略）日本がかかる口実を以て清使を拒絶したるはその間別に異志、陰謀の存するなきに非ずやと訝り、我が国将来の挙動に対し深く猜疑の念を生ぜり。

結局、再び李鴻章が呼び出される。清国政府は米国公使を経由し、日本に打電して、内閣大学士李鴻章を

伊藤博文（『一億人の昭和史　日本の戦史Ⅰ　日清・日露戦争』毎日新聞社）

李鴻章（『船政拾英』福建省音像出版社）

全権大臣に任命し一切の全権を付与したことを告げ、会談の地はどこにするかと問い、日本政府は下関を会談の地とすると、東京の米国公使を経由して返電した。三月一四日に、李鴻章は天津から汽船で下関に向かい、一八日に下関に到着した。外務大臣陸奥宗光は東京を出発して大本営が設けられた広島に赴き、三月一五日に総理大臣伊藤博文とともに明治天皇に拝謁して、再び全権弁理大臣に任命され、李鴻章と同日の一八日に下関に到着した。

一八九五年(明治二八)三月二〇日、下関の料亭春帆楼で、清国から頭等(筆頭)全権大臣大学士李鴻章、日本は全権弁理大臣として内閣総理大臣伊藤博文、同じく外務大臣陸奥宗光らが集合した。両国全権は互いに相手の全権委任状を査閲し、完全であることを確認してこれを交換した。講和会議の前に李鴻章は、まず休戦の協議をしようと発言した。

これに対して伊藤全権は明日回答するとして、初日の会議は終った。

交渉は李鴻章全権が暴漢により短銃で狙撃されるという事件や、彼の論理を尽くした粘りで難航し、領土割譲では、永く人民の恨みを残すと長文の覚書で日本の要求に反論した。

ついで、清国は庫平銀《クーピンイン》三億両《テール》を日本軍費賠償として、五カ年賦を以て支払うべき事、とする巨額の賠償金要求に李鴻章は絶句し、ついで猛反撃した。そもそも賠償金の額を定めるには、清国の支払い能力を考慮しなければならない。もし、支払いができなければ、日本は必ず違約を責めて再び侵略を開始するだろうと彼は論難した。

「今回日本国の要求、軍費賠償金額は到底清国現今の財力において賠償し得べき所に非ず」

李鴻章は、国内の増税が不可である理由、海関税は各国条約に拘束されて賠償に当てることができないこと、また清国の信用が減却して外債を募集できない等を、資料を示して縷《る》々説得し続けた。三億両とは、清国の財政にとってどのような負債にあたるのか。

清代の経済史書『清史稿食貨志』六「会計」によれば、甲午戦役間近の光緒一七年（一八九一）の国家歳入は八九六八万四八〇〇両、歳出は七九三五万五二四一両である。三億両は、国家の年間歳入の約三・三倍にあたる、清国の財政にとっては破滅的金額である。

さすがに日本側首席全権の伊藤博文も、このあたりが妥協の潮時と判断したのだろう。最終金額は、一億両を減額して二億両で妥協した。

庫平《クーピン》とは、戸部《こぶ》（財務省に当る中央官庁）に置かれた標準計量秤で、馬蹄状鋳型に成型した銀塊を計量するので庫平銀《クーピンイン》、庫平両《クーピンリヤン》（テール）あるいは形から馬蹄銀と呼ばれる小銀塊である。清代には国産銀貨はなく、必要な場合は洋銀（メキシコ銀貨）を使った。

◈下関条約の締結と三国干渉

日本が賠償支払い用として指定したのは、一両が三七・三〇一グラムの純銀の銀塊、庫平銀である。四月一七日に、講和条約（下関条約、清国では馬関条約と呼ばれる）が調印された。条約の概要は次の通りである。

一、清国において、朝鮮独立の完全無欠たることを確認する事。

二、清国は左記の土地（領土）を日本国に割与する事。

（甲）奉天南部、鴨緑江河口から遼東湾北岸、東岸および黄海北岸にあって奉天省に属する諸島嶼《とうしょ》。

（調印後、甲は三国干渉により除外）

（乙）台湾全島およびその付属諸島嶼および澎湖列島。

三、清国は庫平銀二億両を日本軍事賠償として、七カ年賦を以て支払うべきこと。（原要求は三億両、五カ年賦）

四、清国は日本に沙市（湖北省長江北岸、現在の荊州市）、重慶、蘇州、杭州を通商市場として開放し、往来居住、商業の営業、工芸品の製造を認める。

五、日本政府はこれら開放地区に領事を派遣し、領事館を置く。

六、日本は威海衛を一時占拠し、その駐兵費として清国は毎年五〇万両を支払う。（原要求は奉天府と威海衛を一時占拠、その駐兵費二〇〇万両）

朝鮮の独立確認、遼東半島、台湾、澎湖諸島を割譲、賠償金、沙市、重慶、蘇州、杭州を交易市場とするなどが主な条約内容である。しかし領土問題に敏感な国際社会、とりわけ、ロシアが即座に反応した。ロシアは日本が遼東半島において良港（旅順）を占有すれば、その勢力圏は遼東半島にとどまらず、朝鮮半島、それに続いて満州（中国東北地区）北部の豊穣の地をも併呑して、海陸からロシアの領土を危うくするという見通しを立てていた。さらには、ロシア自身が南方に拡大する障害にもなる。ロシアはフランス、ドイツと提携し、三国は下関条約締結から一週間後の四月二三日、日本に干渉した。ロシアの教唆らしく、清国も、三国干渉が解決するまで批准交換の期限を延期したいと提議してきた。

「この際、とにかく三国には譲歩しても、清国には一歩も譲らず、早急に解決する」陸奥外相の方針をベースに、可能な限りシンプルな回答案文ができあがった。

日本帝国政府は露、独、仏三国政府の友誼ある忠告に基づき、奉天半島を永久に所領することを拋棄するを約す。

（『蹇蹇録』第一九章　三国干渉　上）

伊藤総理の指示で閣議決定し、回答書は天皇の裁可を受け、陸奥外相はロシア、ドイツ、それにフランスの各駐在日本公使に電報で訓令して、各政府に覚書を提出した。これに対し、五月九日、駐日ロシア公使は政府の訓令を持って外務省を訪れ、満足の意を表した。

「露国皇帝の政府は、日本国が遼東半島の永久占有権を放棄するとの通告を受け、世界平和のため祝辞を述べる」

三国干渉は四月二三日に始まり、五月九日、日本政府の回答に三国が満足の意を表して終った。『蹇蹇録』の約五分の一は、日本政府がやむなく条約から遼東半島を還付した経緯と対処の記事で占められ、富国強兵を目指しながら国際的には弱小国であった、明治日本の苦心の外交をなまなましく記録している。

三――救国への論説

◈「真実の事業」への目覚め

光緒二一年（一八九五）という年は、厳復にとって、まさに「覚醒の年」だった。北洋水師学堂総弁（校長）に任命されて六年目、四三才という人生の頂点に彼にもたらされたものは、甲午戦役の連戦連敗のニュース、実務に対処できない腐敗した官僚、これらにつけこんだ外国の侮蔑と侵略である。「救国の手段」というような、抽象的な言葉では間に合わない。明日にも崩壊するかもしれない祖国を目前にして苦悩する厳復の姿を、『厳幾道年譜』（商務印書館）の筆者、王蘧常《おうきょじょう》は次のように記述している。

わが国は日本に講和条件として領土を割譲し、賠償金を奪われ、国勢は日に日に凋落してゆく。先生（厳復）は歯を食いしばって翻訳に没頭し、西洋思想の訳著によって社会を覚醒させようとした。

厳復の長男、厳璩《げんきょ》は「侯官厳先生年譜」（『厳復集』第五冊、中華書局）で、具体的な行動の要点を記事にした。

去年夏以来、大東溝（黄海）の海戦で海軍（北洋艦隊）既に敗れ、旅順、大連湾、威海衛を相次いで失った。

今年になって講和会議（下関会議）が行われ、府君（厳復）は大きな衝撃を受けた。このときから、もっぱら翻訳と著述に努め、まずハックスリー（赫胥黎 Thomas Henry Huxley）の『進化と倫理』（Evolution&Ethics）を『天演論』と題して翻訳し数カ月で脱稿した。桐城学派の呉汝綸《ごじょりん》は当時、保定蓮池書院を主宰していたが、天津を訪れたとき、府君が序文を依頼した。呉汝綸は原稿を一読して感銘を受け、序文を付記して出版させた。

厳璩が編集した父の年譜「侯官厳先生年譜」は、厳復の研究者に重要史料として尊重されている。その解説によると、厳復は早くから洋書（英文）を研究、翻訳していたが、甲午戦役の敗戦と馬関条約に強い衝撃を受け、以来、翻訳と著述に専心して、西洋の学問と思想を国内に知悉させる努力を開始した。上記のハックスリーが初期の翻訳で、序文を書いた碩学の呉汝綸は一読して感嘆し、序文を与えて無事に刊行できるよう激励したという。

光緒二一年（一八九五）に刊行されたといわれるが、実際は脱稿した時期であることが証明されている。厳復が着手した「西学研究」の目的は「国を治め民を啓蒙する道」であると、光緒二〇年（一八九四・明治二七）一一月八日付厳璩宛の書簡で、厳復自身が明確に述べている。

清国海軍の主力であった北洋艦隊が壊滅し、北洋水師学堂の前途は不透明になった。厳復は原書の閲読と翻訳に集中するため、校長の職務を会弁（教頭）らに委任していたと思われる。彼は自分が選んだ西洋思想の翻訳と解説の執筆が、人生で唯一の「真実の事業」だと認識し、過酷な現実から、一つの真理を悟った。富強への道は、西洋の思想にある。

◈「富強への道」の探求

この道を探求する動機は、次の疑問からはじまる。

かれら列強は何ゆえにかくも富裕、かつ強力なのか、われらは何ゆえにかくも貧窮、かつ劣弱なのか、かれらの辿《たど》った富強への道を、われら中華民族はいかにして築くべきか。

わが国には四書五経のたぐいの典籍は山積するが、富強をもたらす具体的な指南書《マニュアル》は、いまだかって存在しない。それに比べて、西洋諸国、とりわけかつて彼が留学した世界で最も富強を誇る英国には、富強にいたる原因と結果を明確に論じた書物があり、それを著作した学者がおり、そして彼を学者ならしめる科学的な学問・技術の精緻な知識体系がある。

われら中華民族がそれらを指南書として学び、実践することによって、英国とおなじ状況を作り出せない理由はないのだ。彼は西洋、とりわけ英国の近代思想から、ダーウィニズム(自然選択説)によるハックスリーの『進化と倫理』をはじめ、アダム・スミス、モンテスキュー、スペンサー、ミルなど、経済学、法・政治学、社会学、論理学の各分野における著名な学識者の著作を翻訳し、これらを実効性のある指南書として、中国の知識社会に祖国の救済、富強への意欲と行動のエネルギーをもたらす決心をした。

厳復は翻訳著作に先んじて、天津の新聞に現状の時事問題を論じた一連の政治論説を発表している。そこには封建制度への糾弾、伝統的観念への批判とともに、西欧資本主義と科学技術文化の紹介が盛り込まれ、維新による救国と社会の改造を声高く呼びかけた。

劇音楽にたとえれば、これらの論説は、この後に続く壮大な名著翻訳著作群の前奏曲ともいえる。厳璩の「侯官厳先生年譜」には、次のように紹介されている。

乙未（光緒二一年）府君四三歳。（中略）この年、「論世変之亟《きょく》」（世界の激変を論ず）、「原強」（強なるもの）、「救亡決論」（祖国の滅亡を救う秘訣）、「辟韓《へきかん》」（韓愈《かんゆ》を駁す）などの論説を、いずれも天津の『直報』に掲載した。

『直報』は一八九五年（光緒二一、明治二八）に天津で創設された中国語新聞である。これらの論説の要旨は次の通りである。

1 ―「論世変之亟」（世界の激変を論ず）

厳復の最初の重要な論説「論世変之亟」（世界の激変を論ず）は、光緒二一年正月一〇日から一一日（一八九五・二・四〜五）にかけて『直報』に掲載された。これは頑固派（保守派）を批判し、救国、維新、そして西洋の学問を学べと叫ぶ戦闘的な論調で、当時の思想界に積極的な啓蒙思想を引き起こした。「論世変之亟」の「亟」は「急」と同じ意味で、社会情勢の急激な変革と、人々の意識を旧時代風潮から覚醒させる意図を含んでいる。

嗚呼《ああ》！　今日の時勢の変化を見れば、まさに秦以来の未曾有のすさまじい速さだ！

冒頭に、感嘆詞付きで論の主題を強調している。目下の中国が置かれている状態は、秦代以来の未曾有の大激流時代である。もし人々が社会や歴史の潮流を明確に認識するなら、潮流は順調に流れるだろうし、その流れの先頭を行くこともできる。積極的にとるべき措置を進めれば、世界でもっとも恵まれた国土に多くの事業を成功させ、富と力をもたらすことができるだろう。しかし、現実はそうでない。「なぜか?」と問いかけ、論は第一段(序論)から第六段(最終段)で構成され、西洋に学べ!が厳復の結論の叫びである。

2 ─「原強」(強なるもの)と「原強修訂稿」

光緒二一年二月八日から一三日(一八九五・三・四~九)にかけて、厳復は『直報』紙上に「原強」(強なるもの)と題する論説を発表し、三月四日(三・二九)に再び「原強続篇」として掲載した。一年後、彼は修訂と補充を加えた「原強修訂稿」として、一九〇一年に熊元鍔《ゆうげんがく》編『侯官厳氏叢刊』中に収録した。これは原本と比較すると少なからず改訂され、その上に多くの補充を加えていて、厳復の思想をより広範囲に示すとして、多くの引用者は「修訂稿」を採用しているといわれる。内容は厳復の目的である、国家の富強の根本原理の探求である。

彼の「原強」は、救亡のなかであるべき生存の道は変法維新の実行であるとして、中国における社会のすべての階層が行うべき改革の道筋を示した。彼は英国の生物学者ダーウィンの進化論とスペンサーの社会学を紹介し、自らが主張する救国理論の根拠として提示した。「原強」では、冒頭にダーウィンの主要学説である進化論を簡明な概要として紹介している。

ダーウィンに続いて、同じくイギリスの哲学者スペンサーの社会学が紹介された。

スペンサーは人類の社会を生物の進化と同様の生態とする「社会有機体論」を提唱し、ここに自然淘汰、弱肉強食の状態が生じると考えた。強力で優秀な民族が生き残り、劣弱な民族が滅ぼされるのは自然の必然的推移である、とする彼の理論は、「優勝劣敗」を是認する、具体的には先進富強の国の侵略、後進弱小国の滅亡を自然原理とする思想とみなされた。

では、いかにすれば弱を脱し、強を得るか、これが「原強」の中心テーマとなった。

3 「辟韓」（韓愈を駁す）

光緒二一年二月一一日から一八日（一八九五・三・一三〜一四）にかけて、厳復は『直報』紙上に「辟韓」（韓愈《かんゆ》を駁す）を発表した。唐代の文人韓愈の著書「辟仏老」（仏教や老子を駁す）をもじった封建君主制度批判で、権威盲信に挑戦する論説である。

韓愈（七六八〜八二四）、字は退之《たいし》、号は昌黎《しょうれい》、鄧《とう》州（現在の河南省鄧県）出身の唐代の著名な文章家である。唐宋八家のひとりで儒教を尊び、特に孟子を激賞した。官吏としては吏部侍郎まで昇進している。現在の官職なら、さしずめ人事院次官というところだろう。

韓愈は著書「原道」で「聖人」こそ人類社会に進歩と幸福をもたらしたのであると揚言した。人は昔、虫蛇禽獣に害を受けることが多かったが、聖人が立って生きる道を教え、君となり師となり、虫蛇禽獣を土中に駆逐した。もし、聖人がいなければ、人類ははるか昔に滅亡していただろう。禽獣と違って人間には暑さ寒さに耐える羽やうろこや殻がなく、食物をかちとる爪や牙がないからだ、という。

この聖人、つまり専制主導主義を、厳復は次のように批判した。もし聖人とその父祖が人であれば、生まれないうちに、成長しないうちに、はるか以前に、動物や寒暑、飢餓によって若死にするはずで、どうしてかれらが他人のために害悪を防ぐまで生きながらえることができるのか。この論法は、一七世紀ごろのヨーロッパで、時間と空間は神が創造したとする教会に対し、それでは時間と空間が創造される前に、神はいつ、どこに存在したのか、と論争した無神論者のそれに似ている。厳復はもし中国が開明君主に統治されていれば、三〇年以内に民は平和になり大いに繁栄し、六〇年に至れば欧州各国と富強を比較されるまでになるという。英国、フランス、ドイツ、米国などの諸国が今日到達したこのような政治状況は、一〇〇年を待たず数十年で到達できる、なんとなれば、これらの諸国が富強への困難な道を試行錯誤しながら進んできた経験を、われわれ中国人は借用模倣して、比較的短期間で容易にわがものとすることができるからだ、という。この厳復論と同様の考え方を、孫文も『民報』発刊の辞で、革命後の富強追求について述べている。

「辟韓」における彼の結論は、滅亡の状態から生存の道を見出し、すべからく自強を求めて力をつけ、封建君主制度を改革すべきである、そのために、西欧市民社会の民主政治を学ぶ必要がある、というのである。西洋の興隆は国民の能力を生かした結果に尽きる。民の能力を恐れる中国の皇帝は、衰亡に向かうのが当然の結果であることを「辟韓」は論理として明確に示し、清末の読書人（知識階級）社会に衝撃を与えた。

4 「救亡決論」（祖国の滅亡を救う秘訣）

それから一カ月あまり後、四月七～二六日（五・一～二〇）にかけて、厳復は「救亡決論」（祖国の滅亡を救う秘訣）を、同じく『直報』に掲載した。この論説は清政府が日本政府と締結した馬関（下関）条約以後、中国が広大な領土割譲と巨額の賠償支払い義務を負い、権益とあわせて空前の損失となった時の執筆である。厳復は怒りに震え、激情に駆られて筆を駆った。ここでは「今日、中国で変法を遂行せずば亡国疑いなし」と強く論じ、政治制度の改革（変法）と並行して新学（近代西欧の学問）を奨励した。その一方で、八股（科挙の答案に用いられた文章形式）に代表される旧学を廃止すること、そして西欧の科学文化の重視を強調した。

「救亡決論」は、まず、滅亡を救う変法の筆頭の任務が科挙の三大弊害、すなわち第一に受験準備で個人の知力の発展を束縛する「錮智慧《こちけい》」、第二に人間の素質や品性を破壊する「壊心術」、そして第三に、徒食の「遊手好閑」人種の根絶であることを強く主張した。

ついで、基礎教育が急務という。言語、文字はすべての人に必須能力・手段として備わっていなければならない。しかるに、中国では文字は知識分子に占有されている。これに対し、西欧諸国や日本では、一般大衆すべてが普遍的に読み書き能力をもち、士農工商に実用化されており、いまだかつて知識階級のみが独占する状況はみられないのだ。

更に厳復は練兵について言及し、西洋の科学的訓練を学ぶべきことを強調した。彼は甲午戦争での中国の失敗について、中国に兵がいないだけでなく、将帥がいないことが要因であると考えていた。彼は将帥が学ばなければならない多方面の科学的知識を清帝国の将帥はまったく欠いていること、その上、清国の将帥はすべて奴才《どさい》（凡庸なイエスマン）で、無学かつ無能という、将帥として致命的な欠陥があると論じた。彼は洋務派が標榜する「借法自強」（西方技術のよいところを取って強化する）のスローガンは、その実は「羊頭を見せて狗肉を売る」類《たぐい》で、中国の現実の問題を解決することはできないという。西洋技術の導入は、それを受け入れる民衆の意識が伴わなければ失敗する。中国を「貧弱」から脱出させるには、部分的な「手直し」だけでは不可能で、普遍的にレベルを上げてゆかなければ、成功はおぼつかないのだ。

救国の道は、機械を作らないで鉄道を敷設するのではなく、鉄道用の機器を作ってから鉄道を敷設することである。

「救亡決論」は三篇に分けて、『直報』に発表された。中心となる目的は西学の重要性の周知である。甲午(日清)戦争以後、厳復の考え方は大きく転換した。彼はいまや前衛過激派となり、滅亡寸前の祖国を救おうと、阿修羅のように維新変法を叫んだ。「八個字主義」が、当時の彼の維新思想のスローガンである。尊民叛君、尊今叛古(民を尊び君主に叛《そむ》き、今を尊び古《いにしえ》に叛く)の意で、後年、革命を嫌った彼からは想像もできない、革命派のような反体制の雰囲気が論説全体に沸き立っている。

第七章

変法維新運動

光緒二一―光緒二六年（一八九五―一九〇〇）　◉四三―四八才

一――公車上書

◈康有為・梁啓超の変法運動

光緒二一年三月二三日（一八九五・四・一七）に調印された対日馬関（下関）条約の内容は、二一日に電信で北京に報告された。変法維新の提唱者である康有為《こうゆうい》は事前に知っていて、即座に弟子の梁啓超《りょうけいちょう》に各省の公車（会試受験の挙人）に鼓動《アジテーション》（扇動）をするよう命じた。康有為（一八五八～一九二七）は清末の代表的な改良主義思想家、政治家で、戊戌《ぼじゅつ》変法の主役である。

康有為は挙人一〇〇〇余人の連名上書を集め、皇帝に提出（公車上書）した。これは清代はじまって以来の未曾有の壮挙であった。彼はまだ任官していなかったが、維新運動の事実上の指導者となった。公車上書の大意は全部で三点、一に講和拒否、二に遷都、三に変法で、彼はその真の目的を「変法に帰する」と断言した。

康有為は変法維新の思想を宣伝し、新学を奨励して旧習の改善を図り、六月には新聞『万国公報』と政党結社「強学会」を創立した。梁啓超が主要なメンバーとして奔走し、『万国公報』は『中外紀聞』と改名して一カ月あまりで三〇〇〇部前後を発行するようになった。

才気旺盛な梁啓超は、このとき『中外紀聞』の主筆も担当していた。光緒二二年（一八九六）二月、天津の厳復と北京の梁啓超が手紙を交わしていることが王蘧常編『厳幾道年譜』（商務印書館）に記載されている。手紙の内容は主に現状への論評で、変法の必要、封建礼教への反対など、二人の政治思想には共通するものが多かった。ところが、梁啓超の活動は一カ所にとどまらず、早くも三月には北京を離れて上海に向かった。彼は「上海強学会」の汪康年《おうこうねん》から、上海で新聞『時務報』の主筆に就任するよう要請されていた。

汪康年は浙江銭塘の出身で、このとき三六才である。光緒一五年に一九才で挙人、一八年に二三才で進士に合格した俊英で、変法を主張し上海で名士を集めて懇談した。

「もっぱら中国の貧弱なる所以《ゆえん》（理由）、西欧国の富強なる所以を研究する」とアピールする康有為の招請に応じ、汪康年は「上海強学会」を主宰した。その後、弾圧によって北京、上海の強学会は相次いで閉鎖された。彼は強学会を整理した余剰金で上海に新聞『時務報』を創設し、自ら社長に就任して北京の梁啓超を招いた。

（上）戊戌変法期の康有為
（下）戊戌変法期の梁啓超
（『梁啓超年譜長編』第一巻
岩波書店）

◈『時務報』への寄稿

同年（光緒二二年）八月一八日に、厳復は『時務報』主筆の梁啓超あてに発刊を祝う書簡を添え、資金の補助として銀票（銀兌換紙幣）一〇〇元を贈った。書簡では『時務報』の発刊は、新聞として社会への影響がきわめて大きいと賞賛し、文末で自身の訳著の掲載について触れている。

拙訳『天演論』、ようやく原稿をお送りします。また選抜した数篇の掲載用の諸稿を同封します。

ついで厳復は「原強」（改修稿）「辟韓」「救亡決論」などの執筆の動機、新学の普及、富強の道の探求、民智を開くこと、民徳を新しくすること、民力を鼓舞すること、変法を必ず実行すべきこと、旧習を排除して改善した社会とするなどの目的を強調した。そして著者厳復が西欧、とりわけ英国で刊行された著名な論文を読み込んで学んだ西学の理論と結果から、有用な手段を忍耐をもって取り入れる必要がある、と付言した。『時務報』に連載された「原強」（改修稿）「辟韓」などの論説は、予想以上の社会的反響を引き起こした。とりわけ「辟韓」に維新派の人気が集中し、思想的指導者の譚嗣同《たんしどう》は、

「『時務報』第二三号の「辟韓」一篇、実に賞賛すべき論だ。いったい誰の作か？」

と汪康年に手紙で問合せた。筆者名は変名になっていたらしい。変法派の賞賛に対して、体制側は不快感と恐れを抱いた。厳復が期待をかけていた湖広総督張之洞《ちょうしどう》は、御史に命じて上海強学会会員の屠仁守《とじんしゅ》に「辟韓駁議《ばくぎ》」（辟韓を駁す）を書かせ、『時務報』紙上に掲載させた。厳復はこれを、張之洞自身が書いて屠仁守の名で発表したと見ていた。結局、彼は李鴻章《りこうしょう》に次いで、張之洞にも失望させられた。

二――ロシア語学館、通芸学堂（洋式学校）創設

◈「清露連合」による対日政策

光緒二二年（一八九六）、厳復は朝廷の命を受けて天津にロシア語学館を設立し、総弁（館長）に任命された。彼はカリキュラムを立案し、教師を招請するとともに、学校としての組織を編成した。これは清末におけるもっとも早い、官立ロシア語学校である。天津ロシア語学館の設立は、甲午（日清）戦役後の清朝外交政策と関連がある。日本への「三国干渉」の成り行きを見ていた李鴻章はじめ清朝首脳部は、「清露連合」による対日政策を想定した。直近の対日条約に目を奪われ、愛琿《あいぐん》条約など、これまでロシアに広大な領土を奪われた経緯を忘れた幻想的な構想だったが、高官たちは大いに乗り気になった。当時、湘軍を統率していた両広総督劉坤一《りゅうこんいつ》は「因勢利《いんせいり》導《どう》」（情勢に応じて有利に導く）戦略として、ロシアを利用して日本を牽制すべしと北京に電報を打ち、湖広総督張之洞は、清国はロシアと同盟を結び日本に対抗せよと主張する案を提出した。

北洋艦隊を失った清政府としては、海軍の空白を埋める対処は焦眉の急だった。そこに「仇敵の日本、冷淡な英国、連合するロシア、親愛なるロシア」的気分が蔓延した。

一八九六年（光緒二二）二月一〇日、清政府はロシア皇帝ニコライ二世の戴冠式に、李鴻章を首席全権大使として派遣し、李はロシア帝室財政大臣ウイッテと「中東鉄道」の建設について会談した。ウイッテは後に

日露戦争終結のポーツマス講和会議で、日本の小村寿太郎《こむらじゅたろう》首席全権と対峙した、ロシア帝国首席全権である。

四月二二日にモスクワで清国側は李鴻章全権大使、ロシア側はウイッテ財政相など政府主要閣僚が出席して「清露密約」が締結され、これをもって「共同防日」の名により、ロシアは軍事勢力を中国東北地帯に拡大した。

厳復が創設した天津ロシア語学館は、対ロシア外交の人材を養成し、当時の国際情勢から、清露関係の内部提携を強める李鴻章の狙いがあった。しかしロシアの真の狙いは、ロシア自身が旅順と東北地帯を版図に置くことであった。その翌年、一八九八年（光緒二四）三月二八日、ロシアは清国政府に「旅大租借条約」を締結するよう迫った。旅大は旅順と大連一帯の範囲である。租借期間は二五年で、清国東北地帯をロシアの勢力範囲に変える意図が露骨になり、既に陸軍も展開していた。愛琿条約の悪夢がよみがえりつつある。厳復は光緒二三年に創設した『国聞報』紙上で、旅大租借を批判する論説を発表する。

◈張元済と「通芸学堂」の設立

ロシア語学館と並行して、厳復は新学の技術学校の設立に力を注いでいた。

同じ年の光緒二二年（一八九六）、厳復は友人の張元済《ちょうげんさい》と協力して、北京に「通芸学堂」を設立し、新学教育を提唱した。維新の人材養成が目的である。

張元済は浙江海塩出身で、光緒一八年の会試で進士に合格した教育官僚である。彼は同僚の張萌棠《ちょうほうとう》ら六名と計画していた「西学堂」の開設を申請し、総理衙門も承認した。当時、総理各国事務衙門の張萌棠は西学教育にもっとも熱心で、連名で各省の督撫（総督と巡撫）に協賛を求める書簡を送った。湖広総督張之洞、直隷総督王文韶《おうぶんしょう》は、いずれも新学堂開設のために張元済を援助した。光緒二一年一二月、総理衙門では御史の陳其璋《ちんきしょう》が官民の資金による新学学堂創設の方法をまず朝廷に提出し、承認を得て皇帝に上奏した。

張元済はこの機会を捉えて同志を集め、新式学堂を計画し、光緒二三年正月一一日に西学堂は開校し、簡素な借家ながら学堂らしく授業が始まった。学科は英語と数学で、学生は四〇人から五〇人である。但し教科書と教師が不足して、追加買い入れや補充が必要になった。八月二四日に、張元済は総理衙門に学堂の運営状況を報告し、政府の承認を求めた。総理衙門は奏上に際し、張元済の報告書を所轄する役所の担当者に回覧した。需要が多くなる、外国語ができる人材は、官立の同文館で養成した人材だけでは足りず、官民合資による学堂もまだ不足である。新学堂を作りつつある張元済らは、人材が欲しいあちこちの部門から激励の手紙を受け取った。学堂の所在地は、宣武門内象坊にある大きな一戸建ての家屋である。命名された「通芸学堂」の校名は、一説によれば厳復によるとされている。一二月三日に、朝廷は総理衙門の申請を批准（承認）し、校名は「通芸学堂」と確定した。表面的には儒家の経典と関連があり、官と民の接点を目指すとしているが、実際は主として西学による各種実学の授業をするのが学堂の目的である。この目的は、中西（中国と西洋）の結合を巧妙に強調して、政府の批准審査に備えている。すなわち、西学を授業するけれども、外見的には儒教を授業するように見える。この教育目的は、科挙を通じて子弟を官僚として養成しようとする、郷紳の知識階級に受け入れられた。

厳復と張元済はきわめて親交が厚く、書簡による記録では学術、国事など広範囲にわたっている。『厳復集』（中華書局）の来信書簡には二〇通があるが、惜しいことにすべて光緒二五年、すなわち一八九九年（明治三二）以後に交信したもので、張元済は北京から上海に移り、厳復はまだ天津にいた時期である。張元済と厳復が北京—天津間で交換した書簡は、まだ発見されていない。ゆえに厳復の協力によって通芸学堂が創設された当時の事情は、周辺の資料を統合して考察されたものとされる。

◈「通芸学堂」での厳復の講義

光緒二四年八月三日（明治三一、一八九八・九・一八）、厳復は天津から通芸学堂に来て講義した。彼は北洋水師学堂総弁（校長）と、天津ロシア語学館館長を兼任して超多忙だった。当日の講題は「西学入門の効用」である。彼は英国の生物学者ハックスリーを紹介し、その論文「進化と倫理」（Evolution&Ethics）から、自然界における人類の位置を「化中人位論」と中国語に表現して講演した。ハックスリーについては後章で記述するが、彼の論述は動物と人間の関係を示し、動物としての人間の位置を明確に説明して、冒頭で人と猿は祖先は同じと明言している。人は人として、神によって創造されたとするキリスト教社会の当時のヨーロッパでは、大多数が反対者である。厳復は簡潔な言葉でハックスリーの主要視点を説明した。人と動物の区別を明確にする目的は、人には言語能力があり、知識を積み、世代を相伝し、野蛮を経て文明に到った点を明らかにすることである。ここにおいて、「人は必ず学ぶ」という、動物とは決定的な識別点があきらかになる。

そこで、厳復は強調する。

「ゆえに人間の一生を通じて、精神を訓練し、知識を積むことがまず必要である。知識を多く積んだ者は豊かな社会に生き、それができない凡人は依然として野蛮の域にとどまる」

彼は文明の社会を建設するために、「理」と「情」の両面学習が必要であると説いた。

これに続いて、学を究めるための具体的な指導に移った。学問研究の一般的方法については、基本的に三つの要点がある。その第一はまず観察し正確に知る、第二に正誤を客観的に試験する、第三に、試験によって理論を確認、確実なものにする、以上によって、彼は科学的知識修得のキーポイントは対象の明確な認識、認識の正しさの判定、確認の証明（普遍性の理論化）であると強調した。

厳復は、学問の効用は二つの方向に分けられる、一方は学問自体の専門として、もう一方は公共のためにあるという。このことから、厳復は実用の学問として自然科学と社会科学の両類を必要とし、前者は個々別の学、後者は社会共通の公共的学としていたことがわかる。彼はとりわけ社会科学の重要性を強く認識していた。このとき、光緒二四年（一八九八）四、五月に、通芸学堂の要請により、厳復は二回「学科を研究指導し、学術を講義」したことが、新聞に報道された。北京に滞在するときは学堂の一室に泊まったので、学生たちは頻々と訪れ、「教えを請う諸人の往来絶えず」という状態だった。厳復の講義を聴こうと、学生だけでなく向学心のある官僚まで誘い合わせ、期せずして十数人も集まるなど知識社会の関心を集めた。光緒帝も新聞を閲読し、通芸学堂に関心を寄せた。

「学生は将来の国家をつくる人材となるよう、広い視野で学べる環境が必要である」

皇帝は張元済を召見し、学堂の状況を下問して、勉励せよと激励した。しかし、この直後に生じた戊戌変法の破綻により、通芸学堂も解散に追い込まれる。

張元済は官を罷免され、学堂の事業を引き継ぐ者がいなくなった。就学中の学生は、再び旧制度に従って八股受験に向かわなければならなくなり、次々に退学していった。

張元済は通芸学堂に備えられている書籍や器具、それに保管されている余剰金をすべて整理するため、管学大臣孫家鼐《そんかだい》に処置を頼み、通芸学堂は京師《けいし》大学堂に併合された。

三――新聞『国聞報』創刊

1――創刊の目的

◈創刊メンバーとの交友

戊戌政変の前年である光緒二三年（一八九七）夏、厳復と改革派の官僚である王修植《おうしゅうしょく》、夏曽佑《かそうゆう》、杭辛斎《こうしんさい》らが発起人となって、天津に新聞『国聞報』を創刊した。社屋は天津紫竹林租界敷地においた。日本では、明治三〇年にあたる。

王修植は浙江省定海出身で光緒一六年（一八九〇）に進士となり、翰林院編集を経て后官直隷候補道に就任、直隷総督李鴻章に重用されて、北洋水師学堂創設を委任された。総教習厳復の上司として、学堂総弁（校長）に就任している。夏曽佑は浙江省杭州出身で光緒一六年に進士、王修植より三才年少だが、進士合格は同期である。授礼部主事に任官、梁啓超、譚嗣同、章太炎《しょうたいえん》（章炳麟《しょうへいりん》）と交流があった。甲午戦争後、彼は住いを上海に移し、『時務報』に常時、論文を発表した。光緒二二年（一八九六）に知県に改官されたが、北京勤務候補にはなれず、任官をやめて天津に赴き、招聘されて「育才館」の教師になった。そしてこの時期に厳復と知り合い、その思想に強い影響を受けた。二人の親密な交友と談論は大変なものだったらしく、彼は兄の汪《おう》康年《こうねん》に宛てた手紙で次のように語っている。

天津に来てから、厳復と知り合えたのは幸いでした。互いに相手の思想を知るとともに夜になれば始終会って談話に多く時を過し、語れば夜を徹することがしばしばでした。

もう一人の杭辛斎（一八六九〜一九二四）はもっとも若く、浙江海寧《ハイニン》出身で、杭州正蒙義塾に弱年から学び、のち北京の同文館に学んだ。光緒帝に変法について上書したこともあり、内閣中書に任ぜられた。

彼らは『国聞報』創刊に際して、役割を分担した。厳復と夏曽佑は主として旬刊、王修植、杭辛斎は日刊を担当した。その後、旬刊はやめて、日刊に全力集中した。厳復はその編集に参加し、常に無署名で社説を執筆した。

◈西欧の先進的情報を提供

光緒二三年一〇月一日（一八九七・一〇・二六）、『国聞報』が創刊された。日刊紙は毎日発行で二つ折り四頁の紙面に八〇〇〇ないし一万字を掲載した。

『国聞報』は、英国の『タイムズ』に倣い、日刊紙に続いて旬刊報を発行した。旬刊報は一〇日ごとに冊子を発行した。現代の週刊誌のような娯楽記事は少なく、啓蒙的色彩が濃い。約三万字を掲載し、名称は『国聞彙編《いへん》』とした。

『国聞報』の記事は、大体つぎのような内容である。各種の広告、掲示のほか、皇帝の上諭の告示、ロイター通信の国際ニュース、ついで首都北京のニュース、順に保定、山東、河南など北方各省のニュース、次いでチベット、東南部の各省のニュースを掲載した。

これについで、外国のニュースを載せた。論説や社説は毎日一篇、数千字前後とする。社説がなければ、依頼原稿または翻訳原稿でこれに換える。

創刊の目的について、厳復は「『国聞報』創刊の意義」と題する一文を掲載した。彼は創刊の目的は二つあるという。すなわち、一は上下の情（官意と民意）の交流、二は中外の情（外国の情報）の周知である。彼は『国聞報』創刊のいきさつをくわしく記述し、これによって新しい学問が興り、多くの新聞社が競い合う状況を期待する、と書いた。要するに、中国人が西欧文化を理解できるような情報の提供である。戈《か》公振《こうしん》『中国報学史』（上海古籍出版社）には、

北方地域でもっとも優れた新聞である。惜しむらくは、発行後まもなく停刊になった。

と賞賛している。『国聞報』は広く当時の先進的思想を代表する、高いレベルの新聞であったことがわかる。考証によると、厳復が『国聞報』に発表した二八編の論説は、次のように八種類に分類されている。

一類は、『国聞報』および『国聞彙編』の発刊の辞、すなわち「『国聞報』縁起」（創刊の意義）と「『国聞彙編』序」など、発刊挨拶に類する文。

二類は時事論、「英『タイムズ』紙のドイツ膠州湾侵攻肯定論を駁す」、すなわち中国山東省膠州湾へのド

イツの侵略をめぐる『タイムズ』紙の論への反駁文である。

三類は、中国と米国間の貿易経済の国際評論である。すなわち、「中国が費城（フィラデルフィア）商業連合会に参加する報知」。

四類はロシアが旅順を侵略した、大連湾事件の評論である。すなわち、「ロシア人による、清国のための旅順、大連湾の代理保護を論ず」「再度、ロシア人による、旅順、大連湾の「代守」を論ず」。

五類は、維新変法の政見と政論である。すなわち、「皇帝への上書に擬す」ほか四種の評論。

六類は、中国（清国）の社会問題の評論である。「中国における抵抗する力と反抗する力」中国における教育の後退を論ず」「難局を論じる」など。

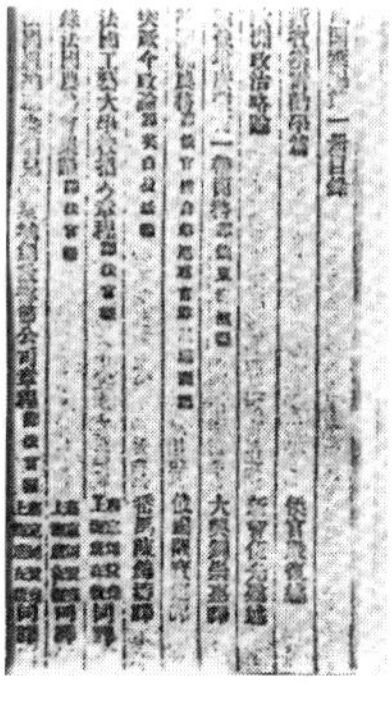

（上）一八九七年一〇月二六日創刊『国聞報』
（下）一八九七年一一月二四日創刊『国聞彙編』
（『厳復集』第一冊　中華書局）

七類は、中国文化教育方面の論述で、「学問、事業の研究方法論」「上海における女学校の設立」など四種類。八類は、翻訳に関する四種の論述である。

2 「自立」への舌鋒

◈膠州湾事件への糾弾

『国聞報』における厳復の論説は、きわだって鋭利な舌鋒だった。たとえば、膠州《こうしゅう》湾事件に関する論説を挙げる。光緒二三年(一八九七)一〇月二〇日、ドイツは自国の宣教師が殺害された事件を理由として、軍艦を派遣して青島《チンタオ》の膠州湾を占領、青島砲台を奪取して、列強が中国の港湾を強奪する序幕となった。一一月一日、厳復は『国聞報』で、ドイツの侵略を肯定的に論じた英国『タイムズ』社の評論を反駁し、英国が同じ動機で同様の侵略行為をすることを懸念した。彼は山東省ドイツ人宣教師殺害問題について、ドイツ政府が全く清国政府と外交交渉をせず、直接出兵して武力行為に及んだのは強盗的行動であると断じた。彼は『タイムズ』紙がヨーロッパ的感覚で、ドイツの膠州湾占領を正当もしくは当然視したことが許せなかったのである。そしてこれは英国人がドイツ人をおなじ西欧人として弁護する、後ろ向きの意識として指弾した。しかしすでに西欧諸国は単なる初期資本主義から、拡張主義が激化しつつある。その認識は、欧州から離れた厳復にはまだ薄かった。すでに当時の英国政府は、ドイツの膠州湾占領を支持していたのである。しかし厳復は膠州湾事件にこだわった。「膠州守備官章高原について論ず」と題する論説には、ドイツ軍の侵攻に対して、膠州湾守備軍の将、総兵(大佐)章高原《しょうこうげん》が一弾も発せず、手をこまねいて港湾をドイツ軍に呈上して退却した行動を、売国行為として糾弾した。

しかし彼は章高原の撤退が、朝廷の命令に従ったものであることを知らなかった。自分自身が軍の一員である厳復は、国土を防衛する軍人は常に戦闘準備をぬかりなく完備し、身命をなげうって戦うものであると認識していたのである。清国の軍官僚はすでに奢侈に浸り腐敗し、国家が争いに巻き込まれないのを、なにより幸いとする。厳復は清朝の軍隊が戦闘能力以上に、覇気を失ってしまったと信じた。

◈ロシアの大連湾占領への警鐘

ドイツの膠州湾占領に続いて、厳復は分類「三類」に属するロシアの大連湾占領を論題とした。李鴻章の「清露密約」以後、厳復はロシアが変貌してゆくさまを、次の各論説で論じ、侵蝕される中国の権益に警鐘を鳴らした。

一、「ロシア人が中国に代わって旅順大連湾を〈保護〉する論」

二、「再論　ロシア人が中国人に代わって旅順大連湾を〈防衛〉する論」

三、「中露友好論」

これらの論説は無署名だが、厳復の手によるものと考えられている。厳復は、国家が自立するには、自立、自強、能力がなければならないと強調した。ロシアの力を借りて安全保障とするのは、「代理保護」の名のもとに、ロシア人が中国人に代わって旅順・大連湾を保護すると称する詭弁で、明らかに侵略かつ実質的に中国の港湾を併呑されてしまうことにほかならない、中国に残された救亡の道は、「自立」以外にない。彼は無気力に沈滞している官民に、自立せよ、戦え、と論筆を駆った。

ロシアの「旅大(大連の旧称)代理守備」を応諾すれば、たちまち列強による中国領土の瓜分(分割)を引き起こす結果になる、とくりかえし指摘した彼の論理が正確であったことは、その後の経過が証明した。ロシアの旅順大連湾租借から始まり、英国が威海衛を強要租借し、日本は福建省、フランスは広州湾を強要租界とした。一九世紀末、中国は列強にとって争奪瓜分の絶好の獲物となったのである。

3 国際社会へのアピール

◈外国文献の精選・翻訳

厳復は日刊の『国聞報』とともに、旬刊の『国聞彙編』には、保存する価値のある主として外国文献を選抜して翻訳し、主に知識階級の読者向けとして発行した。光緒二三年一一月一日(一八九七・一二・二四)、厳復は刊行の辞を『国聞彙編』創刊号に掲載した。

厳復は発刊序文として掲載した「『国聞彙編』序」の文末で、創刊の目的は補苴《ほしょ》時難(困難な時期を補修する)であるとして、中国の歴史や外国の統治例から経験や教訓を引き出し、現在に応用して国家の危機を救うことにある(『厳復集』四五六頁)、と高揚した論調で宣言している。

刊行期間はわずか二カ月と七日の寿命だったが、合計六冊を刊行した。それぞれの発刊の期日と内容を次に示す。

第一号　光緒二三年一一月一五日(一八九七・一二・八)発行。論説は厳復「『国聞彙編』序」、厳復「斯賓塞爾(スペンサー)勧学篇」(連載一)、伍光建《ごこうけん》「欧州政治論略」。これらは中国語のほか、英語、フランス語、ロシア語に翻訳して掲載された。

第二号　光緒二三年一一月二五日（一八九七・一二・一八）発行。厳復「『天演論』自序」、厳復「『天演論』懸疏《けんそ》（概要）」（連載一）。英語、フランス語、ロシア語に翻訳して掲載。

第三号　光緒二三年一二月五日（一八九七・一二・二八）発行。厳復「斯賓塞爾『勧学篇』」（連載二）、陶大均《とうだいきん》「日本観兵記」。英語、フランス語、ロシア語、ドイツ語に翻訳して掲載。

第四号　光緒二三年一二月一五日（一八九八・一・七）発行。厳復「斯賓塞爾『勧学篇』」（連載三）、厳復「『天演論』懸疏」（連載二）、厳復「西蔵（チベット）近聞」。英語、フランス語、ロシア語に翻訳。

第五号　光緒二四年正月一五日（一八九八・二・五）発行。厳復「『天演論』懸疏」（連載三）、厳復「外国近聞」。英語、フランス語、ロシア語に翻訳。

第六号（最終号）光緒二四年正月二五日（一八九八・二・一五）発行。厳復「『天演論』懸疏」（連載四）。英語、ドイツ語、ロシア語に翻訳。

◈複数の外国語による情報

『国聞彙編』の内容は、重要なニュースと論説翻訳文を主とし、もっぱら外国の内情を解説するスタイルとした。到来する外国文ニュースや論説は翻訳担当者を定め、例えばロシア語は中国語に堪能なロシア人翻訳者が担当した。英語翻訳は広東南海の陳錦濤《ちんきんとう》が、ドイツ語翻訳は安徽桐城の王承伝《おうしょうでん》が、フランス語翻訳は浙江嘉定の周 賛尭《しゅうさんぎょう》、上海の唐在復《とうざいふく》が担当している。国際社会を重視し、紹介や自説の表現手段として翻訳を徹底的に活用する方針は、いかにも厳復らしい。『国聞彙編』の文化史的貢献は、ハックスリー『進化と倫理』の厳復翻訳による『天演論』の連載であるといわれるが、むしろ複数の外国語を介して内外の情報を交流させる編集も、高く評価されるべきではないか。

『天演論』連載の影響もあって、活動期間は短期間であったにもかかわらず、『国聞報』は当時の知識層に重視された。七年後の光緒二九年（一九〇三）に、厳復のお気に入りの門下生熊元鍔《ゆうげんがく》は『国聞報』と『国聞彙編』第一号、第二号を編集、『国聞報』『国聞彙編』の選集として『国聞報彙編』を出版した。内容は、『国聞報』中の二〇〇を超える論説から、社説、寄稿と翻訳など三九篇を選集した論集である。熊元鍔（字は季廉《きれん》）は江西南昌出身で、光緒二七年（一九〇二）に『侯官厳氏叢刊』を出版している。彼が編集した『国聞報彙編』の序文にはたびたび厳復の名がみえ、師厳復に対する弟子としての敬愛の情が窺える。

四——戊戌政変

1——「皇帝に奉る万言の書」

◈変法に先立つ緊急措置案

光緒二四年正月六日から一四日(一八九八・一・二七〜二・四)にかけて、『国聞報』に無署名の社説「皇帝に奉る万言の書」が掲載された。厳復の長編政論である。原文の上書形式の修辞を略し、要旨を示す。

現在の国難に対し、厳復は変法(立憲君主制への改革)が不可欠である所以を強調した。彼は世界各国の歴史書から例を挙げて論じ、変法と国家の安定が相関関係にあることを説明した。

厳復は「人材は消耗し、財政は困窮、内憂外患、衆を集めても国土を支え得ない」当時の光緒帝の境遇を推察した。甲午(日清)戦争以後、列強は清国の劣弱無能が暴露されると、たちまち我勝ちに租界を強要して、種々の権利を獲得しようとする策謀があふれた。かつてない危機の到来である。清国は彼らが襲来する前に一刻も早く、変革を進め、富強を図る行動を起こさなければならない。

厳復は歴史からみた救国の実績を綜合し、大別して治標（応急処置）と治本（根本改革）の二つの手段を並行して施策すべきであると説いた。これに加えて、彼は国の将来の安定と発展を図るために、富国強兵策をとり入れ、競争によって人民の智勇を高揚させることが必要である、と主張した。

厳復は皇帝に変法を推薦したが、その一方で変法施行の困難さも予想していた。官民の意識改革の程度が異なる状態で、いい加減にあしらわれる懸念もある。彼は変法が施行されたとしても、その前に旧いしがらみをとり除かなければ、改革は前に進まないと認識していた。同じ維新派でも、同時代の朝野の志士たちの意識は、西欧的思考の厳復とくらべるとはるかに粗雑である点も深刻な懸念材料だった。

「皇帝に奉る万言の書」は国を滅亡から救い、民族の生存を図る「救亡図存」が全体のテーマで、変法の実施前に緊急に実施しなければならない緊急処置「治標」として、三項目の具体案を提示している。三項目は、第一に諸国外交政策の調査、第二に民心の結合、そして第三が変法妨害行為の排除であるという。

◈各国の外交政策を分析

論の第一は、清国と関連する各国の外交政策の調査と対応である。厳復はまず、ヨーロッパとアジア諸国の各々の状況と動向を精緻に分析した。

彼は露と仏、それに独が対立集団として常に争奪行為をしているのが、目下の国際情勢であるという。とりわけ、英、露両国の対外拡張状況を集中的に論じている。これらをまとめて英、仏、独、墺（オーストリア）、それに露の「欧州五強」の抗争を「泰西各国の大略」として解説した。争いの原因によって国家の概要を描くのである。

厳復にとって、これら欧州諸国の中国での行動は懸念材料だが、より重要な懸念はアジアの新興国、日本だった。厳復は、北東アジアにおけるロシアと日本の抗争は、不可解なほど激しく敵対しているという。甲午戦役以後、露日間の摩擦は益々激しくなり、いまや双方が戦争の準備に没入し、関係諸国も緊張が高まった。物資の不足、米価の高騰など、厳復は中国への影響を分析しているが、露日両国はぎりぎりになっても断交することができない。その原因は、英国の態度がまだ明確ではなく、開戦後の見通しが立たないことにあった。英国は世界第一の海軍国である。近来多くの地域で紛争が生じたが、英国は常に収拾のリーダーシップをとってきた。しかし最近は敢えて前面にでることを避け、情勢に従うようになりつつある。厳復はその理由を次のように述べている。

甲午戦役後の国際争奪激化に際し、英国は複雑な情勢の流動を利用して臨機応変に有利な時期を探り、すでに確保している世界制覇の地位を安定的に保持する意図を強めるようになった。これによって英国はしばらく背後に退き、露仏同盟(一八九四年最終決定)のほか、露日のにらみ合いにも慎重な態度で中立を維持している、という。

厳復は主として英米系新聞から国際情勢の流れを推理して判断しているので、実際の微妙な「深層外交政策」は、直接に情報が届かない彼の解釈をゆがめる結果となった。

これに対して、清朝では湖広総督張之洞が提案した清・英連合、清・日連合のような構想は、完全に国際情勢を誤解した現状認識だった。「災いを消滅したい」という光緒帝の願望は、こちらが友好をもって接すれば相手も相互友好で応えるという、人間性善説の幻想にすぎなかった。李鴻章の親露政策も同様に、大きく裏切られる結果となる。

◈官民の相互理解の必要

論の第二は、民心の結合、すなわち、官民の相互理解である。官民が交流し、官は民を思いやり、民衆の愛国心を増強して侵略者への民衆の抵抗を利用するのである。

厳復は、清朝が中国東北から本土に入り、北京を京師(都)として建設して以来の、「愛民之徳」(民を慈しむ皇徳)の進展を称揚し、願わくば光緒帝の御世が長く継続して、一層の輝かしさを加えることを、と、皇帝上書のきまり文句を付記した。

彼は朝廷の神経に障る言葉は避け、清朝の建国以来の暴政や、光緒帝が引き起こした失政への反感には敢えて触れず、つとめて官に干渉されないように警戒し、清朝に触れるところは体制礼賛調で巧みにぼかした。彼は中国における民心凝集力が大きいことを認識していた。彼は支配者である清朝の官吏が民衆から鬼のように恐れられ、民心を失いながら、一方で国を愛せよなどと言えるものではないと行政の矛盾を批判した。

侵略者に抵抗する力として、民衆の働きが不可欠である。これが乏しい国家が興隆した例はなく、この如何によっては国家の存亡にかかわる。皇帝は外国の君主に学び、深く民衆の中に入って彼らの生活や声を見聞し、以て人民の心をつかむべきである、と厳復は説いた。彼は国家興亡の要として民心の向背を挙げたが、現状は目指すところと全く逆である。清朝の官吏将官は、民衆から権力をもって財を強奪し、民心を失う結果となったことは明らかである。その民心を如何にして再びつなぎとめ士気を鼓舞するべきか、問題の解決案を微小ながら提出したい。現在のように、皇帝の行幸先が皇居防衛軍の慰問だけでは、民心掌握の役にはたたず、むしろ逆効果となるであろう。

❖変法運動の妨害への対処

論の第三は、変法運動の妨害への対処である。頑固（保守）派官僚の変法運動妨害に対しては、まず必要な闘争のため、十分な理論武装をしなければならないという。国家が変法を実施する時期については、厳復が指摘する二つの困難な問題が横たわっていた。その一は「僥倖の門」の抑制、その二は「組織独占者による破壊」である。

「僥倖の門」とは、収賄などで、能力のない人材を国家の行政部門の担当者に不正に採用する場合をいう。このような人間が官職に就いた場合、国家事業を破綻させる。

「組織独占者による破壊」とは、既成組織勢力の地位を独占する有力者が、新しい改革案や発案者を、自分の地位を脅かすものとして芽をつみ、弾圧することである。彼らには「君子《くんし》」はまず見られない。いずれも「小人《シヤオレン》」（くだらぬ人間）である。

「皇帝に奉る万言の書」は、計画ではまだ継続する予定だったらしい。厳復は呉汝綸《ごじよりん》への書簡で、まだ未発表の原稿「変法四事」を予告しているといわれる。「四事」とは、「清朝官吏制度の改革」「経済の発展」「科挙の廃止」「西学の推進」である。

王蘧常《おうきよじよう》『厳幾道年譜』（商務印書館）には、

呉汝綸への書簡からこれらを見出すのはもはや不可能であろう。実に惜しいことだ。（今已不可得見、惜已）と記述されている。呉汝綸宛の厳復の書簡には、いまなお未発見のものが多く、彼の「変法四事」の詳細はわからないまま、現在に至っている。

2―維新幻想の崩壊

◈ポストの限界での言論活動

光緒帝は躊躇しながらも、ついに変法の採用を決心し、光緒二四年戊戌《ぼじゅつ》四月二三日（一八九八・六・一一）に「国是を定む」と詔勅が下り、戊戌変法が宣言された。戊戌とは、この年の干支（えと）「つちのえいぬ」である。厳復は北洋水師学堂総弁に就任してから、既に九年目になっていた。この学堂に赴任してからでも、すでに一八年の歳月を過したことになる。彼は当時の中国人としてはほとんど類のないほど多方面の近代的な学問と完璧な英語力を身につけ、豊富な読書で英国を中心とするヨーロッパの近代思想に親しみ、海軍の理数系教育で鍛えた合理主義で、祖国中国の現状と将来を考え続けた。それにしても、不遇の感がぬぐいきれない。朝廷の中枢では、西洋の学問は依然として国家経営の道具であり、手段に過ぎないという意識が強い。いかに西洋の学問に長けても、現に彼の地位は海軍学校の校長で停止している。実際、彼にふさわしい官職は、規定によって現在の清国海軍では水師学堂校長以上のポストはないのだ。

当然、厳復もそのことは認識している。彼はこの「上限のポスト」をベースにして、新たな活動の道を進みはじめた。『直報』や『時務報』に続々と発表される論文、ついでそれらを論説として発表する新聞『国聞報』の創設にまで至った。『国聞報』にはほとんど無署名の社説として発表したが、ほぼ厳復が中心となった論説陣であることは多くの知識人は承知していて、随時発表した政治論文は社会に大きな影響を与え、彼の声望は日々高まった。

早速に、具体的な反響が到来した。光緒二二年（一八九六）七月一八日、天津知府で桐城学派の碩学、呉汝綸が厳復に書簡を送り、彼の才能と学問の高さをきわめて高く評価し、この国家の危機になすべきことは無限にある、君にはその能力があり、国家が待望する人物だ、と激励した。このあと、呉汝綸は厳復の訳書『天演論』や、『原富』に序文を与えている。

◈光緒帝への拝謁

遂に、「国家が待望する人物」と認められる時が来た。光緒二三年一一月二三日（一八九七・一二・一六）、貴州学政の厳修《げんしゅう》は、請願として教育体制「経済特科」を設立し、それを内政、外交、理財、経武（兵制）、格物（物理学、化学）、考工（工業技能検定）の六科に分類して実用化するよう上奏した。軍機大臣は皇帝の意を奉じて総理各国事務衙門で合同礼部（教育部門）協議を行い、その結果を具体的に奏上するよう命令した。

翌年、光緒二四年（一八九八）正月六日に、総理各国事務衙門大臣は恭親王奕訢《えききん》を領御（連名の筆頭）として、「貴州学政厳修の建議（立案）は綿密で、実施可能であります」と答申した。ただし、これを指導する人物が必要、としている。

光緒帝はこの法案を批准（承認）し、諭旨を下部に伝達するよう命じた。経済特科公布の情報は各地に広がり、全国に続々と指導者を志望する推挙人が名乗り出た。統計では合計二三〇余人で、このうち江蘇省が最多の二九人、次いで浙江省の二一人、湖南省一五人、広東省一三人、福建省一二人などで、このとき集まった顔ぶれは、その後、歴史上の知名人になった人士が居並んでいる。たとえば、梁啓超、蔡元培《さいげんばい》、厳復、張謇《ちょうさい》、夏曽佑などがその代表者である。朝廷では、これら指導者のなかから、教育の状況を直接皇帝に奏上する人材を選んだ。光緒二四年七月一三日（一八九八・八・二九）、詹事府《せんじふ》は光緒帝拝謁者として、水師学堂総弁の厳復を推奨する上奏文を提出した。詹事府は秦以来の官名で、皇后や太子の家事を司《つかさど》る役所である。担当官は詹事で、王錫蕃《おうじゃくばん》が上奏した。

> 北洋水師学堂総弁厳復は、（福州）船政学堂航海科を卒業し、西洋に留学、西学の法制度や学術を学び、事物の原理を極めるべく研究に努めました。一方、中学（中国の伝統的学問）にも群籍（多数の典籍）を読破して精通し、多くの著述があります。水師（海軍）の情勢は、専門家として熟知し、長年北洋海軍に貢献しております。

光緒帝は、厳復が参内拝謁する上奏を批准した。厳復は胸に迫る感慨を抱いて、天津から北京に向かった。書簡によると、陰暦七月二七日か二八日に到着したらしい。

七月二九日（九・一四）、厳復は乾清宮に参内し、光緒帝に拝謁した。八月四日（九・一九）発行の『国聞報』は、このときの光緒帝と厳復の会話を掲載した。

先月二九日、厳又陵《げんゆうりょう》は乾清宮で皇帝陛下に拝謁した。陛下のご下問に対し、海軍と学堂の開設当時の様子を申し上げた。内容は甚だ詳細にわたった。

皇帝下問は甚だ多く、拝謁の時は約三刻（四五分）にわたった。厳復は時刻を察して退出し、寓居（宿所）に戻った。寓居は特別な変動がなければ、通芸学堂の一室であろう。このとき光緒帝に贈呈を約束した連載論説、「皇帝に奉る万言の書」を装丁し、日ならずしてご覧いただけることと思いながら、献上の手続きをした。

◈后党と帝党の対立

しかし結局、厳復は皇帝上書を皇帝の手に献上できなかった。その理由は、拝謁の一週間後、戊戌政変が発生したことによる。維新変法に反対する頑固（保守）派、いわゆる「后党」の代表である慈禧《じき》太后（西太后）は、光緒帝に上諭の発布を迫って皇帝派（帝党）の中心人物、翁同龢《おうどうわ》を開缺回籍《かいけつかいせき》（罷免して故郷に追放）させた。

光緒帝にとって、翁同龢は少年時代から二十年来の学問の師である。彼は江蘇常熟の出身で、咸豊六年（一八五六）の状元（殿試首席合格者）である。官職は工部尚書（建設大臣相当）、軍機大臣、戸部尚書（財務大臣相当）、総理各国衙門協弁大学士（副総理相当）などの要職を歴任した。彼は長年、光緒帝の師として薫陶し、光緒帝が最も尊敬し信頼する側近指導者で、変法を強く支持して帝に大きな影響を与えた、ただひとりの重臣である。そこで西太后は、まず「君側の奸を除く」手段として翁同龢を朝廷から追放し、光緒帝の変法への動きを封ずる策をとった。時をおかず、西太后は京畿（直隷地域、首都とその周辺）での軍事力の権限を掌握し、二品《アルピン》（総督、巡撫以上の官位）以上の官職任命権を握り、股肱の忠臣である満人側近栄禄《えいろく》を直隷総督に任命した。五月五日（六・二三）、総理各国事務衙門は「栄禄を直隷総督及び北洋大臣に任命する」と布告した。このあたり、西太后の権力への執念と果敢機敏な行動には、とうてい光緒帝派では歯が立たない。

北洋大臣は河北、山東、奉天の税関を管轄し、直隷総督の兼職である。京津（北京から天津）地区を警護する北洋近衛軍の指揮権は、栄禄はじめ西太后派に把握された。

光緒帝と「帝党」の官僚は、情報の不備や状況判断の錯誤もあったようで、后党の反撃にまだそれほど臆していた様子はなかった。七月一六日（九・一）、光緒帝は上諭を発布し、皇帝の意に反した后党の礼部堂官六名を罷免したが、この処置は后党官僚の反撃を招く重大な転機となった。

◈「軍機四卿」の任命

七月二〇日（九・五）、光緒帝は維新派新政権の閣僚として、内閣候補侍読・楊鋭《ようえい》、刑部候補主事・劉光第《りゅうこうだい》、内閣候補中書・林旭《りんきょく》、江蘇候補知府・譚嗣同の「四卿」を召集した。

（彼らには）均しく褒賞として四品の卿の肩書きを用いることを許し、軍機処の章京（書記官）として行走《つとめ》し、新政の事務に参与せしめよ。（光緒二四年七月二二日付『国聞報』『梁啓超年譜長編』第一巻）

かれら四人には「軍機章京」の称号が与えられ、特に「参預新政」という四字を加えることで、事実上の宰相とした。これによって従来からの官職である「内閣」や「軍機大臣」は伴食宰相（有名無実宰相）にすぎなくなった。

この命令が下された日、陛下はこれら四人に一つの密諭をお与えになったが、その際、これを黄匣《こうこう》（公文書伝達用に天子から下げ渡される箱）に入れ、ご自分で封をされた。思うに、これら四人に対して、心を尽くして新政を補佐せよ、右顧左眄するなかれ、と命ずるものであったのだろう。これ以後、あらゆる上奏は必ず四人が目を通し、上諭が通される際には、必ず四人がそれを起草した。（本来ならその任に当たるはずの）軍機大臣は目をそばだてて見ているだけであった。

（『戊戌政変記』『梁啓超年譜長編』第一巻）

当時、維新運動に反対する吏部主事の胡思敬が、

四品卿は軍機に入り、新政に参与、宮中内裏において綸旨を詮議し、軍機大臣の上位として寵任される。

光緒帝（『梁啓超年譜長編』第一巻　岩波書店）

西太后（『厳復与厳復故居』香港人民出版社）

と、『戊戌履霜録』にいまいましげに記述しているように、軍機四卿は完全に光緒帝の信任を獲得していた。四品卿の登場は、維新運動の動きを職権から具体的に示し、百日維新をめぐる権力争いを鮮明にした。光緒帝は変法に集中し、一刻も早く維新派が議会を開き、法制局を開催して運動が軌道に乗るよう期待した。

◈帝党の形勢悪化

西太后はこのような維新派による権力組織の占拠をにらみ、機は熟したと栄禄にクーデターの発動を命じた。作戦計画は、まず御史の李盛鐸《りせいたく》を光緒帝に拝謁させ、皇太后(西太后)を秋に天津で開催される閲兵式に招請するよう請願し、そこで天津の兵力を用いて光緒帝を脅迫、退位させるという筋書きである。光緒帝には、太后の希望を拒否する理由がない。

皇帝の勅許を得て、西太后と栄禄が議定した閲兵の日程は内外に布告された。このころになると、維新派にも后党の権力占拠による形勢の悪化を見通せるようになり、焦りの色が濃くなった。彼らは光緒帝の安全と希望の成否を、天津練兵司令部で新式武器を装備した軍隊を統率している袁世凱《えんせいがい》の胸三寸に託した。康有為は、「用兵権」は光緒帝ただひとりにあるとして、弟子の徐仁禄《じょじんろく》を天津司令部に派遣し、袁世凱を説得させた。

本来、このような重要な使命は康有為みずから出向くべきで、袁世凱の自尊心を少なからず傷つけたに違いない。この時点で、維新派は敗れたと思わなければならない。

袁世凱は、腹の中でせせら笑ったであろう。

「康有為め、こんな若造を使って俺様を説得できると甘くみやがったな」

果たして、世間知らずの維新派書生は、権謀術策の権化のような袁世凱に翻弄され、まんまと瞞着されてしまった。徐仁禄は北京に帰って、師の康有為に明るい表情で報告した。

「袁世凱は、皇帝とわれわれ維新派のために味方となって働くと申しています」

袁世凱を知悉しているはずの康有為も、期待のあまり眼が眩んだのか、くわしく検証することもなく、弟子の報告をまともに信じた。

康有為は光緒帝に拝謁し、袁世凱を引見して官位を加えられるよう請願した。

七月二九日（九・一四）に、袁世凱はお召しに従って上京し、八月一日（九・一六）、光緒帝は頤和園で袁世凱を引見し、「候補侍郎」の官職を賞与した。翌日、袁世凱は宮中に参内して官職賞与の天恩を感謝し、

「ますます忠誠を尽くし、勤め励み、魯鈍ではありますが厚恩に報いる所存でございます」

と言上した。光緒帝も袁世凱を褒め称えて言葉を与えた。

いま練兵こそ緊要である。直隷按察使・袁世凱は、実務に勤勉、監査に真剣であるゆえ、開缺《かいけつ》（この場合、正二品候補で破格の抜擢）によって侍郎候補とし、練兵の任務に任ずる。あらゆる必要な措置は、その都度奏上するよう命じる。この時局艱難の時に当たり、軍備を修明（充実）するのは、まことに第一の要務である。袁世凱はひたすら努力に努力を重ね、適切な訓練を講究し、勁旅《けいりょ》（強兵）を完成させて、軍隊を整備せんとの（朝廷の）至意に副《そ》え。……欽《つつし》んで承《う》けよ。

（八月三日付『国聞報』〔『戊戌政変記』〕『梁啓超年譜長編』第一巻）

袁世凱は北京に滞在中、実力のある老臣を訪問してまわり、状況を探った上でこれからの方針を決定した。実力者はほぼ后党で占められ、彼らは西太后の施政に戻るよう切望し、さまざまに手を回している。力の差は歴然として、結果は時間の問題である。

◈栄録暗殺計画

光緒帝には刻々と危機がせまってきた。帝は焦燥に駆られ、一通の密書を下した。以下『戊戌政変記』によって概容を記す。

現在、朕の立場は極めてあやうい。汝ら、康有為、楊鋭、林旭、譚嗣同、劉光第らは、できるかぎり計画を速め、計画が失敗せぬよう助け合って方法を講じよ。朕は焦燥と待望の極みの中にある……

八月初三日（九・一八）、康有為は密書を読み、維新派を集めて対策を協議した。その結果、譚嗣同が袁世凱に勤皇を説得すること、そして「栄禄を殺し、保守派を排除する」と決定した。譚嗣同はその日の深夜、皇帝の密書を懐にして袁世凱の北京滞在の宿所を訪れ、皇帝を救えと袁世凱に詰め寄った。

「今、聖主を救える者は、足下《そっか》（あなた）以外にない。足下に救う意志があるなら、救っていただきたい。もし救う気がないなら、ただちに頤和園（西太后）に告発して、私を殺されよ。そして富貴を得られよ」

袁世凱は色をなして、声を荒げて言った。

「足下はこの袁を何者と思っているのか。聖主はともに我々が仕えるあるじだ。しかも足下も我も破格の厚遇を賜り、救護の責任はひとり足下だけにあるのではない。もし、我に教えることあらば、喜んでお聞きしたい」

譚嗣同は皇帝の密詔をとりだし、開いて計画の全貌を語った。

「まず事が生じれば、袁は兵を率いて天津に赴き栄禄を殺す。しかるのち、北京に戻って旧党を誅殺し、新政を支える……」

袁世凱は昂然と言った。

「もし聖主がわが陣営にお成りになれば、栄禄を殺すなど犬を殺すよりもたやすいわい」

譚嗣同も次第にその言葉を信じ込んで、クーデター計画の詳細を語った。こうして光緒帝を救い、栄禄を倒す段取りが詳細に相談された。袁はいう。

「いま軍営の銃弾や火薬はすべて栄賊の手中にあり、将校たちにも彼の旧知の者が多い。事態は切迫している。すでに策がきまった以上、私は急いで軍営に戻って将校を選び直し、何とかして弾薬を確保する手段を講じなければならぬ」

五日、袁はまたもや皇帝に召見され、やはり袁も密詔を拝受していた。一方、焦燥に駆られた光緒帝は、随所に危険な密詔を与えていて、大事がもれる要因は袁世凱ひとりではなかった。六日、ついに政変が勃発した。

◈袁世凱の裏切り

上記『戊戌政変記』では「譚嗣同が袁世凱の宿舎である法華寺(寺は役所)を立ち去ったのは八月三日午前一

時であった」としているが、午前一時では日付は四日が正しい。軍機大臣の栄禄はすでに閲兵式のため兵を率いて天津にいるので、練兵大臣である袁世凱は四日に天津に帰るつもりだったが、光緒帝から五日にするように命じられ、五日の早朝、参内して光緒帝に訓辞（暇乞い）を請い、北京永定門駅午前一一時四〇分発の列車に乗って午後三時に天津に到着した。天津の文武各官はみな停車場にしつらえられた聖安棚茶座へと赴いてにぎやかに出迎えた（八月六日『国聞報』本埠新聞地方記事）。

袁が栄禄に維新派のクーデター計画を漏らしたとすれば、この日の夕刻から夜であろう。

八月五日の夜、事件が起った後、翌日の六日には早くも光緒帝の名義で上諭が発せられ、西太后が垂簾聴政を行うことが宣言された。

（『梁哲超年譜長編』第一巻）

ということは、五日の夜、栄禄は西太后に対して袁からの情報を電報で報告したのだろう。六日に、西太后は頤和園を出て皇居に入り、光緒帝を幽閉した。表向きは「皇帝は病に伏せられ、今後、太后が訓政される」と発表された。

光緒帝が幽閉された場所は、北京皇城の西苑《せいえん》太液池、すなわち現在の中南海にある。南台、瀛台《やくだい》ともいう。三面を水で囲まれ、そこには勤政《きんせい》、涵光《かんこう》、香扆《こうい》の三殿がある。康熙《こうき》、乾隆の両朝では「夏の離宮」として、夏季に政務を執る場所となっていた。光緒帝はこの後、死ぬまでの一〇年間を、名目だけの皇帝として過すことになる。戊戌政変は、ここにおいて厳復も尽力した維新運動を壊滅させた。

八月一〇日（九・二五）、西太后は栄禄を大学士及び軍機大臣行走《シンゾウ》、兼職として管兵部事務に任命した。行走は事務取り扱いの意だが、この場合は北洋各軍を士気統括する重要ポストである。袁世凱は直隷総督兼北洋大臣に昇進した。

維新派は、朝廷の追捕を受けた。康有為は八月五日（九・二〇）に北京を脱出、大沽《ダーグー》（天津外港）から重慶へ向かう英国海軍の軍艦で上海に逃亡した。梁啓超は北京の日本大使館に逃げ込み、駐華代理公使林　権　助《はやしごんのすけ》の手配で、変装して日本人数人と塘沽へ同行し、日本海軍の軍艦「大島」に乗せられて日本に向かった。一方、北京にとどまった譚嗣同、楊鋭、林旭、劉光第、楊深秀《ようしんしゅう》、康広仁《こうこうじん》は、相次いで清軍に捕らえられた。そして同月一三日（九・二八）、北京の繁華街にある菜市口刑場で、ともに斬首刑に処された。彼らは「戊戌六君子」と呼ばれる。

この日、厳復はまだ北京にいた。友人の大学士王文韶は厳復が係わり合いになるかもしれないと心配し、とりあえず北京を離れて今日中に天津に帰るよう勧め、厳復もすさまじい権力闘争を目撃して、戦慄と絶望に駆られながら急遽北京を脱出した。

3 『国聞報』弾圧停刊

◈経営状態の悪化

新聞社としての『国聞報』経営状態は困難をきわめた。厳復の担当は論説と世界のさまざまなニュースや外国語情報を翻訳して掲載する仕事だったが、ストレートな表現で官僚の腐敗を表面化すれば実権派の指弾を受けるのは必至である。議論は官僚の範囲にとどまらず、汚職で肥え太った大官や皇室貴人に及ぶ。西洋諸国の政治、経済の紹介は、反面として清の政策の欠陥を指摘することになるため、頑固派（保守勢力）の攻撃の的になった。そのなかで正義感を保ち、西学を宣伝しながら救国維新を主張する行為は次第に危険になった。保守勢力から糾弾に遭遇する回数は頻繁になり、厳復らは難題の対応に追われた。

その第一の原因は、清朝保守派の弾圧を予想して、代表役員の開示が行われていないことだった。創設者は厳復、夏曽佑、王修植と杭辛斎であるにもかかわらず、一介の未経験者の福建人、李志成《りしせい》を『国聞報』館主（社主）に立て、創刊者の四人は表に名を出さず、論説を書きながら社説と同様に常に無署名であった。厳復が光緒帝に拝謁したとき、

「汝は最近、『国聞報』の主筆をしているのか」

と下問を受け、敢えて主筆であることは認めず、なんとか口を濁して、

「臣は主筆ではございません。時折、紙面の端に拙文をのせるにすぎません」

と言上した。光緒帝は『国聞報』に目を通し、無署名だが厳復の論に関心を寄せていた。

厳復は表面は水師学堂の総弁（校長）だったので、原則として他職と重複して仕事はできない。それで平日は新聞社には姿をみせず、経営に関しては王修植らに一任していた。

第二に、『国聞報』の社屋が天津紫竹林海大道租界のなかにあり、周辺の土地建物の管理権が外国人に握られていて、外国と交流がある新聞社が外国領事の庇護を受けるのに都合がよく、清国政府としては干渉しにくい対象であったことによる。

第三に、館主李志成に次ぐ経理（社長）に日本人を入れたことが問題になった。光緒二四年三月六日（一八九八・三・二七）、新聞の売れ行きが少ないので、資金調達のために外国にも声をかけて販売しようと、西村博《にしむらひろし》

と名乗る日本人に販売を委嘱した。西村は新聞社の経営実態につけこんで経理（社長）と称し、日本に販売するには必要であるとして、紙面日付に日本の年号「明治」をつけようとした。厳復たちも、これは問題にしたので、西村は一応社を離れて帰国したが、ほぼ同時期にこれをはるかに上回る大問題が発生した。

◈厳復に関する密告書

同じ月（三月）に、清政府は天津の地方官吏から、厳復に関する密告書を受け取った。

「天津にある『国聞報』新聞社で、北洋水師学堂総弁の道員厳復が、学堂と新聞社の職を重複しています。水師の学生も翻訳などの仕事をすることがあり、経理は日本人で、彼はさきごろ帰国しましたが、学生らはまだ依然として翻訳に従事していますので、取り調べて禁止するなどのご処置をお願いします」

発信者は水師学堂の内部からである。相互監視制度が行き届いていた清朝の役所や官立学堂では、総弁といえども油断はできない。訴状をみた直隷総督王文韶は、この新聞社の経営状態と道員厳復との関係、とりわけ日本人とのかかわりについての追及を命じた。

しかし王文韶は実質上、「大事は小事に、小事は済んだことに」という、官吏と官吏が互いに庇《かば》いあう「官官相護」で処理した。ことが大きくなって政治問題となると、直隷総督や天津漢海関長官の「管理責任」を問われ、軽くて免職、重ければ入獄になるので、たいていの場合、小さなこととして世人の耳目を覆い、平穏無事を図るのが常識である。このおかげで、厳復はあやうく難をまぬかれた。

しかしこれも一時、難を先送りしたにすぎず、半年後に西太后を頂点とする保守派が発動した戊戌政変のクーデターは維新運動を撲滅し、維新派の指導者である譚嗣同をはじめとする戊戌六君子を、北京菜市口刑場で公開処刑した。『国聞報』は、処刑の記事に大きく標題（見出し）をつけ、殉難の維新志士に最後の敬意をこめて報道した。

視死如帰（死を視ること、帰する如し）

彼らはあたかも当然帰るべきところに帰るように、泰然と死に臨んだ。これ以後、新聞の活動はほとんど封じられ、『国聞報』は正式に日本人に譲渡された。所有者が日本人になれば官憲も手を出しにくいだろうという思惑もあった。しかし保守回帰一色となった世の中では、すこしでも革新の気配がある論説はもう危険で掲載できなくなった。

◈『国聞報』の廃刊

しかもなお、政変まもない八月二六日（一〇・一一）、江南道監察御史（検察官）徐道焜《じょどうこん》は、厳復、王修植、孫《そん》宝琦《ほうき》らを弾劾奏上し、九月一四日（一〇・二八）、これを受理した署礼部侍郎准良《じゅんりょう》は朝廷に上奏した。

この新聞は外国に依存し、自重しながらも邪説を刊行しています。ありのままを内密に申し上げますと、自発的にこの新聞が停刊いたしますようご指示を願い上げます。

平常刊行される内容は、政治状況の誹謗、廷臣の排斥など目に余るものがあり、とどまるところを知らず、ますます度が過ぎるようになりつつあります。

彼は直隷総督に発行厳禁の秘密命令を下されるよう要請し、社屋に取り調べの手が入って厳復らの創刊者同人は自発的に解散し、『国聞報』は廃刊した。変法論者として厳復の名は有名になっていたはずだが、直接政治に関与しなかったせいか、水師学堂総弁の職は依然として継続している。ひとつには、彼以上の専門学識をそなえた人材は他に求められない点もあるだろう。おとなしくさえしていれば、この男はまだ使える、このような政府の姿勢のおかげで、彼は二年後の光緒二六年（一九〇〇）、義和団事件で外国軍隊に天津が破壊され脱出するまで在職することができた。さまざまな蹉跌を経て、いよいよ彼の人生を代表する翻訳著作の重要な時期が始まろうとしている。

第八章

翻訳活動

光緒二四—宣統一年（一八九八—一九〇九）

◉四六—五七才

一——ダーウィン・「淘汰」の衝撃

◈淘汰という思想との出会い

厳復が翻訳をはじめた時期は、一八九〇年代初頭にあたる。光緒一八年（一八九二）に、知人のスコットランド人アレキサンダー・ミチー（Alexander Michie　一八二二～一九〇二）の論文「Missionaries in China」（中国における宣教師たち）を翻訳し、宓克《ミチー》『支那教案論』（中国宣教事件）（南洋公学本）として出版したのが、彼の初期の翻訳である。B・I・シュウォルツ『中国の近代化と知識人——厳復と西洋』（平野健一郎訳、東京大学出版会）の訳注によると、ミチーは一八五三年に商人として中国に渡り、『タイムズ』の通信員として活躍、英字紙を発行する傍ら、数冊の中国関係書を著わした英人とされている。厳復はロンドン留学当時から『タイムズ』を愛読していたので、その関係で知り合ったのだろう。第五章で触れているように、中国における西洋人宣教師の強引な宣教を西欧人側から批判した内容である。彼は単なる翻訳だけではなく「支那教案論摘要」と題した要約をつけている。『天演論』以降の、彼の翻訳に共通する解説スタイルが、この当時から現れていることがわかる。

厳復を一躍有名にした『天演論』の原著者は進化論の家元的存在であるダーウィンの熱烈な共鳴者だった

生物学者のハックスリーであり、その背後には、ダーウィン自身が先学として敬意を表している、社会学者のスペンサーがいた。

厳復が英国に留学した当時、ダーウィンの著書『種の起源』についてはまず、世界創造説を教義とするキリスト教会と対立する新思想として認識していたと思われる。おそらく、彼の翻訳活動の対象から考えても、合理的世界観として進化論は抵抗なく受け入れたであろう。そして厳復を進化論に駆り立てたものは、「淘汰」という思想である。自然淘汰（自然選択ともいう）、社会淘汰、そして列強に〈民族淘汰〉される中国への恐るべき予想である。

◈ダーウィンの生涯と進化論

ここで数千年来の世界観に衝撃を与えた、ダーウィンの生涯と業績の要旨を紹介する。

チャールズ・ロバート・ダーウィン（Charles Robert Darwin　一八〇九〜一八八二）は英国の生物学者で、進化論の

チャールズ・ダーウィン
（『種の起原　上』岩波文庫）

代名詞的呼称「ダーウィニズム」の始祖としても知られている。彼の先祖は農民だったが、祖父と父は医師だった。

一八〇九年二月一二日に、彼はイングランド北西部のシルスベリーに生まれた。祖父のエラズマス・ダーウィンは進化論の先駆者のひとりといわれる。

チャールズは一八二五年にエジンバラ大学医学部に入学したが、化学以外には医学コースの教科には興味が湧かず、ケンブリッジ大学神学部に転じた。一八三一年にバチェラー(Bachelor's degree 学士)の称号を取得したが、ここでも神学より博物学に熱中して研究し、卒業時には博物学研究者とみなされていた。

ダーウィンが卒業したころ、英国は植民地争奪の最盛期で、いたるところに「探検隊」を派遣し、並行して、いわゆる「世界調査」が行われていた。二二才のダーウィンは、南米海域の測量調査を主な目的とする英国海軍測量艦ビーグル号に、艦長フィッツロイの友人で博物学者というふれこみで乗り組み、一八三一年一二月から一八三六年一〇月まで約五年間にわたり、南米大陸の沿岸や奥地、南太平洋ガラバコス諸島などの地質や動植物の調査、研究に従事した。この航海が、その後のダーウィンの学問的活動の方法上、理論上の基礎になった。

ダーウィンは航海中に、個々の不変的な「種《しゅ》」が神によって創造されたとする創造説に疑問をもつようになり、一八三七年三月に、「可変的な種が、時間の経過によって変化してゆく」と考え、種の転成(進化)論へと転向した、と伝えられている。しかし実際には、彼は既に進化論に確信を抱いていて、航海中の観察は、それが事実である確認作業ではなかったかと思える。彼は続いて種の転成の自然的原因(進化の機構)を観察した。翌一八三八年九月ごろ、彼は経済学者マルサスの『人口論』を読んで衝撃を受け、これを契機として自然選択（自然淘汰）の論理に到達した。

ダーウィンは、人間・ヒトは特別な位置にあるのではなく、他の生物と同じ地上にある動物の一種であることを自然史的に基礎づけることで、人間観の転換に大きく寄与した。

要するに、人間は神が創造した特別な賜物ではなく、進化によって現在の姿になったというのである。これを人間の進化の図式や自然選択の諸現象に応用することで、社会ダーウィニズムや優生学（劣等遺伝を淘汰し、優良遺伝を保存する学問）の拡大を招いた。

ダーウィン進化論の特徴は、進化というよりも、変化の曲折を問題にするのである。いいかえれば、下等から高等へという直線的な「進歩」を否定し、環境の変化に従って分岐してゆく進化過程をデータによって実証したことである。

◈ダーウィニズムの社会的影響

「ダーウィニズム」（ダーウィン主義進化論）は生物以外に、社会や経済、政治などさまざまな対象に適用される場合があり、そのたびに意味はさまざまに異なる。

この用語を最初に用いた英国の生物学者ハックスリー（Thomas Henry Huxley　一八二五〜一八九五）の場合は、自然の推移による進化の説明という、自然科学者らしい方法論に重点を置いていた。一九世紀も終わりまでにダーウィンの説く、たとえば細菌のような共通の祖先からの枝分かれ的生物進化が、学問から神学的創造論を排除して生物学の当然の前提になり、ダーウィニズムと呼ばれるようになった。一般には自然的、社会的環境への順応性としての「自然淘汰」（自然選択）の考え方として理解されることが多い。

ダーウィンの代表作『種の起源』は、正式には『自然選択の方途による、すなわち生存闘争において有利なレースの存続することによる、種の起源』(八杉竜一訳、岩波文庫)という長い標題で、自然選択(自然淘汰)と生存闘争を強調していることがわかる。

『種の起源』初版は、一八五九年一一月二四日に、ロンドンのジョン・マレー社から刊行された。学界では賛否こもごもの議論が行われたが、徹頭徹尾反対と反抗の声を上げたのは、当然ながらキリスト教社会であった。「神による万物の創造」を否定する進化論は、天動説を否定したコペルニクスの地動説と双璧をなす、カトリック、プロテスタントを問わず、教会にとっては断じて受け入れることができない、許しがたい異端の説であった。

進化論は、その後の人間にさまざまな影響を与えた。まず、自然選択の学説と人類社会の進歩の観念をむすびつけ、優生学的思想を提唱させて人類の劣性遺伝を防止し、人類の退化を防止しようとした。しかし優生学思想と民族主義を結合した後年のナチズムは、ユダヤ人の大虐殺をもたらした。ダーウィニズムは後に社会学者に利用され、多面的解釈で特異な使い方をされた。厳復が英国に留学した時期は、まさに多面的進化論の流行したころである。彼はダーウィン主義を共通点とするハックスリー、スペンサーらの著作から、彼が模索している民族淘汰の行く末を探り出そうとした。

二――スペンサーと「要約者」ハックスリー

◈「進化」の先覚者・スペンサー

厳復は、著名な英国の生物学者ハックスリーの著書『進化と倫理』の翻訳『天演論』で、清末の知識人社会に、過去に例のない生々しい危機感を与えた。のちに批判されるように、厳復はかならずしも原著に忠実に翻訳した、とは思われていない。それどころか、原著からかなりかけ離れた、厳復の翻案と思われるような、恣意的な翻訳である。その理由は、淘汰（自然選択）による列強各国の侵略と、それから生き残るための手段、そして本来の目標である「富強」に到達するための方策、これらの目的を実現するための翻訳であったからである。もともと、厳復はその指導者としての役割を、ハックスリーの友人で五才年長の社会学者であり、哲学者であったハーバート・スペンサーに求めていた。厳復はハックスリー以上に、スペンサーに傾倒していたのである。このように厳復を魅惑したスペンサーとは、どのような人物だったのだろうか。実はこの二人の進化論者については、ダーウィン自身が『種の起源』の中でそれぞれ名前を挙げ、敬意を表しているのである。

ハーバート・スペンサー（Herbert Spencer　一八二〇～一九〇三）はイングランド中央部のダービーに生まれ、ほとんど学校教育を受けず、もっぱら教育者である父と叔父から英才教育を受けた。この点、父ジェームスから天才教育を受けた同時代の論理学者、経済学者ジョン・スチュアート・ミルと似ている。一七才のとき、ロンドン・バーミンガム鉄道の技手になり、一八四八年、二八才で『エコノミスト』編集部に入った。一八五二年、三二才でスペンサーは『進化の仮説』を発表、二年後には『科学の起源』と『作法と流行』を発表した。一八五五年、三五才のとき、『社会静学』、『心理学原理』を出版、二年後の五七年には『進歩について――その法則と原因』を発表し、主著となった『総合哲学』の計画を立てた。その後も続々と著作を発表し、新興国日本にも強い衝撃を与えた。

清水幾多郎「コントとスペンサー」（中央公論新社『世界の名著　四六』解説）によれば、明治の前半に三二種類の日本語翻訳が刊行され、スペンサー・ラッシュの観を呈したという。

一八七三年、明治九年にスペンサーは駐米公使森有礼《もりありのり》と会い、大日本帝国憲法の起草や、憲法発布後はその英訳について意見を徴されたと伝えられる。このとき、彼は五三才であった。その後、一八七六年には大著『Principles of Sociology』（社会学原理）を出版した。その一部『社会学研究』が厳復によって『群学肄言《ぐんがくいげん》』と題して翻訳され、光緒二九年（一九〇三）に文明編訳書局から刊行された。一九〇三年、スペンサーは八三才で死去した。

◈社会科学としての進化論

この経歴が示すように、生物学から生じた進化の概念を、天体にはじまり、生命から有機体、そして人間社会の生存競争、社会進化論まで普遍的に拡大した構成が彼の思想の基本である。この着想は、ダーウィンの『種の起源』よりも早く、「evolution」（進化）の用語もスペンサーが先に用いたといわれる。これを宇宙天体や生物のみならず、人間社会の発達もこの進化過程に含まれるとした。そして「適者生存」のメカニズムを自然な発展進行とするために、政府は人為的に介入してはならず、「自由放任」を旨とするよう主張した。スペンサーの著作はアメリカなど新興国で受け入れられたが、日本では実際に政治活動に用いられるほど歓迎された。たとえば、『Social Statics』（社会静学）を松島剛《まつしまごう》が『社会平権論』と題して明治一四年（一八八一）に翻訳出版し、土佐の立志社からは指導者板垣退助《いたがきたいすけ》が「民権の教科書」と呼び、自由民権運動の理論武装としてまとめて購入し、演説会で聴衆に配布している。当時、松山中学校の生徒だった正岡子規《まさおかしき》は、在学中に板垣の演説を聞き、『社会平権論』に心酔して、東大で哲学を学んだ折にはスペンサー一辺倒であったと、随筆「哲学の発足」で語っている。

「此時ハスペンサーヨリ外ニ哲学者アルヲ知ラザリシナラン。一笑。」

スペンサーとハックスリーは、ともに進化論者だが、スペンサーは社会科学がわ、ハックスリーは自然科学がわになるので、原理は共通でも、対象や進行、目的は当然、異なる。

厳復は、民族存亡の論理と現状打破の導者として、ハックスリーよりもスペンサーに傾倒していた。端的

ハーバード・スペンサー
（『世界の名著　四六　コント／スペンサー』中央公論新社）

『群学肄言』（スペンサー『社会学研究』）
（『厳復与厳復故居』香港人民出版社）

にいえば、本来、生物学者ハックスリーは、厳復の目的ではなかったとも思われる。しかし、なにぶんスペンサーの論文はいずれも長文で、翻訳してもある部分の抜粋にとどまる。それに対してハックスリーの『Evolution and Ethics』（進化と倫理）は、講演を主とする制限された文章の範囲で、生存競争、自然淘汰、野生的競争社会を律する倫理の歴史的経緯を首尾一貫して論じている。重要な利点は、全体の長さ、というより、短さである。参考までに他の主要な翻訳の頁数を比較すると、A・スミス『原富』（国富論）が九七八頁、モンテスキュー『法意』（法の精神）が八〇八頁、ミル『穆勒《ミル》名学』（論理学）四八四頁が三巻、そしてスペンサー『群学肄言』三六五頁と、いずれも数百頁の大訳著である。これに対して、ハックスリー『天演論』（進化と倫理）九九頁は桁違いに短い（頁数は『厳復翻訳名著論』商務印書館〔北京〕編、二九頁表による）。

この「短さ」が、『天演論』を他の大冊翻訳と比較して、格段に広く普及させた要因といえるかもしれない。それでは、スペンサーの「要約者」として厳復がその著作を翻訳し、結果として大きな成功をもたらしたハックスリーとはどのような人物だったのであろうか。

◈ハックスリーの進化論

一九世紀の後半、繁栄を極めた英国ヴィクトリア朝を生きた生物学者ハックスリーは、ダーウィン進化論を強く支持し、「ダーウィンのブルドッグ」と呼ばれるほど、その普及に尽力したことで知られる。ジェームズ・パラデイス他『進化と倫理』（小林傳司他訳、産業図書）の解説によると、ハックスリー家は才能に恵まれた家系で、ヘンリーの孫には高名な生物学者ジュリアン・ハックスリー、一九六三年度のノーベル生理医学賞を受賞したアンドリュー・ハックスリー、小説『素晴らしい新世界』の著者オルダス・ハックスリーがいることで知られる。

彼は一八二五年に、ロンドン郊外のイーリングで小学校教師の七番目の子供として生まれた。少年時代には将来、機械技師を志望していたが、父の意向で医師の道に進むことになり、チャリングクロスホスピタル付属医学校に入学した。授業料が不要な奨学生であることが、貧しい子沢山の教師の家庭として魅力だったのだろう。二〇才で卒業した彼は、生活のための就職先として海軍に入った。翌一八四六年に、軍艦ラトルスネーク（ガラガラ蛇）号に次席医官として乗り組み、一八五〇年まで三年あまりのオーストラリア探検に参加した。このところは、ダーウィンのビーグル（兎狩り用の小型猟犬）号乗組みと共通しているが、植民地開拓時代の風潮として、英国ではこのようなケースはめずらしくなかったのだろう。

この航海中に、ハックスリーは主として海産無脊椎動物の形態や、生理に関する研究を行い、論文をリンネ協会（スウェーデンの博物学者リンネを記念する学術協会）や英国王立協会に投稿している。これらの論文は高く評価され、帰国一年後には王立協会の会員になり、一八六四年には王立科学技術カレッジ（現在の国立ロンドン大学理学部）の教授に就任し、終生ここに勤めた。一八八三年には王立協会の会長にも就任したが、健康上の理由で一八八五年にはすべての公職を退き、晴耕雨読の田園生活に入った。一〇年後の一八九五年に、インフルエンザが原因で体調を悪化させ、六月二九日に永眠した。享年七〇才であった。同時代の関連する人物を挙げると、英国では前出のハーバート・スペンサー、フランスでは細菌学者ルイ・パスツール、オーストリアでは、聖職者でのちに「メンデルの法則」で知られる植物遺伝学者のグレゴル・ヨハン・メンデルがいる。

ダーウィンは、友人としてはやや（一六才）年長の世代になる。多くの近代科学がこの時代に遂げた空前の発展と同様に、ここにも生命科学の先駆者の群像が展望できる。

三――『天演論』(T・H・ハックスリー『進化と倫理』)

◈原著『進化と倫理』

厳復が中国語に翻訳した『天演論』の原書となるハックスリーの『進化と倫理』は、一八九二年の夏に、原著者が病を押して書き上げたロマネス講演原稿「Evolution and Ethics」(進化と倫理)が基礎になっている。著者が亡くなる三年前のことである。一八九三年五月一八日、オックスフォード大学でジョージ・ロマネス教授が設けた講演会「ロマネス講演」で、「進化と倫理」と題してハックスリーの講演が行われたが、次の年一八九四年六月に、ハックスリーは講演の導入部をなすエッセイ「プロレゴメナ」(序論)を加筆し、ふたつのエッセイを組み合わせた論文「EVOLUTION & ETHICS」(進化と倫理)を完成させた。

「プロレゴメナ」は、晩年に彼が暮らしたイングランド南部イーストボーンにある、イギリス海峡に突き出た風当たりの強い丘の上の小さな家で書かれた。書斎の窓から見える自然の推移、自然が演ずる変化と沈黙の意味を、彼は万物が避けることができない自然の永劫の変転として考察した。海岸から隆起した標高五〇〇フィート(約一六〇メートル)のこの丘はもろいチョーク(石灰岩)の堆積で、いたるところに化石状の貝殻がみられる。それらは太古、この丘が頂上まで海底であったことを示していた。

チョークの沈澱以前に、さらに広大な時間が経過しており、その間に絶え間ない変化と生き物が互いに殺しあう生存競争という同じ過程が存在していたことは容易に示せるのである。(中略)

そして生命界において、この宇宙過程の一番の特徴は生存競争、すなわちそれぞれの他のすべてとの争いであり、その結果が選択(淘汰)、すなわちその時代の条件に全体として一番よく適応した生命形態の生存なのである。

(「プロレゴメナ」『進化と倫理』)

「ロマネス講演」の冒頭で、ハックスリーは有名な「ジャックと豆の木」の寓話から、この驚異的な豆の能力を強調した。つまり根や茎、葉、花、果実からなる複雑な組織の、入り組んだ構造のひとつひとつに同時に潜在エネルギーが存在し、自らが果たすべき役割の効率的な達成という目標に向かって休むことなく働いているという事実である。

そして成長を完成するやいなや、豆はしおれ、その姿は崩れ、いくつかの簡単な物体(種子)を残して消え去る。しかしこの種子は元の豆と同様に、一連の展開を生み出す潜在能力を与えられている、と説く。

この過程の本質を知的にしっかりと把握することが重要なのは、豆にとってあてはまることが生物一般にもあてはまるという事情があるからなのです。植物界だけでなく動物界でも、非常に下等なものからもっとも高等なものにいたるまで、生命の過程はこの循環的進化という同じ外観を呈しているのです。いな、ほかの世界に目を投げかけるだけで、順還的変化がいたるところに姿を現わすのです。海の中に流れ込み泉へと戻っていく水や、満ちては欠け、去ってはもとの場所に戻っていく天体の中に、そして人間の生涯における容赦のない年月のつながりや、人文学の一番目立つ題目である王朝や国家のあの相次ぐ興隆と絶頂そして没落の中にその姿を見いだせるのです。

（「ロマネス講演」同前）

厳復は「豆にとってあてはまることが、生物全般にも当てはまる」というハックスリーの主張を、「生物全般にあてはまる進化は、人間社会全般にも当てはまる」と拡大解釈を加え、その根拠としてスペンサーの社会進化論を肯定的に解説した。彼の立場としてみれば、文末の「王朝や国家のあの相次ぐ興隆と絶頂、そして没落の中にその姿を見出す」ところを強調したかっただろうが、さすがに清朝はまだ存在しているから配慮したのだろう。

『EVOLUTION & ETICS』（進化と倫理）は、一八九四年にロンドンのマクミラン社から刊行された。厳復が翻訳テキストとした原書は、この版である。

◈『天演論』の初出と出版

厳復訳の『天演論』は、光緒二三年一一月二五日（一八九七・一二・一八）『国聞彙編』第二号に厳復執筆の「『天演論』自序」「『天演論』懸疏《けんそ》」（未完）などと同時に掲載された。以後、『天演論』は『国聞彙編』第四号、第五号、第六号に連続掲載された。

厳復は写しをつくるために、友人に原稿を預けた。その一人である盧靖《ろせい》は、『天演論』の初版刊行に大きな貢献をした。盧靖は湖北沔陽《べんよう》出身で、数学を研究し、一一種類の『慎始基斎《しんしきさい》叢書』（初等基礎叢書）など、多くの著述がある。

盧靖は天津で厳復と昵懇になり、『天演論』の原稿を預かって、湖北にいる弟の盧弼《ろひつ》に郵送した。彼らはみな、この原稿を一刻も早く出版しなければならないと考え、湖北省で『慎始基斎叢書』名義で版木を刻し、天津の厳復に報告した。これによって、厳復は光緒二四年四月、正式出版の直前に「慎始基斎版」として、第二次改訂版まで刊行した。これが連載原稿を一部改訂した、最初の木版本である。改修の要点は各篇の篇名を全面的に改め、あわせて篇名の下に小表題をつけたことである。呉汝綸《ごじょりん》や夏曽佑《かそうゆう》など識者の意見をとりいれた結果の改訂だった。このときは木版手刷りなので小部数である。

『天演論』は同年、「慎始基斎版」に続いて、天津嗜奇精舎《しきせいしゃ》から正式に出版されたが、まもなく再度印刷している。これは戊戌政変によって梁が清朝のお尋ね者となったので、書中の訳例言にある梁啓超の名を削って印刷しなおした結果である。

トーマス・ヘンリー・ハックスリー
（『進化と倫理』産業図書）

侯官嚴幾道先生述
赫胥黎天演論
呂増祥署檢

『赫胥黎天演論』富文書局本
（『厳復集』第五冊、中華書局）

続いて光緒二七年（一九〇一）に富文書局から『赫胥黎《ハックスリー》天演論』が出版された。二年後の光緒二九年五月（一九〇三・七）、上海文明書局から『呉京卿節本（抜粋本）天演論』が出版された。これは呉汝綸の日記に記述された『天演論』の抄録を編集して出版したダイジェスト版である。呉汝綸は『天演論』の訳稿から主要内容を抜書きして自分の日記に記録し、自分用の小表題をつけていた。同年の『経済叢編』第三号〜第六号でも、「呉京卿節本（抜粋本）天演論」が連載された。この『天演論』ダイジェスト版は内容もわかりやすく編集されているので、当時の中学生の課外読本として歓迎された。

◈厳復の翻訳による「ねじれ」

天演論によって、厳復は中国における進化論の先達とみなされるようになる。「Evolution」を厳復は「天演論」と訳したが、日本では早くから「進化論」の語が用いられた。

厳復が翻訳を志した真の目的は生物の進化原理の究明でもなければ、最新の学術理論としての単なる紹介でもない。彼は当時の中国の国際的窮境や社会の実情を進化論の自然選択と結びつけ、本文に匹敵する量の解説「復案」で、中国人が種を保存し自強に努め、日々の戦いに勝利し、改革により生き残りかつ発展する道を論じた。ただし、土台となる翻訳原典が、彼の論理の拠点とする社会学者スペンサーではなく、生物学者ハックスリーであることで、厳復の解説に「ねじれ」が生じた。一九世紀後半に主としてスペンサーによって一般にひろまった進化論的倫理学の行く手には、「進歩」や「目的」などが展開している。

これに対して、自然の永劫の変遷はそのような目的や進歩の概念をもたない。これが厳復がハックスリーを批判する要因でもある。要するに、社会学派スペンサーが「進歩論」とすれば、ダーウィンやハックスリーなど自然学派は「変化論」にあたるであろう。

ハックスリーは、自分が存在する書斎の窓から、始めなく終わりのない時と空間の推移を思索する。『天演論』の冒頭で、厳復はその場面を次のように翻訳している。

赫胥黎《ハックスリー》が机に向かっているこの部屋は、英国ロンドンの南にある地の、山を背後にした野に面する小さな家の中にある。窓から見える庭と耕地の境界になる柵の外は、今から二〇〇〇年前、つまりローマの将軍愷徹《カエサル》がまだ（イングランド南部に）到達しない時代の「自然状態」であったことはあきらかである。なだらかな高原の起伏に点在する墳墓以外に、足を踏み入れた人間の手になるものは何も痕跡をとどめなかった。

起伏する傾斜地に灌木が覆う丘陵は、これまで人間が往来する影響をうけていなかったのである。

（『天演論』『厳復集』第五冊、中華書局）

この部屋の主人が目にしている植物群の自然状態は、決して永久不変な属性にあるのではなく、悠久の時のなかで生存に適する状態に変遷し、単純から複雑へと変化を繰り返し続けているのである。彼が窓から眺めているわずかな範囲の風景も、変化の途中の一瞬にすぎないのだ。だれも宇宙の果てを想像できないし、時のはじめも終わりも、永遠に人間の思考の範囲を絶する対象である。この「無常」の世界について、ハックスリーは古代ギリシャのストア派、古代インドの「輪廻」、「カルマ」（業）、「修行」などによる、多角的な解説を行っている。この宇宙に、変化しないものはなにもない。人間にも社会にも、精神にも物質にも、不変なるものは存在しない。永遠の実体も人格も形而上的幻想である。インド仏教では、車輪の回転がきわまりないように、迷いの人生を生きかわり死にかわり流転する「輪廻《りんね》」からの解脱《げだつ》はすべてを「空」と観じ、苦悩を終らせる「ニルヴァーナ」（涅槃《ねはん》）によって達成されるとハックスリーは説く。しかしこのような仏教の解脱の思想は、結局、個人では動かしがたい現実をいかにして肯定するか、その手段の模索以外にはありえない。このような退嬰的東洋思想は、自然を畏敬するとしながら、一方ではその流れに従う運命論の傾向をまぬかれない。

◈「勝天為治」の思想

人間が自分の努力によっても動かすことができない絶対世界、厳復はこれを「天」と表現した。中国では、天に対応する言葉は「地」である。地は人間が自己の意志と行為によって実現できる可能性の結果である。これに対して近代の西洋では、自然は人間が「征服」する対象となった。ハックスリーが例に挙げた、自然の荒野の中に区切られた庭園のように、そこに樹木が茂り花が咲いても、それは庭師（人間）の意志の結果にすぎないのだ。

柵に区切られた庭園や農園など人工の世界では自然は人間の召使である。厳復は、それを「勝天為治」（運命に勝ち、人の意志によって統治する）と表現した。西洋が獲得した「富強への道」は、合理的な思想と科学技術によって実現したが、それは従来、神のみが知るとされてきた自然の構成や推移を理性によって論理的に究明した結果でもあった。古代や中世では、たとえ悲惨な環境に生きなければならないとしても、神から（自然から）与えられた運命として諦め、従い、あるいは宗教的世界に逃避していた。この状態を、ハックスリーは「宇宙過程」(自然状態)と呼んだ。これに対して近代社会は、自己の能力によって獲得した成果をもって宇宙過程を制御し、人間がよりよく生きる世界である「倫理社会」に向かうべきであるとする。このことはディッケンズの小説『オリヴァー・トゥィスト』に描かれたロンドンの貧民と同じ時代、産業革命の格差社会に生きるハックスリーの願望でもある。ただし、のちに厳復研究者によって指摘されるように、厳復には中国人の伝統的な意識である、法治ならぬ「人治」思想の兆候があらわれる。

社会の変化を対象にした場合、ハックスリーの見方が個人と社会の倫理的進化を追求するのに対し、厳復の構想は清末の惨禍の中に生きる中国人民を、どのように「富強」に適する体質に訓育し統治するかという、トップダウン(上意下達)的目的志向だった。そのためには、賢人にして権力者、すなわち名君である王が民衆を教化《きょうか》しなければならない。原文に忠実にという翻訳者本来の使命は、「富強に到るためにはかくあらねばならぬ」とあらかじめ定めた厳復の目的にすり寄ってゆく。

◈翻案としての『天演論』

魯迅研究者の北岡正子氏は、著書『魯迅　救亡の夢のゆくえ』(関西大学出版部)中の「補論　厳復『天演論』」で、原典テキスト(英語)と訳書(中国語)の比較検討を行った結果、『天演論』は『進化と倫理』の翻訳とはいえ、原著者ハックスリーに対する厳復自身からの批判と自己解釈を加え、翻訳から逸脱した「翻案」というべきものであるという。

同様に、ハーバート大学歴史学部・政治学部教授で厳復研究者のシュウォルツは既述の『中国の近代化と知識人』の第四章で次のように総括している。

ソーシャル・ダーウィニズム（社会的進化論）に宇宙の裁可を与えさせたのはスペンサーであって、ハックスレーではなかったのである。厳復が最も深く感じる知的必要を満たしてくれるものもスペンサーであって、ハックスリーではなかったことに気づいたのである。（中略）要するに、『進化と倫理』は厳復がスペンサーの進化論哲学に対して自分の解釈を提出するきっかけを与えてくれるものであった。ハックスリーはいわば、自分の師スペンサーの引き立て役であったのである。

『天演論』は、同治四年（一八六五）の進士で桐城学派の碩学、のちに京師大学堂の総教習に推挙された呉汝綸の序文、訳著者厳復の序文と訳例文に続いて、上下二巻からなるそれぞれ標題付きの導言一から一八にいたる訳文と、それぞれに「復案」として厳復の解説がつく構成で出版された。上巻は原書『進化と倫理』前半の「プロレゴメナ」に該当する。上巻全体が複数の導言（序文）としているのである。下巻は『進化と倫理』後半の「ロマネス講演」部分で、本文として論一から論一七までである。上巻と同様、「復案」がついているが、最終の論一七にはない。

問題の個所は厳復流に方針変更された訳文もさりながら、目立つのは「復案」によるスペンサー礼賛と原著者ハックスリーの否定が多いことである。

上巻では全一八導言中、六カ所で「斯賓塞《スペンサー》曰く」、といった調子でハックスリーの論を批判し、あるいは赫（ハックスリー）、斯（スペンサー）を対比して正負（成否）を評する。この場合、もちろんスペンサーが正しいことになるのである。下巻も一七論中、三カ所にハックスリーを批判する立場として「斯賓塞」があらわれる。ハックスリーにしてみれば、まことに不愉快な翻訳者であるだろうが、この結果、ハックスリーの名が中国全土に広まったのだから、意図の曲折と結果は人智の及ばないところにある。

四――『原富』（A・スミス『国富論』）

◈「富の構築」へのマニュアル

厳復が西洋から学ぼうとした最大の目的は、「富強」の獲得だった。このことから、彼が富強への道の導き手とするスコットランド出身の経済思想家、アダム・スミスの主著『国富論』の翻訳を志した動機は明らかである。富強、富と力、とりわけ英国が富を創出した秘訣、その富を構築したマニュアルがここにある。その基礎となる学問が経済学であることも、英国に留学した厳復は早くから認識していた。

ヨーロッパ大陸の思想家が程度の差はあっても観念論の傾向があるのに対して、英国の思想家は認識の源泉を事実の観察と実験による経験に求め、帰納法を知識獲得の方法としたフランシス・ベーコンをはじめ、一切の先入観や偶像を排してひたすら事実を追求した。その結果、経済学の分野は英国が一流の学者を輩出し、他の比較を絶する大英帝国の富が、彼らの経済政策の有効性を事実として証明した。厳復が入手したさまざまな原書のなかでも、スミスの『国富論』（『諸国民の富』）はストレートに彼を魅惑したと思える。スミスは国を富ませる方法は具体的に示していないが、それを妨げるものを指し示している。それが「政府の規制」であることはいうまでもない。

ここで、スミスは世界で最も優れた経済政策と思われる英国の政策を痛烈に非難した。それはこの時代の経済政策の主流である重商主義である。重商主義とは、一六世紀から一八世紀前半の、初期資本主義を代表する経済理論で、輸出を超過状態にして金や銀により貿易差額の国富を得る。このためには貿易の国家統制が必要であるとする。この対象が、植民地で、住民は本国の高い商品を強制的に買わされ、運送手段は本国の商船のみに限定、その他、本国政府の条例、関税、奨励金などさまざまな規制が付帯していた。しかし英国はアメリカでの植民地政策では失敗した。具体的には、植民地をめぐるフランスとの抗争だった。歴史上、植民地をもつ目的は税収と、戦争の際の兵士の徴集である。ところが、北アメリカにおける植民地はまったく逆で、税収どころか植民地をめぐるフランスとの戦いで、すべて勝利はしたものの、膨大な軍事費を英国民の税金から持ち出し、かつ兵士も本国から送って死傷者を出す破目になった。

一六八八年、一七〇二年、一七四二年および一七五六年の四回にわたる高価な対仏戦争(中略)のあいだに、この国民は、この戦争によってひきおこされた他のすべての年々の臨時費のほかに、一億四五〇〇万(ポンド)以上の債務をひきうけたのであるから、その経費総額はどう計算してみても二億(ポンド)以下というはずはない。(中略)

もしこれらの戦争がこのように大きな資本にこういう特定の方向をあたえなかったなら、(中略)現代までにこの国の実質的富と収入がはたしてどれほどの高さにまでひきあげられえたかは、おそらく想像することさえけっしてたやすくはなかろう。

(『諸国民の富』I 大内兵衛他訳、岩波書店)

英国は、厳復が羨望するほど順調に国富を築いたのではないことをスミスは語っているが、にもかかわらず、英国は富強の筆頭国にいる。その原因を、厳復は『天演論　上』で賢者の有無に求めたが、明らかに個人の欲望を能力に転換する社会が原因だろう。

◈富をもたらす「見えざる手」

『諸国民の富』第一編第二章で、スミスは需要と供給の互いの要求が一致するところに経済が成立することを具体的に説明する。

われわれが自分たちの食事を期待するのは、肉屋や酒屋やパン屋の仁愛にではなくて、かれら自身の利益に対するかれらの顧慮に期待してのことである。われわれは、かれらの人類愛にではなく、その自愛心に話しかけ、しかも、かれらにわれわれ自身の必要を語るのではなくて、かれらの利益を語ってやるのである。

（同前『諸国民の富』Ⅰ）

アダム・スミスといえば、まず指摘される「見えざる手」が、一般に富をもたらす源泉と考えられている。『諸国民の富』第四編第二章、「かれは、最大限に多くの価値を生産しようと努力する」と欄外の摘要がつく一節に、ごくひかえめに、後世有名になった言葉が存在する。一見、（神の）見えざる手、と誤解されそうな場面だが、ここでは欄外の摘要が大きな意味をもつ。スミスが設定した「かれ」は、とくに国家や社会を考えることのない、普通の商人や工場経営者である。そのかれが、英国の富強の動力となるのだ。

かれはただ自分の安全だけを意図するにすぎぬし、その生産物が最大の価値をもちうるようなしかたでこの勤労を方向づけることによって、かれはただ自分の利得だけを意図するにすぎぬのであるが、しかもかれはこのばあいでも、他の多くのばあいと同じように、見えない手に導かれ、自分が全然意図してもみなかった目的（国家・社会の富裕）を促進するようになるのである。

（同前『諸国民の富』Ⅰ）

アダム・スミス
（『諸国民の富』岩波書店）

『斯密亜丹原富』（アダム・スミス『国富論』）
（福建省博物館展示・筆者撮影）

個人の自己利益だけを追求しているのに、結果として社会、さらに国家の利益につながってゆく、その理由は、個人の積極的、開明的な自己利益への意欲は社会全体の利益とあらかじめ調和が保たれている、という共通意識である。これはほぼ同時代の功利主義の代表者ベンサムが唱えた「最大多数の最大幸福」に共通するところがある。個々の人間は社会のそれぞれの部分であって、意識の有無にかかわらず、個々が富裕になれば全体である社会そして国家も富裕になる。ここで重要なポイントは、「みえない手」は重商主義のように規制で束縛された状態では生じない、という歴史経緯である。英国は重商主義の規制をはずし、国民の自然生命力を束縛から解き放った結果、経済エネルギーは爆発的にあふれた。そしてヴィクトリア朝英国は、経済的自由主義の体系によって六四年の治世中戦争がなく、繁栄の時代となった。英国が富強を増大させ続ける理由は無数にあるが、政策の中心原理となる自由無制限通商政策が、英国の莫大な富強の要因となったのである。

◈富強のための新しい重商主義

清国はまさに対照的な政策を行った結果、甲午戦役（日清戦争）以後、末期的な状態に陥っていた。国中の有能な人材を科挙制度に束縛した結果、科学的知識の欠如は決定的である。人民の能力や活力は抑圧政策で固定し衰弱して、貧窮を放置したまま租税を増加する社会全体への富の収奪で、貧困は（暴動蜂起などで）いよいよ深刻になっている。この構造は現在のみならず、歴代王朝に共通して連綿と続いてきた。

（二一世紀の現代中国の発展を見れば理解できるように）中国人はもともと優れた産業経営能力をもっている。この能力を英国国民と同様の政策で開放・爆発させれば、中国はまちがいなく貧窮から開放され、富強への道に進むことができると厳復は考えた。

一国の富強の源泉は、国民の知識の拡張の程度、「見えざる手」による個人の向上エネルギーの増幅をもたらす自由経済政策であるというスミスの論に間違いはない。問題は、清末中国に、その手法をいかにして導入するかである。立憲君主制で議会・内閣によって立法、行政を司《つかさど》る英国は、すでに市民社会の訓練がゆきとどき、政策は容易に浸透し実行される。しかし「民度」（市民社会的水準）が英国とは格段の差がある当時の衰弱した中国社会では、自力で活力を励起する可能性は夢想に近い。厳復は帝政として比較的中国に類似するロシア、日本、それにドイツが、清朝中国が倣うべき経済モデルとなると考えた。とりわけ、厳復はドイツを高く評価していた。

この当時のドイツは、ディーゼルによるディーゼルエンジンの発明（一八九三）、レントゲンのX線発見（一八九五）、作曲家ブラームス（一八三三〜一八九七）や哲学者ニーチェ（一八四四〜一九〇〇）らの国際的影響、それにツェッペリンによる最初の飛行船建造（一九〇〇）など、文化、技術面でも世界を圧倒する実績を挙げていた。日本でも、ドイツの学問や音楽、工業技術には無条件に尊敬に等しい信頼を寄せていて、多数の学生がドイツに留学した。厳復の評価は当然だった。

厳復の最大の目標は祖国中国の救亡、すなわち中国を貧窮から救う手段をあきらかにする使命を果たすことであった。そのためには、まず国家のための経済成長政策である重商主義を導入する道を、これと相反する「個々人の力にこそ〈見えざる手〉をもたらす」自由経済を提唱するスミスの理論から導入する必要があった。

では、厳復はどのような解釈で、スミス理論を重商主義にも通用する方向に導いたのか。

これには前に述べた功利主義者ベンサムが窮極の原理とする目標「最大多数の最大幸福」が援用されている。つまり、個人の自己利益を獲得するためには、共同体の全体的な利益のバックアップが必要である。そして個人の開明的な自己利益と、社会（国家）の利益との間には、あらかじめ「見えざる手」による調和が存在する、という先後逆論理である。

これによってスミスの理論に展開され、ヴィクトリア朝英国の富強として実現した経済的自由主義の体系は、厳復によって国家の富強を達成するために周到に計画された、新しいスタイルの重商主義体系となった。『原富』は光緒二七〜二八年（一九〇一〜一九〇二）にかけて、南洋公学訳書院から刊行された。頁数は九七八頁で、表題は『斯密亜当原富』（アダム・スミス『国富論』）、内容は呉汝綸による序文、訳例文、それに中国・西洋対比年表などが付随している。他の翻訳が版を重ねているのに、『原富』は初版で終っている。経済学の代表的古典である『国富論』（諸国民の富）は圧倒的に翻訳数が多い中で、厳復訳の桐城学派流の典雅古風な文体は、より時代に即した後進の現代的翻訳によって、時代遅れとして淘汰されたと思われる。

五――自由の限界『群己権界論』（J・S・ミル『自由論』）

◈英国史に輝く経済・論理学者

厳復は彼の代表的な翻訳では、西洋思想家の代表作を各一篇ずつ選んでいるが、一人物で二編を翻訳している例外がある。それがジョン・スチュアート・ミル（一八〇六～一八七三）である。翻訳著作は『群己権界論』（社会と個人の権利の境界について）と、あとに述べる『穆勒名学』（ミル『論理学体系』）の二編である。

ミルは功利主義のベンサム派でスコットランド出身の哲学者、経済学者、歴史学者ジェームス・ミルの長男として生まれ、学校には行かず、父の英才教育により成長した。

父ミルの著作は、『イギリス領インドの歴史』（全三巻）、『経済学要論』、それに『人間精神の諸現象の分析』などがあるが、彼の最大の学問的功績は、長男ジョン・スチュアートを、英国史に輝く超一流の経済学者、論理学者に育てた教育の仕事であるといわれる。

八才までの間に、ジョンはイソップ物語、クセノフォン（ソクラテスの弟子で著作家）、ヘロドトス（古代ギリシャの歴史家）の全著作を原文（ギリシャ語）で読破し、ディオゲネス（古代ギリシャ犬儒派の哲人）、イソクラテス（古代ギリシャの修辞家）、それにプラトンの『対話』六編をもギリシャ語原文で読んでいたと『ミル自伝』（朱牟田夏雄訳、岩波文庫）に伝えられる。ミルの哲学者としての功績は主として論理学で、厳復が信奉する「帰納法」の確立であった。経済学の分野では、アダム・スミスを筆頭とする古典学派経済学を完成した功績が挙げられる。一八四四年には『経済学における若干の未解決の問題』と題する論文を出版し、スミスに続く英国古典学派の代表者リカードの経済学理論をさらに展開した。一八四八年には『経済学原理』(末永茂喜訳、岩波文庫一～五)を完成している。

◈厳復の「自由」の定義

厳復がミルから二編を翻訳した理由は、当然ながらミルの活動範囲の広さだけでなく、厳復がミルに接した時期に戊戌変法が崩壊し、世の中が保守一色となって言論の自由が失われた状況であったことにあり、『自由論』翻訳の強い動機となったといわれる。

その翌年、光緒二五年(一八九九)に、厳復は呉汝綸に『計学』(のちに『原富』に改名)の版本第一～四巻を贈呈し批評を請うた際、

「現在、穆勒《ミル》の『自繇論《じゆうろん》』を翻訳中です」

と書簡に書き添えている。日本で用いられた「自由」の文字を回避したらしく、そのあと、『群己権界論《ぐんきけんかいろん》』に改訂した。自由といえども、社会と個人との間におのずから制約がある、という主張を盛り込んだ題名である。厳復には、無条件の自由を否定する傾向がある。

「富強は、秩序から生じるので、野放図な(武装蜂起などの)自由からは生まれない」

との信念を終生変えることはなかった。ミルの『自由論』の翻訳は「倫理学における個人の自由」の規定であり、厳復にとって、「自由とはなにか」を明確に定義しなければならない。翻訳原本の『自由論』は、つぎの

ような五章からなる目次で構成されている（塩尻公明他訳、岩波文庫）。

序説
思想および言論の自由について
幸福の諸要素の一つとしての個性について
個人を支配する社会の権威の限界について
適用

すでに明らかなように、『群己権界論』（社会と個人の権利の境界について）の題名は、第四章からとられている。

ジョン・スチュアート・ミル
（『ミル自伝』岩波文庫）

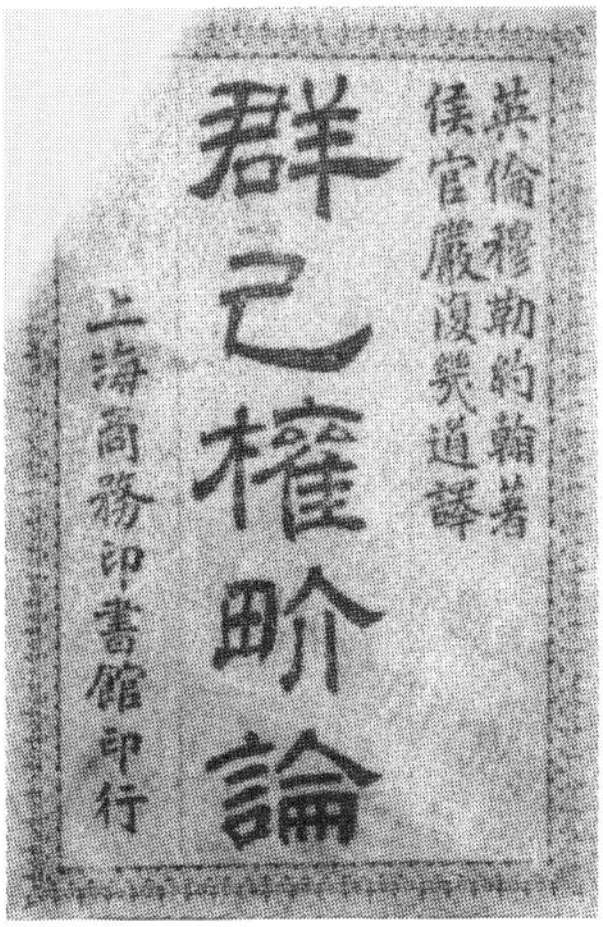

『群己権界論』（ミル『自由論』）
（『厳復与厳復故居』香港人民出版社）

ここでも厳復の翻訳の特徴である翻訳者の関心方向に、原著の目標をずらしてゆく手法が見られる。厳復は、圧制とは政府など上から強制される体制だけではなく、むしろ人々が同じ水準に生きる「社会」全体からの圧迫であることを強調する。個人の発言が、社会の衆口衆力によって圧制されるというミルの問題意識による主張は、中国社会の伝統的習性における「一道同風」という因習をあらためて認識させるものだった。その地域社会伝統にはずれた言動をすれば、あたかも中世キリスト教世界における破門同様の扱いをうけ、生活基盤が崩壊する。

◈「自由」の適用方法と警告

個人に対する「思想や行動の画一化の強要」は、ミルの考える民主制の中に潜む陰険な脅威として、厳復も共鳴した。ここでは、一八世紀ルソー式のストレートな自由への憧憬は影をひそめ、厳復が「権界」と訳した、同じ考えのものだけに許される自由の範囲があり、後年の全体主義の台頭を予告する響きがある。政治学者丸山眞男は『現代政治の思想と行動』で、思想的画一化についてつぎのように指摘している。

> 異質的なものを排除するというプロセスを通じて――例えば左右独裁を排除するという名目の下に、実質的にはヴァラエティ（多様性）をなくして正統化された思想に画一化していく（後略）。
>
> （『丸山眞男集』第六巻、岩波書店）

「自由」は、文字としては『後漢書』にあると『広辞苑』第六版に記載されているが、中国の聖賢による伝統文化では現在のような自由の観念はみあたらないし、もしあってもその意味は著しく異なっているだろう。その点、中国から多くを学んだ日本も同様で、自由が喧伝されはじめたのは明治以降である。中国も清末の西洋思想との交流以来にわかに意識されるようになった。それゆえ、まだ身につかない異国の文化、政治思想である。中国では個人の自由のほかに集団の自由が考えられ、これが個人の自由を排除する画一化の傾向を生じた。厳復は『群己権界論』で、自由の定義とかくあるべき適用方法の紹介と警告を意図したのであろう。

『群己権界論』（『自由論』）の原著名は『On Liberty』（一八五九年出版）、翻訳本（一三四頁）の出版は光緒二九年（一九〇三）商務印書館発行で、日本では明治三六年にあたる。その後、一九二〇年までに七版を重ねた。

六――モンテスキューと「要約者」ジェンクス

◈文明論としての『法の精神』

シャルル・ド・スゴンダ・モンテスキュー（一六八九～一七五五）は、主著『法の精神』で三権分立を説いて、アメリカ合衆国憲法およびフランス革命に影響を与えたフランスの政治思想家、法学者である。著書は『法の精神』のほか、『ペルシャ人の手紙』や『ローマ人盛衰原因論』などがある。

厳復がモンテスキューに着目し、『法の精神』の翻訳を志した契機は英国留学時代であった。彼はロンドンの法廷で英国の裁判を傍聴し、法に基づく社会とはどのようなものかを目の当たりにして感動のあまり放心状態になり、法治国家への道を郭嵩燾《かくすうとう》公使と終日語り合った経緯を、英国憲法に関する『法意』の注釈のなかで、つぎのように述べている。

英国および他のヨーロッパ諸国の富強の原因は、公平な正義の原理が日に日に伸長されるからである。そこにこそ、究極的な原因がある。

（『法意』〔厳復注〕『厳復集』第四冊、中華書局）

厳復は『法意』の注釈で、モンテスキューがロンドンに二年以上滞在して英国の法律や行政を観察し、「英国の国民のみが、自由と呼ばれるに値する」と宣言したことに触れ、「法に根拠をおく自由」を直接目にしたと記した。それはモンテスキュー自身は予言したのみで生前の経験はできなかったが、彼の予言通り、やがて英国は産業革命を経過して、ヨーロッパ最富強の国民国家に成長する。厳復はモンテスキューの予言の結果を確認したのである。

このように、英国人による驚異的な経済発展は、スミスが指摘する「個人のエネルギーを解放した結果」であるとともに、これに加えてモンテスキューが「精神」として体系化した、「西洋の法の非人格性と普遍性」という二つの観念をそなえた法体系が、車の両輪のようにこの国の富強の完成度を高めたと厳復は確信した。厳復がモンテスキューの代表作『法の精神』を翻訳の対象に選んだ理由は、このあたりにあると思われる。

これに対して、中国では法は「君子が小人《シャオレン》（卑俗人）を裁く」ものであった。そこには自由、平等、公共

シャルル・ド・モンテスキュー
（『世界大思想全集　五
モンテスキュー／ヴォルテール』
河出書房）

『法意』（モンテスキュー『法の精神』）
（『厳復与厳復故居』香港人民出版社）

心、それに愛国心という西欧的法概念の特性が欠け落ち、すべて儒教の見解が全面にかぶせられ、法は支配者の恣意的で不安定な基準の上で揺れ動いていた。

『法の精神』は厳復の翻訳対象では特異な位置にある。まず、原書の初版が一八世紀後半の『原富』(国富論)(一七七六)よりもさらに二八年前、一七四八年の刊行であり、また原書はフランス語、原題は『De l'Esprit des Lois』、フランス人著作家アルベルト・ソレル(Albert Sorel)による『モンテスキュー伝』(英文)中の「The Spirit of Law」の重訳であると、商務印書館編纂部編『論厳復与厳訳名著』中の賀麟「厳復的翻訳」で表示している。

厳復が、『法の精神』を『法意』と題して翻訳した理由を、シュウォルツは『中国の近代化と知識人』において次のように総括した。

すなわち、彼(厳復)は、西洋の法体系と法的世界観を、西洋のプロメテウス(人間に火、すなわち高能力を与えたギリシャ神話の英雄)的な爆発を生み出した、あの諸要素の綜合体に不可欠な一成分と見なし、それに強く心を奪われていたのである。

厳復の見るところ、「西欧文明の諸要素とエネルギーの綜合体」が法の体系であることは、ロンドン留学時代に経験している。とりわけ『法の精神』は単なる法律論ではなく、政治論であり宗教論であり、経済論、そして文明論であった。

◈モンテスキューの偏向

経済のスミス、法政のモンテスキューを西洋富強の根源と認識する厳復だったが、必ずしも二人を同列に評価していたのではない。少なくとも、厳復はモンテスキューに対して、いくつかの批判をしている。その一は地理的環境によって専制が生じるという主張に対してである。シュウォルツも指摘しているように、モンテスキューには、民族と風土・地理的環境を関連づけ、かくあるべきと偏見をもって決めつける傾向があった。

精神の特性、心の諸情念が各種の風土において極度に異なっていることが真であるならば、法というものはこれ等の情念の相違に対しても相対的なものであるべきである。

（『法の精神』第一四篇第一章〔大意〕　根岸国孝訳、河出書房）

彼なりの肉体的実験によって、寒い空気は心臓の作用と繊維（細胞）の末端を締めつけ、血液の循環を助長し、繊維の力と弾性を増大すると感じる。一方、暑い空気は繊維の末端を弛め、その力と弾性を減少する、という。その結果、次のように一方に偏向した観念をもつようになる。

寒い風土の人々はより多くの体力をもち、より多くの勇気、自己の優越に対する自信をもつ。対する暑い風土の人々は暑さで心臓が衰弱し、これが彼の魂の中に意気銷沈をもたらして、彼は万事を恐れるであろう、という。ゆえに寒い国の民族は青年のように勇敢で、暑い国の民族は老人のように臆病である、という（第一四篇第二章）。

この偏向に対する厳復の対応を、シュウォルツはつぎのように述べている。

モンテスキューには風土。地理的決定論による説明を好むという偏りがあったが、厳復はその偏向を拒絶した。いうまでもなく、その拒絶は、中国を専制の範疇に押し込もうとする試みの拒絶に密接につながっていた。

（『中国の近代化と知識人』第七章）

モンテスキューにはこのほか、地形によって専制国家が発生しやすいという論がある。アジアに中国のような巨大な専制帝国が生まれるのは、地形が広大な平地からなっているからである、というのである。厳復はこれにも反撥した。ヨーロッパ大陸中央部は、最近ようやくプロシャ王国が中心になってドイツ帝国として国民的統一が行われたとはいえ、ながい時代を小さな王国や諸侯領として存続してきた歴史的経緯がある。アメリカ合衆国は大平原の国土に基礎をおき、民主主義を代表する国家を建設した。モンテスキューは諸国の気温に関し、宣教師たちの報告から、酷寒の寒帯が酷熱の熱帯と接するという奇妙な推定をする。それによれば、一部は寒帯に属すると思われる中国や朝鮮、それに北方の諸島を含む日本は、温帯はおろか酷暑の熱帯に位置するというのである。

アジアには本来的意味での温帯がない。そして、酷寒の風土に位置する土地が直接酷暑の風土に位置する土地、すなわち、トルコ、ペルシア、ムガル、中国、朝鮮、日本と接している。

（『法の精神』一七篇第三章「アジアの風土について」野田良之他訳、岩波文庫、中巻）

まだ彼の活動時期である一八世紀は地理的発見が未成熟な時代で、とりわけアジアはまだ多くの部分が未知であったにもかかわらず、地理環境によって民族の性格や統治形態の傾向を独断的に論じたため、ともすれば論全体に矛盾を生じた。とりわけ、風土、地理が要因となって専制を生じるという論理を厳復は強く拒否し、『法意』の注釈で、種族の強弱を比較する根拠は、風土、地理、人為（宗教、文化、政治、経済など）をすべて考慮に入れなければならない、と反駁している。要するに、支配者が法の上に立てばそれは専制と呼ばれ、支配者自身が法に従う国家は立憲である、という。法の有無ではなく、法のあるべき位置である、というのである。

◈テクノロジーと民主制

人類は、すくなくとも一八世紀までは、一〇〇〇年の昔とあまり変わらない生活をしていた。彼らは次の時代も、同様にかわらない生き方を予想したであろう。とりわけ、一八世紀前半の西洋知識人の中国の理解は、きわめて類型的で固定していた。清朝への恭順の証《あかし》である弁髪、世界史にも例がない良家の女子の纏足、極端な官尊民卑による科挙制度など、中国は数千年の姿のまま今後も変わることなく続いて行くであろうという感覚が、モンテスキューやゲーテなど、著名な知識人の意識を支配していた。モンテスキューは一八世紀の思想家として、一九世紀後半からはじまった通信、交通テクノロジー、産業、あるいは軍事技術の空前の進歩発展を予想できなかった。彼は共和制は古代ギリシャ都市国家（ポリス）にしか成立できないと主張していたが、運輸、通信技術のさらなる発達は、国土の大きさや地形、気温と政治体制の関連性をほとんど薄れさせた。シュウォルツは『中国の近代化と知識人』第七章で、もはやモンテスキューが論じたような静止と固定の時代は終ったとする厳復の反論をとりあげ、テクノロジーと民主制の間に、正の相関関係があることを指摘している。

蒸気船、鉄道、郵便制度、電報の効果は、五大陸（アジア、アフリカ、ヨーロッパ、南北アメリカ、およびオセアニア各地域の総称）を州や県の大きさに縮めてしまった。古代に不可能であったことが、今はもう不可能ではないのだ。（『法意』第八巻〔厳復注〕『厳復集』第四冊、中華書局）

一九世紀の世界が飛躍的に発展したにもかかわらず、家父長制国家の中国はひたすら安定と平穏を求め、その目的のため清朝は人民の肉体的、知的エネルギーを抑圧し続けた。

厳復が憤激した現状の問題は、権力の強圧性よりも、むしろ権力の臆病な消極性にあった。清朝社会の権威主義は、常に消極的、禁止を旨とした。英国社会が実践し富強をもたらしたような、高度に組織化され発展した人間の才能とエネルギーの爆発を、ことごとく抑制するためのあらゆる手段をとった。名誉と富はすべて官職に集中し、中国の将来を担うような経営的才能は挙げて排他的に科挙に集中され、実業社会へ向かう才能は、基本的に官よりも社会的評価の低いものとされた。

『法意』第二〇巻で厳復が自分の経験を引き合いにして述べているように、外国へ留学する学生でさえ、大部分は帰国後のポストを考えて政治学、法律学、財政学を専攻し、現在の社会が緊急で求めている医学、工学、動植物学など、技術的、実業的職業に関心を向けるものはまことにわずかであった。もし少年時代の厳復が科挙を受験できる恵まれた家庭環境で教育されていれば、おそらくは一族の期待に応え、科挙の最終段階をも突破して進士として高級官僚の道を歩み、啓蒙思想家厳復は存在しなかったであろう。

◈ジェンクスの進歩の概念

厳復は、モンテスキューには多くの点で反撥していたが、それらを乗り越えて共感するものがあった。自由と平等と経済的ダイナミズム、これらの要素が一つの構成部分として機能するとき、すなわち、自由と民主性が開明的な自己利益と鼎立するところに、歴史的進化の必然として実現した英国の富強である。

厳復はモンテスキューの類型法(君主制、専制、民主制)に同意していたが、一八世紀的で動きのない中国観に不満を抱いていた。ドイツの社会学者マックス・ウェーバーとともに、フランス近代社会学を代表するエミール・デュルケーム(一八五八〜一九一七)も、「進歩の概念の欠落」がモンテスキューの欠点と評したといわれ、これを埋める役割を負わされた法思想家がジェンクスである。

エドワード・ジェンクス(Edward Jenks　一八六一〜一九三九)については、現在では『岩波哲学・思想事典』にも記載がなく、ほぼ忘れられた存在だが、厳復が翻訳活動をはじめたころは英国法の権威としてオックスフォード大学、ロンドン各大学教授を歴任した法学者、歴史学者である。厳復がジェンクスを選んだ理由について、モンテスキューの分析の静的な正確さに加えて、動的で簡明な解釈を与えてくれるような扱いやすい小冊子として選んだとシュウォルツは説明している。厳復がモンテスキューの要約者として選んだジェンクスの原書は『A History of Politics』(政治通史)で、厳復訳『社会通詮』(商務印書館、一九〇四年)の頁数は一五一頁、『法意』(法の精神)の八〇八頁にくらべると五分の一以下である。

動きのある構成、シンプルな時代区分、明快な進歩の概念、これがジェンクスの特徴で、厳復の要求にも適合する。モンテスキューではっきりしない進歩への動きをジェンクスは明確に示し、これによって人間社会の進化の可能性をあきらかにできると厳復は期待した。

ジェンクスは、人間社会の時代区分を三段階、すなわち「トーテム制社会」から「家父長制時代」へ進み、そして「軍事的もしくは政治的国家社会」に到ると論じた。

第一段階のトーテム社会とは、神話的集団からなる神意社会ともいえる。第二段階の家父長制社会は、中世的封建社会と言い換えればわかりやすい。第三段階(最終段階)で、家父長制社会の段階を脱して国家的軍事社会に至る。「すべての人間社会の進化の段階は、家父長制段階を経て国家の段階に成長してゆく」(『社会通詮』訳者序)。

◈中国の進歩の可能性

これこそ、厳復の求めていた言葉だった。中国もこの予言通りであれば、現在、第二段階の家父長制王朝に支配される清国も永遠ではなく、近代的国家に推移するはずだ。これが西洋社会の標準的な歴史的変遷であり、正常な進化なのである。厳復も、中国がこのような進化を経て、予言されたような国家になる「はずであった」と信じていた。ところが……中国はそうならなかった。厳復は自問する。

彼はつぎのように考えた。西洋の場合は、はじまりが緩やかで、終わりは早かったが、中国の場合は、始まりは早く、終わりが遅いのだ。西洋はものごとを認識する科学的論理性は格段に発展した。産業革命を経験した最近二〇〇年間の発展向上は驚異的である。中国はこの段階が固定観念と旧習にとらわれ、決定的に欠けているのだ。にもかかわらず、『社会通詮』(政治通史)の注釈で、厳復は「黄色人種の均質性」を現代の中国が興隆する根拠として予言している。彼は、「西洋」に驚異的な富強が集中した原因は、植民地を含めた広大な領土国家と向上意欲を発揮させる民主制、それを支える均質な市民社会との相乗効果であると考えた。同様に、中国にはさまざまな欠陥があるとしても、この膨大な黄色人種である中華民族には、商売上手で俊敏な能力が均質に潜在している。一〇〇年後を見通すように、厳復は誇らしげに宣言する。

> ふたたび旧制度に戻ることがもはや不可能であることを悟り、固定観念と旧習とが有害であることを理解し、そしてこれまで沈滞腐敗した老廃物を一掃して、真剣に富強を追求するようになれば、五大陸（ユーラシア大陸、アフリカ大陸、南北アメリカ大陸、オーストラリア大陸、南極大陸）にこれほどの国は他にないだろう！
> （『社会通詮』〔厳復注〕『厳復集』第四冊、中華書局）

『社会通詮』（ジェンクス『政治通史』）
（『厳復与厳復故居』香港人民出版社）

七――――ミルと「入門役」ジェヴォンズ

◈ミル入門書『名学浅説』

ウイリアム・スタンレィ・ジェヴォンズ（William Stanley Jevons　一八三五～一八八二）はイギリスの経済学者で、『ブリタニカ国際大百科事典』によれば、メンガー（オーストリアの経済学者、限界効用理論の創始者）、ワルラス（フランスの経済学者、一般均衡理論の創始者）らと並んで限界効用理論を提唱し、『経済学の理論』『石炭問題』などの著書がある。

経済学以外のジェヴォンズの著書『The Elementary Lessons on Logic』（論理学入門）を、厳復は『名学浅説』と題して翻訳し、宣統元年（一九〇九）に商務印書館から出版した。

頁数は一七〇頁で、ジェンクスの『社会通詮』（二五一頁）よりもやや厚い小冊子である。一九二一年まで一一版を重ねているから、かなりの反響があったようである。厳復がジェヴォンズの『論理学入門』を、ミルの『論理学体系』に三年先んじて翻訳した理由は、例によってスペンサー、モンテスキュー、そしてミルの各々要約者としての役割を負ったハックスリー、ジェンクス、そしてジェヴォンズという構成を組むためだった。

ミルの『論理学体系』の翻訳である『穆勒《ミル》名学』は、かなり早くから手をつけられていた。シュウォルツによると、厳復は『穆勒名学』の翻訳開始から出版までに一〇年前後を費やしている。その理由は、スペンサーとモンテスキューの大著二篇と並行して仕事を進めたからだった。光緒二六年（一九〇〇）から光緒二八年（一九〇二）のあいだに、すなわち、『群学肄言』（スペンサー『社会学研究』）と、『法意』（モンテスキュー『法の精神』）と並行して、『穆勒名学』（ミル『論理学体系』）の翻訳が進められていたのである。しかし緻密な理論を複雑な用語で構築したミルの大著『論理学体系』を、どのようにして当時の中国社会で理解可能な中国語として表現するか、翻訳作業は終始困難を極めた。

日本でも、西欧語に対応する語彙がなく、明治初期に啓蒙翻訳者として活躍した西周《にしあまね》（一八二九〜一八九七）は、ギリシャ語の「philosophia」、英語の「philosophy」に「哲学」と造語し、同じく明治初期のジャーナリスト、劇作家の福地源一郎《ふくちげんいちろう》（桜痴《おうち》）は、英語の「society」、ドイツ語の「gesellschaft」を「社会」と造語した。厳復も翻訳以前の課題として、翻訳用語の造語作業をする必要があった。宣統元年（一九〇九）に出版された厳

『名学浅説』（ジェヴォンズ『論理学入門』）
（『厳復与厳復故居』香港人民出版社）

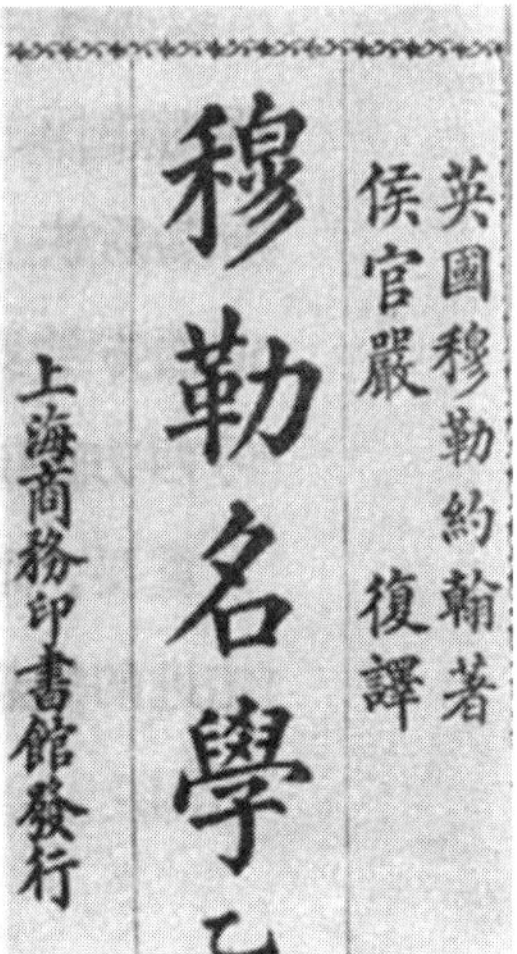

『穆勒名学』（ミル『論理学体系』）
（『厳復与厳復故居』香港人民出版社）

復訳『名学浅説』（ジェヴォンズ『論理学入門』）の序文（訳者自序）で、厳復はこの仕事がいまだ成らないことに遺憾の意を表したとシュウォルツは述べている。つまり『名学浅説』そのものが、ミル入門としての解説書であった。

◈富強の背後にある論理学

本番の『穆勒名学』（ミル『論理学体系』）は、厳復の翻訳の中でも最も困難な仕事だった。一九一二年、商務印書館から三巻（各四八四頁）として出版されたが、この年は民国元年で、彼の北京大学校校長時代である。彼の最後の、しかも最大の主要翻訳である。ここで彼が求めた目的は、「正確な知識」である。厳復が見る清代中国の欠陥は、あらゆる点において科学性の欠如であった。シュウォルツは、厳復が『穆勒名学』の翻訳を志した理由を次のように説明する。

正確な知識がどのように達成されるか（中略）西洋の（富強の）科学的な達成の背後に、「すべての法則の法則、すべての科学の科学とベーコンが呼んだ」科学――すなわち、論理の学――が、大きく浮かびあがるのであった。（『中国の近代化と知識人』）

西洋諸国、とりわけ英国、フランス、ドイツは、精密な定量的学術によって産業を振興し、とりわけ軍事技術を充実して中国を脅かしている。科学理論は高度な学問として社会を支え、科学の応用は工業、鉱業、農業、商業とそれらを横断的に展開する金融など、社会科学の技術として、西洋諸国の富強を盛り立ててきた。

しかし中国では科学者は技能者以上には評価されないし、社会的な地位も低い。科挙出身者による文官優位の制度は、厳然とした壁になっていた。ものの見方、考え方について、中国ではいまなお聖人とその影響がからむ傾向が強く、科学的な論理の普及を妨げている。

その点、中国ほど伝統の引力をもたない日本は、変わり身が早かった。例えば、先述の西周は、明治六年(一八七三)に発刊した『明六《めいろく》雑誌』の第一号の巻頭論説で、明治維新まもない日本の変化について、法律、生産技術、学問、芸術、衣食住の生活様式や習俗、それに廃藩置県、徴兵令、学制、そして太陽暦の採用など、日本人の息もつかせぬ思考の転換の速さを論じ、民権論者で、ルソーの『民約論』を翻訳した中江兆民《なかえちょうみん》(一八四七~一九〇一)も、著書『続一年有半』で、「推理の方法に自ら二種有《あり》て、一は演繹《えんえき》、一は帰納《きのう》で有《あ》る」と説いた。

◈帰納と演繹による知識獲得

厳復は光緒二六年(一九〇〇)に上海で開催した「名学会」で、ミルの『論理学体系』を講演した。その内容をまとめて出版した講演録『政治講義』で、ハックスリーに倣って、知識は生まれながらのものではなく、学び、帰納によって得られるものであると強調した。

天は、人間を誕生させるにあたって、彼に意識は与えたが、誕生時の人間に先験的な直感を備えたのではない。知識を得ようと欲するなら、表面にあるもの、手近に存在するものから、「帰納」によって獲得しなければならないのだ。（中略）帰納にあたっては、事実に基づかなければならない。

（『政治講義』『厳復集』第五冊）

ものごとを認識するための論理の手段は、中江兆民が言うように、演繹あるいは帰納などが用いられ、妥当性のある結論を求める。演繹は、公理とされる命題を前提に、各種の命題（定理）を導き出す論理法で、神学における神の存在の証明や、抽象的な形而上学などに適用された。一般に、甲は乙に等しく（大前提）、乙は丙に等しい（小前提）、故に丙は甲に等しい（結論）という三段論法が知られているが、実用としては幾何学や代数学の証明がある。ただし、前提とする命題に問題があれば、中世のスコラ学のような空論に終る難点がある。帰納は演繹に対する方法で、個々の具体的な事実から、一般的な命題を導き出す論理法とされ、修辞学など弁論術が発達した前五世紀ごろのギリシャ時代からソクラテスの概念構成の方法を経てアリストテレスが完成し、フランシス・ベーコンが近代帰納法を開拓、さらにミルが論理学の主流として発展させたといわれる。ベーコンは帰納法的論理からイギリス経験論へと、ヨーロッパ諸国に先んじて英国を富強への道へ導いた。

自然（現実）を正しく認識するには、一切の先入観と謬見（偶像）を捨て去り、経験（観察と実験）を知識の源泉とする帰納法を唯一の方法とする。この認識を通じてのみ、自然を支配することができる。すなわち、知は力なのである。

（F・ベーコン「ノブム・オルガヌム」）

西洋の富強の基礎である政治、経済、社会、軍事の法則は歴史から「経験」として得られる。それを帰納の事実として基本的な法則を得る実例は、すでに西欧、とりわけ英国の偉大な思想家たちが成し遂げていた。現在の中国人がこれらの法則を演繹的に使えば、苦労して帰納から考える段階を省略して、つねに高い成功率を得ることができる。いいかえれば、西欧が数百年かかって築き上げた富強へのソフトウエアのノウハウを、科学的に使いこなすことが可能になったのである。厳復は、名学会の講演で宣言した。

われわれのやりかたが不充分なのは、われわれの知識が不充分だからだ。

中国には、なによりも、正確な知識が必要である。西学がかくも正確であり、その効果は彼らの富強が証明し、その知識のすべてが有用であることを、われわれは日々見せつけられている。帰納から演繹に向かう知識獲得の法則さえわれわれのものとすれば、一を押さえることによって、関連するすべてを制御できるのだ。

これに対して、中国の旧学が現実対応にかくも無効なのは、帰納の対象が権威によって心のなかに作り上げられた虚像に基づいていたからである。旧学の原理の根拠を精査すると、九星の吉凶など、ほとんどが根拠のない憶測に基づいていることがわかるだろう。

（『穆勒名学』〔按語〕『厳復集』第四冊、中華書局）

第九章

生《せい》々《せい》流《る》転《てん》

光緒二六—民国一〇年（一九〇〇—一九二一）

◉四八—六九才

一――天津脱出

◈義和団の蜂起

厳復が光緒六年（一八八〇）に、李鴻章《りこうしょう》から天津の北洋水師学堂総教習に任命され、一〇年目の光緒一六年にようやく総弁（校長）に昇任し、あわせて二〇年を過した天津を去る時が来た。光緒二五年（一八九九）、中国全体をゆるがす義和団の蜂起が発生し、翌二六年天津は破壊されて、厳復自身も上海へ逃避し、海軍教育職からも離れることになる。

義和団が山東省で蜂起したのは偶然ではない。

甲午戦争（日清戦争）中、黄海海戦で敗走した清国北洋艦隊は山東半島東部の北洋海軍基地威海衛に落ちのびたが、湾内に封鎖されて壊滅した。二年後の光緒二三年には、ドイツが山東半島東南部の膠州湾を占領し、翌年、青島《チンタオ》を含む膠州湾岸を租借、同年、英国も威海衛を租借するなど、山東省は中国が列強に蹂躙される最初で最大の被害地帯となった。この地域が排外運動の発端となったのも当然といえる。

首都北京を擁する直隷省南部では、膨大な数の貧農、大運河両岸の失業した荷役労働者それに貧窮した都市の商工労働者が積極的に義和団に加わり、強大な武力集団となって、直隷省中部の景州からは東西に分かれて一隊は北京へ、もう一隊は天津に向かった。

清朝は義和団によって被害を受けた欧米各国の公使から対応を迫られ、山東巡撫の毓賢《いくけん》は大軍を派遣して鎮圧を図ったが、ゲリラ戦で反撃され大損害を受けて敗退、米国公使は清朝政府に毓賢を更送し、天津に駐留して新軍（近代式陸軍）を訓練している袁世凱《えんせいがい》を山東に赴任させるよう要求した。清朝は要求に応じ毓賢を罷免して袁世凱を山東巡撫に昇格させた。袁は自分が訓練した「新建陸軍」七〇〇〇人を率いて省都済南《ジーナン》に移り、「義和団禁止の告示」を公布し、砲兵隊二〇大隊と歩兵、騎兵合わせて二万人余りの兵力を増強、青島のドイツ軍などと連帯して義和団殲滅を図ったのが功を奏して、山東省の義和団勢力は激減した。この結果、義和団主力は直隷省に移り、北京、天津に侵入した。袁世凱は山東省から義和団を放逐したが、かえって首都圏の直隷省へ移動させただけの「やぶへび」的結果となり、天津や北京はますます危険になった。さらに義和団の主力一万余人は清軍の移動を阻むために鉄道を破壊し、北京、天津間の豊台駅を襲撃して、西太后の「龍車」（御料車）を炎上させ、光緒二六年（一九〇〇）六月には清軍の抵抗もほとんどないまま、北京、天津に侵入した。

◈『国聞報』への脅迫

天津で、義和団は「護国反外」の幟《のぼり》を掲げ、列強の罪状を列挙したプラカードを立てた。厳復が創設した『国聞報』は、このときは彼とは関係がなくなり、経営者は日本人だった。義和団の武装蜂起に対し、『国聞報』は「論拳匪」（義和団を論ず）と題する、反義和団の論説を発表し、義和団は無知でコントロールが利かない神がかり的な武力騒乱によって宣教師や外交官までを殺傷して、外国からは賠償金を要求され、「蒙恥受侮《もうちじゅぶ》」（恥辱を蒙り侮りを受ける）など、自ら被害を拡大している、と非難した。

これに対して、五月八日（六・四）、「『国聞報』に警告する」と題し、『国聞報』に天誅を加え、社屋を焼き討ちするという文が掲示された。厳復は天津にいて、義和団の動きを目にしながら、一方では創始者として、『国聞報』の現状に無関心ではいられなかった。義和団も、厳復が「論拳匪」執筆にかかわっているとにらんでいるに違いない。彼は生命の危険を感じ、迎えたばかりの朱夫人とともに、急遽天津を脱出し、上海に向かった。厳璩《げんきょ》の「侯官厳先生年譜」に、次の記事がある。

庚子《こうし》（かのえね）（一九〇〇年）府君（厳復）四八才。継母朱夫人来帰（結婚）。五月、拳匪事件起る。府君倉皇と津《しん》（天津）より滬《ろ》（上海）に避難する。書籍など携帯せず。

（『厳復集』第五冊、中華書局）

この状態から、厳復が天津の住居からなにも持たずに、身ひとつで朱夫人と逃げたことがわかる。このあと、総弁（校長）官舎だった彼の住いは、天津を占領した八カ国連合軍のフランス軍に接収され、彼の原稿や書籍は少なからず散逸した。その後しばらくしてから、翻訳中の『穆勒名学《ミル》』（ミル『論理学体系』）の原稿が、この家に宿泊していたフランス軍将校と思われる西欧人から、上海の厳復のもとに郵送され、彼は訳著を完成することができた。このことは、一九一七年二月二八日、弟子の熊純如《ゆうじゅんじょ》あての書簡に回想している。

日夜書いている原稿なども、庚子の戦乱で天津の寓居が法（フランス）兵に占拠され、書籍原稿など散逸

したもの少なからず、その後二種の翻訳稿が到来した。すなわち、これらの書だ。（同前第三冊）

◈八カ国連合軍の進駐

厳復が急遽天津を逃れた理由はもうひとつある。すなわち西洋に留学し、西洋語を理解し、外国人と密接な交流がある、このことである。このような西洋かぶれの官僚は、義和団の思想にとって許すことのできない部類である。外国を一括して侵略者とみなし、無差別排斥に走る彼らにとって、外国人とつながる人物はすべて問答無用の敵で、厳復はその筆頭とみなされるだろう。彼にとって、天津を逃れる以外に生命の保証はなかった。

厳復が危惧した通り、天津の租界地区、紫竹林一帯で義和団と連合軍が激しく戦闘し、義和団は税関大道を破壊して、日本の三井洋行など多くの西洋館が焼討ちされた。

各国の駐清公使らは、もはや清朝にはこの動乱を収拾する能力はないと判断した。このままでは、西欧諸国が中心になって築いてきた協定や秩序が破壊され、西欧側にとっても重大な国益の損失になり、駐留外交官の生命さえ保証できないと、光緒二六年（一九〇〇）五月二〇日（六・一六）、公使たちはつぎつぎと本国政府に打電し、直接出兵して鎮圧にあたるよう要請した。五月末から六月二日にかけて、米、英、仏、独、日、露、伊、墺（オーストリア）八カ国の海軍陸戦隊、約四四〇人が「公使館保護」のために前後して天津を経由して北京に向かい、五日には後続軍約六〇〇人が天津新港塘沽《タングー》に上陸して、天津外国租界に進駐した。一〇日から一一日にかけて、八カ国連合軍一八〇〇人余が大沽《ダアグー》砲台を攻撃、激戦ののち砲台は陥落した。

興奮した連合軍兵は天津市中を略奪、集団殺戮、放火で荒れまわった。義和団も約五〇〇〇人の武装集団が七二隻の船に分乗して水路から天津になだれこみ、七月一三日、増援された連合軍五〇〇〇人との戦闘で米軍連隊の連隊長（大佐）と兵士一〇〇余人を殺し、英、仏、日本軍あわせて七〇〇人あまりを死傷させた。しかし、結局は義和団は連合軍の武力に殲滅され、一四日朝、天津は陥落した。一カ月余のあいだ戦場となった天津は、火炎と破壊、略奪、そして手当たり次第の虐殺で、見る影もなく荒廃した。

厳復は上海にたどりつき、租界地区の閘北長康里《ジャーベイチヤンカンリ》に間借りをした。天津水師学堂総弁（校長）と海軍職を辞任、というよりも崩壊に遭遇し、上海の寓居にあって、彼はめっきりと老いの衰えを感じた。四八才でのこのような環境の激変は、彼の精神にとって、大きな打撃となった。なんといっても、北洋海軍水師学堂における二〇年間の安定した教育官僚の仕事を失ったことは、彼にとって落胆のきわみだった。しかし水師学堂で特に優れた人材を見出したということではない。学堂勤務時代をかえりみて、彼は「皆庸才也」（凡庸な連中ばかりだ）（熊純如宛書簡、『厳復集』第三冊）と辛辣な評を伝えている。優秀な人材はみな科挙コースに向かうのだから、昇進にも限界がある水師学堂には期待できないのが当然だった。厳復自身も、科挙の残り滓のような水師学堂には未練はなかった。

二――「名学会」と「国会」

◈上海での「名学講演会」

上海で、厳復はすでに翻訳を開始していたミルの『論理学体系』をベースにして、論理学の入門を兼ねた「名学講演会」を開催した。西洋の論理学は、経済活動に有益である、という触れ込みである。聴衆は主に読書人（知識階級）で、厳復の名声もあって、講演会は成功した。王蘧常『厳幾道年譜』（商務印書館）は、次のように伝える。

名学会で開催された名学（論理学）の講演会は評判になった。学者も初めて聞く内容である。わが国の政論の基礎となる名学の理論は、この時から始まった。

厳復が上海の知識層に伝えたミル直伝の帰納論理学は、総じて好評であった。呉汝綸《ごじょりん》も、「（義和団）騒乱のあと、私は厳先生の消息を得ることができなかったが、さきごろ『中外日報』のニュースで、先生が名学会を開催され、第一人者にふさわしい講演をおこなったと知った。その旺盛なる精神力に大いに感銘をうけた」

と評した。動乱の渦中にあっても、厳復は世界情勢の分析と教育救国、それに新学の普及活動を忘れなかった。上海で厳復がかかわったおもな政治活動は「国会」である。

◈唐才常と「中国議会」

上海に来た年、光緒二六年（一九〇〇）に、厳復は清末の志士唐才常《とうさいじょう》が組織した「保国保種」（護国護民）の政治会議に参加した。この集いは「中国議会」、略して「国会」と称し、中国人で最初の米国エール大学卒業生の容閎《ようこう》が会長に、厳復は副会長に選任され、創設者の唐才常は自ら事務局長に就任した。彼は厳復に感化された進化論者である。

唐才常はこのとき三三才である。彼は湖南省瀏陽《りゅうよう》県出身で、弱年から瀏陽で学び、その後、長沙の岳麓《がくろく》書院で修学した。四川の学署（教育部門の役所）を経て湖南に帰り、両湖書院で教えた。甲午（日清）戦争で清朝が和を請うたとき、唐才常は李鴻章を「古今に例を見ない奸臣売国奴」と罵倒し、清朝の腐敗が極まる現状を慨嘆して、変法維新の強化を主張した。このとき、彼は厳復が発表した論説、「原強」（強なるもの）に接し、我を忘れるほど感動して、『各国種類考』の「自序」に次のように述べている。

> 余はこのたび侯官厳復の「原強」を読み、読み終えて痛嘆した。現在の（中国の）憐れむべき状態の原因は種族なのか？　種族そのものが原因なのか？　厳復は言う。英国のダーウィンは彼の著書『種の起源』でそのことを論じていると。（中略）その要旨は二つ、すなわち「自然淘汰」と「種の進化」である。
>
> （徐立亨『厳復』第八章注釈、哈爾濱出版社）

彼はダーウィンの進化論の発展経緯に惹かれ、新しい科学知識を受入れはじめた。その後まもなく、厳復が発表した訳著『天演論』に、唐は深刻な影響を受け、進化論を積極的に維新変法の指導理論に取り入れた。彼は湖南劉陽《りゅうよう》で『湘学報』新聞社に就職し、同時に長沙時務学堂の教習として教えた。さらに『湘報』の主筆も兼ねて、西洋資本主義の解説や、封建君主制に反対する多数の論説を書いた。

光緒二四年（一八九八）四月、光緒帝は変法を決断し、国是として定めた。八月に、唐才常は譚嗣同《たんしどう》から電報で呼び出され、北京で政権に参与するため湖南を発ったが、ようやく湖北の漢口に着いたところで維新派崩壊の政変を知り、行き先を変更して一旦湖南に戻ってから、上海で『亜東時報』の責任者になった。翌年秋、彼は香港、東南アジアを経由して日本を訪れ、横浜で孫中山《そんちゅうざん》（孫文《そんぶん》）の面識を得た。このとき孫文は恵州《けいしゅう》蜂起の準備中だったので、唐才常と革命派は意気投合し、一方では康有為《こうゆうい》の変法保皇派とも連携を保持した。唐才常は対人能力が優れていたらしく、両派の指導者はいずれも彼を支持し、信頼した。この年の冬、彼は日本から上海に帰って、秘密結社の一種である「正気会」を組織した。義和団の排外運動が華北に広まってゆく状態をみて、資本主義革命派と変法保皇派の両方に受入れられるような、共通した認識による組織を目的としたらしい。

光緒二六年六月（一九〇〇・七）、唐才常は上海で「救国種族保持」を叫んで著名人を招き、前述の「中国議会」、略名「国会」を開催した。目的は次の三カ条である。

一、中国の自主の権を守る。

二、満州人政府に、より大きな中国統治の権限を委任する。

三、光緒皇帝の復位を請願する。

七月一日(七・二六)、「国会」が上海の料理店「愚園」の広間「南新庁」で開催され、上海の同志八〇余人が集まった。会議には、章炳麟《しょうへいりん》(太炎《たいえん》)も参加し、回想録『国会』を書いている(『章太炎政論選集』、中華書局)。それによると、唐才常の示した議題は勤皇ながら、主張する内容は革命に近いという。革命家章炳麟の意識が、そう感じるのだろう。

「国会」での宣言について、会長の容閎が英文で作成し、厳復が漢文に翻訳した宣言書を読み上げた。趣旨書は全世界に彼らの政治的主張を宣伝できるように、容閎と厳復が英文で起草した。

◈唐才常の蜂起計画の失敗

その後まもなく、唐才常は革命派の会党と連絡して、漢口などの長江流域で「自立軍」の武装蜂起を計画したが、事前に発覚して同年、光緒二六年九月九日(一九〇〇・一〇・三一)に湖広総督張之洞に逮捕され、処刑された。彼の自供で容閎が「国会」の会長、厳復が副会長であることが明らかになったが、厳復は直隷候補道の官位をもち、容閎も清朝の通訳官である。それに容閎、厳復ともに英国公使館に知人が多く、租界での問題になることが面倒になると張之洞は考えた。いまのところ首魁の唐才常はじめ、活動家はあらかた逮捕して、有名人として担がれた容閎、厳復は放置しても実害はない、とりわけ厳復については、張之洞も個人的によく知っている。ということで、二人の著名人はおかまいなし、とされ、それ以後も厳復は上海租界に隠れ住んで翻訳と執筆を続けた。この時期に、アダム・スミス『国富論』を翻訳、一旦は『計学』として脱稿したが、『原富』とあらためて完成した。ジョン・スチュアート・ミルの『論理学体系』は、翻訳中の原稿を天津で見失ったが、幸い上海に送られてきて、改めて『穆勒《ミル》名学』と題して翻訳を開始している。

家族では、英国に留学していた長男の厳璩《げんきょ》が帰国した喜びと、次男厳瓛《げんけん》が亡くなった悲しみが交錯した。唐才常の蜂起計画と同じころに、孫文の「恵州義挙」も失敗に終った。

三――開平礦務局

◈開平礦務局の汚職と財政危機

光緒二七年（一九〇一）三月、厳復は開平礦務局督弁の張翼《ちょうよく》に招かれて天津に赴き、礦務局の総弁就任を要請された。この炭鉱、開平礦区は直隷（現在の河北省）東北部の唐山にあり、経営状態は管理や技術が未熟でコストが高く、採算が成り立たなかった。光緒二年（一八七六）、李鴻章は上海商船局の総弁（局長）唐廷枢《とうていすう》を開平礦区に派遣し、唐はその結果を、開発可能とする二冊の報告書にまとめて李鴻章に提出した。

翌年、光緒三年八月二一日（一八七七・九・二七）、唐廷枢は「開平礦務局章程」（経営規定）を定め、事業所名を正式に「開平礦務局」と命名した。

業務の中心は開平礦務局の石炭や鉄鉱石の採掘、鉄鉱石の溶融と銑鉄の製造である。出資金は概算一〇〇万両《テール》とした。光緒五年（一八七九）正月、開平礦務局は業務を開始し、光緒八年（一八八二）には日産五〇〇トン前後、光緒一〇年以後は日産九〇〇トン以上、光緒二〇年には日産二〇〇〇トンの採炭量を確保するに至った。光緒一八年、唐廷枢が死去し、李鴻章は、醇親王の側近で江蘇候補道の張翼を開平礦務局督弁に任命した。張は贈収賄では有名な悪徳官吏で、李鴻章にはかなりの事前運動をしていたらしい。しかも近代の企業管理には無知だった。張翼は礦務局の資産を抵当にして、英国やドイツなど外国から借款し、その都度、収賄して私腹を肥やした。光緒二六年（一九〇〇）には、礦務局の負債総額は四二九万両に達し、そのうち二〇万両を張翼が着服していた。開平礦務局は深刻な財政危機に陥った。その上に、八カ国連合軍が中国に侵入して混乱した時期に、英国の投資会社がどさくさにまぎれて張翼と結託し、「中外合弁」として、開平礦務局の資産を、負債が決済できない状態にして、英国に売り渡してしまった。光緒二七年に張翼が厳復を天津に招請した理由は、彼の英語力と英国の会社との交渉に必要な論理力を利用しようというものだった。厳復を英国に派遣して、今後の外国関係者との交渉に当たらせようという下心である。一方、厳復は著述中とはいえ、現実には定収入の職についているわけではないので、生活にも困窮していた。彼が張翼の招請に応じる下地はできていた。

◈英国企業との所有権闘争

厳復は同年（光緒二七）五月に天津から唐山の開平礦務局に到着したが、ここでの経営の権限が中国側にはまったくなく、すべて英国人に握られているという重大な事実に直面した。礦務局の資産管理、人事、そして経営権限はすべて英国人が合法的に把握し、厳復の知識を動員しても手のうちようがなかった。さらに基本的な問題が生じた。

光緒二八年（一九〇二）一〇月に、秘密裏に動いてきた事態が露見した。「英国有限公司」の英人支配人が、開平礦区に英国旗とともに掲げられていた龍旗（清国旗）の掲揚を拒否したのである。直隷総督袁世凱は張翼に報告を求め、取り調べた結果を上奏した。ここではじめて開平炭鉱が英国企業に売り渡されている事実が明らかになり、清朝廷は驚愕した。袁世凱は「侍郎」（省次官相当）の官職を持つ張翼を弾劾した。厳復は、自分を招聘してくれた張翼に代わって弁明書を書いたが、官からは如何にして失ったものを取り返すか、その責任と実行方法が追及された。光緒二九年（一九〇三）一〇月二六日、張翼は上諭によって侍郎の官職を罷免され、追徴金一〇万両を国庫に納入の上、二カ月以内に開平の鉱権を回収するよう命じられた。しかし実際は不可能なので、張翼は英国ロンドンの裁判所で所有権を争いたいと提案し、袁世凱らは張翼の回収責任の遂行として許可した。光緒三一年（一九〇五）の晩秋、厳復は開平礦務局回収処理のため、張翼に随行してロンドンに向けて出発し、一二月一日（一二・二六）に到着した。彼は訴訟文書の文案作成と公文書の翻訳を担当している。留学時代、裁判を傍聴した経験が参考になっただろう。

◈ロンドンでの孫文との対話

偶然だが、この時期、孫文《そんぶん》がロンドンに滞在していた。彼は厳復の訪英を知り、革命を認めさせる目的で宿舎を訪問した。以下はそのときの有名な対話である。

孫中山先生は英国滞在中、府君（厳復）が到来されたことを知り、その宿舎を訪問、談論した。府君は言われた。現在の中国の民衆の意識は劣り、知識は低い。第一の急務は教育に着手し、徐々に全体を向上させるべきだ。

中山先生は言った。百年河清を待てといわれるか、人の寿命はいくらあるのか、厳先生、貴方は思想家、私は実行者だ！

（厳璩「侯官厳先生年譜」『厳復集』第五冊）

張翼は厳復に毎月の手当として一〇〇〇元を支給すると約束していたが、実行されなかった。彼自身が官職罷免後、金策はすべて失敗し、借金に追われる状態だったからである。厳復もロンドン滞在中の収入は皆無で、訪英を後悔するばかりだった。彼は張翼の欺瞞に我慢がならず、二人は決裂し、厳復は先に帰国した。途中、フランス、スイス、それにイタリアのローマを訪れ、イタリアからドイツの商船で中国へ帰った。これ以後、彼は開平との関係を絶った。

四――京師大学堂編訳局

◈京師大学堂の再建

　厳復が開平礦務局に関係した期間は、一九〇一年から一九〇六年初めまでの約五年間で、その間に京師大学堂編訳局の総纂や、復旦公学の校長を兼任している。光緒二七年（一九〇一）一二月、清朝廷は刑部尚書（法務大臣相当）張百熙《ちょうひやくき》を管学（教育）大臣に任命して、「中国、西洋の有用の学を学校教育に適用できるよう配置せしめる」ため学堂章程（学制）の裁定を命じる上諭を発し、京師大学堂の再建開学を命じた。これは清国政府が目指す、「新政」の施策のひとつであった。

　張百熙は湖南長沙の出身で、同治一三年（一八七四）に進士、光緒二年（一八七六）には翰林院編集となり、山東学政など教育行政を、ついで内閣学士など朝廷の重要官職を歴任した。彼は清朝内部の頑固派に批判的な開明派で、戊戌政変では変法派を支持したため、留任（官職を免じて、四年間過失がなければ復職させる）処分を受けている。義和団事変後、西太后は「新政」と称して官僚からの意見を求めたが、太后をとりまく頑固派の無能さに、人材の払底を感じた西太后は、留任中にもかかわらず張を刑部尚書に任命し、続いて同年（光緒二七）一二月一日、緊急課題である学政を司る管学大臣就任を命じた。これによって京師大学堂の直轄大臣は張百熙、総教習（学長）が直隷州知県（知事相当）で桐城学派の呉汝綸、そして大学堂編訳局（外国語翻訳、編集部門）総纂《そうさん》（編集主幹）に厳復が任命された。ただし、呉汝綸と厳復は当初、それぞれの事情で即諾しなかった。呉汝綸は就任の条件として日本の教育制度の視察を要求し、管学大臣張百熙は視察を許可して、光緒二九年正月一二日（一九〇三・二・九）から、呉汝綸は日本の小学校をはじめ大学、病院まで細かく視察し、明治天皇に拝謁するなど、日本の社会で広く歓迎された。呉汝綸は中国古典散文の桐城学派の碩学であるとともに、西学にも関心をもって厳復の西洋名著翻訳を高く評価し、厳復から依頼されるたびに原稿に目を通しては序文を書いた。呉汝綸は『天演論』をはじめ、多くの厳復訳書の序文を書いていて、厳復と終生、親交を続けた。しかし帰国して間もなく病にかかり、京師大学堂総教習には一日も就任することなく、故郷の安徽桐城で死去した。

◈編訳局総纂への就任

厳復は光緒二八年（一九〇二）はじめ、編纂局総纂に就任した。五〇才である。この時期に、亜当瓦斯密《アダム・スミス》『原富』（スミス『国富論』）を上海の南洋公学訳書院から出版、斯賓塞《スペンサー》『群学肄言《ぐんがくいげん》』（スペンサー『社会学研究』）を年末（一九〇三）に完成した。およそ三度、書き改めたという。彼の傾倒するスペンサーへの敬意が推察できる。これは翌光緒二九年、上海の文明編訳書局から出版された。

穆勒《ミル》『穆勒名学』（ミル『論理学体系』）は天津を脱出する際に未完成の原稿を紛失したが、その後回送されて受け取り、書き改めてこのときは五割かた進行している。この翻訳も翌年（光緒二九）完成し、商務印書館から出版した。孟徳斯鳩《モンテスキュー》『法意』（モンテスキュー『法の精神』）の翻訳も開始しているが、彼の多数の翻訳は、ほぼ同時並行的に進められている。すさまじい意志と集中力というほかはない。

翻訳以外の論説では、友人の張 元済《ちょうげんさい》がこの時期に上海で創刊した新聞『外交報』に、「教育書を論ず」を発表した。おりしも編訳局で、国家の教育事業を担う教科書の編纂を始めているところでもあり、時を得た感がある。

また新刊訳著の解説を兼ねて、『新民叢報』に「梁任公（梁哲超）に与えて中訳書『原富』を論ず」を掲載した。『新民叢報』は、梁啓超が横浜で創刊した中国語新聞で、厳復は梁の依頼により寄稿した。厳復の「教育によって人民の衆智を高める」目標へは徐々に動きつつあるが、その一方で、浙江省を中心にした革命団体「光復会」が上海で結成され、蔡元培《さいげんばい》を会長に、陶成章《とうせいしょう》、章炳麟、徐錫 麟《じょしゃくりん》、秋 瑾《しゅうきん》らが行動主義的な急進活動をはじめ、まもなく安徽で徐錫麟蜂起などの大規模なテロに発展してゆく。

◈編訳局の業務規定

編訳局での、厳復の経営に対する企画は周到で、仕事への姿勢は厳しいものがあった。彼は自ら「編訳局章程」を制定した。編訳局の人員は総纂を含めて一七人前後で、洋書を翻訳し、挿絵、図、表をつけ、教科書に編集する。彼が編成した「工作章程」（業務規定）では業務の目的と構成、手順、教科の分類などを細かく規定している。その概要を示す。

一、洋書翻訳の目的

わが国（中国）の教育活動に緊急の要件は、教科書の整備である。これを受けて、外国で現在用いられている各種の書物から、訳者が適当と判断する学問の系統を難易度の水準別に分類し、期限を定めて翻訳して、各教科書編集原稿案とする。

二、教科書の用途先

教科書の用途先は、小学校用、中学校用、の二用途とする。さらに内容の水準にも、用途にあわせて難易に分ける。初版発行後は改定発行を継続する。

三、教科の分類

[外国語] 西欧語（英語、フランス語、ドイツ語が主となる）
[数　学] 算術、代数学、幾何学、三角関数、微分学
[物理学] 静力学、動力学、流体力学、熱学、光学、音声学、電磁学
[理化学] 天文学、地質鉱物学、化学、農学、植物学、動物学
[医　学] 人体概論、解剖学
[法　学] 世界史概論、法律、国際公法、人種論
[商　学] 理財学、簿記学
[工　学] 機械工学、計測学、製造工業各論
[教育学] 論理学、教育術、徳育、体育

このほか、翻訳図書の管理方法、翻訳報酬の配分、翻訳員の住居（官舎または私宅）による手当基準、訳書局職員の俸給（月給）支給規定など、個人的見解や斟酌をさしはさむ余地がないように、細目にわたり規定されている。あたかも、現代の企業組織における経営管理制度を先取りしているように感じられる。ここには、

厳復の修得した西洋的学問体系と、英国海軍で学んだ組織管理システムが教科の配列に反映され、編訳局の業務目的に実現されている。「民智を開明し、進歩の力を求める」厳復の主張の実現が、編訳局の基本的な目的であった。

◈『英文漢詁』の出版

京師大学堂編訳局に在職期間中も、彼は絶えず新訳著を発表していた。光緒二九年（一九〇三）六月には、ミルの『自由論』に一旦は『自繇《じゆう》論』と発音本位の文字を当てたが、「自由の適用限界」という意味をあらわした、『群己権界論《ぐんきけんかいろん》』といういかめしい表題に改訂して完成した。この年には、ジェンクスの『政治通史』の翻訳『社会通詮』を脱稿し、夏曽佑《かそうゆう》に序文を依頼した。そして一九〇四年に上海の商務印書館から出版した。

このような多忙を極める日常の中で、さらに彼に師事する熊季廉《ゆうきれん》の請願をいれ、編訳局で編集した中国語による英文解釈書『英文漢詁《かんこ》』を出版した。それによると、「わが国（中国）では英語の学習を望む者は急増しているが、中国語で解説した書物がないので、学習の困難は甚だしい」という。

『英文漢詁』は、英文を漢文に翻訳した文例を多く掲載し、従来の不便を解決する、画期的な英文漢訳と英文法の入門書である。厳復は解説で、外国の学術を学ぶには、その国の言語習得が不可欠であること、その方法は、ひたすら反復練習であるとした。このようにして、民智を高めなければならない。甲午（日清）戦争以来、学堂の建設は、中国社会に出現した新しい潮流である。彼は旧学による官吏登用試験のテキストである四書五経をベースにした八股文が、実用に何の役にも立っていないこと、その対策として多くの西洋の言語を学び、多岐にわたる方面の実用的洋書を翻訳して吸収しなければならないと強調した（厳復「英文漢詁卮《し》言《げん》」『厳復集』第一冊)。

◈外国語を解さない翻訳者

編訳局のスタッフには、外国語をテキストのまま中国語に翻訳する文訳官と、翻訳された文章を目的に応じてアレンジする筆述官が数人ずついる。筆述官のなかでも、林紓《りんじょ》は高名な文章家だった。

林紓は福建省閩《びん》県蓮塘《れんとう》村の貧家に生まれた。幼少時代、実家の負担を減らすために彼は祖母の家に預けられ、いつも近くの書塾の窓の下に立って、老師《ラオシ》(先生)の講義の声を盗み聴いていた。ある雨の日、濡れそぼった姿で聴いている彼を老師がみつけ、感心した先生は、特に例外として授業料を免除し、入塾を許して傍聴させた。彼は八才で正式に私塾に入って読書し、少年時代を通じてわき目もふらず、ひたすら勉学に集

林紓と家族。家族を愛した林紓の家族写真
(『船政拾英』香港人民出版社)

中した。実家は貧窮にもかかわらず、科挙を目指す世の習いで読書を黙認したらしく、彼は雑多な古本を手に入れては読みふけった。一六才のとき、彼は学業を中断して父に従って台湾で商売し、仕入れ、販売、記帳など一日中こまごまとした仕事に明け暮れた。一八才で福州に戻り、結婚して書の教師を業とした。彼は激しい性格で真っ正直に過ぎたので、商売には向かなかったのだろう。社会の現実に不満を抱き、白眼視するようになって、故郷の親族や知人たちも彼を変人あつかいするようになった。しかし科挙を受験する準備はおこたらなかったらしく、二九才で「秀才」に合格し、三一才で念願の挙人になった。その後、彼は進士を目指して何度か会試を受験し、三二才から四七才まで、受験しては失敗し続け、この時点で、これ以上の受験を断念した。以後、全精力を文学に集中し、小説で名を挙げた。この結果、翻訳で有名な厳復とならんで「林紓小説と厳訳名著」は、「清末文学界の双璧」といわれる。林紓は「外国語を解さない翻訳者」として、後世に名を残している。光緒一二年（一八八六）に彼の母が死去し、息子夫婦は献身的に看病したが、妻も過労で翌年に亡くなった。彼は中年になって妻を失い、鬱病に陥った。彼の友人で政府の訳書局フランス語部門を担当していた魏瀚《ぎかん》と王寿昌《おうじゅしょう》は、彼を激励してフランスの小説の中国語翻訳を薦めた。彼は自分は外国語ができず、とうてい任に耐えないと難色を示したが、魏瀚に熱心に勧められ、しぶしぶながら応じることにした。ある日、彼らは一緒に遊覧船に乗る機会があり、王寿昌がフランス語の小説を翻訳しながら朗読すると、興に乗った林紓は、王の声を聴きながら手を動かし、声がやむとともに、持っていた筆を置いた。

中国語で書かれた、ひとつの物語ができあがっていた。

原作はアレクサンドル・デュマの『ラ・トラヴィアータ』（La Traviata　椿姫）で、彼らは中国語の表題を『巴《パ》黎《リ》茶花女遺事《つばきひめものがたり》』と定めた。『ラ・トラヴィアータ』は、ヴェルディ作曲の傑作オペラとして世界中で公演され、林紓は、中国初の『椿姫』の「翻訳者」として有名になった。光緒二二年から二三年（一八九六〜一八九七、明治二九〜三〇）のできごとである。

◈林紓と西欧近代文学の紹介

この企画を進めた魏瀚は福建福州出身で、厳復とは船政学堂の同期生である。ただし、厳復は英語中心の航海科で、魏瀚はフランス語を中心とする造船科である。彼らはほぼ同時期にヨーロッパへ留学し、魏瀚はフランスのマルセイユで造艦技術を学んだ。彼は優秀な成績で卒業するとともに、フランス海軍造艦技官の資格を得て、帰国後は福州船政局で造艦技監に任ぜられた。

王寿昌は福建閩県出身で、林紓の親友である。彼は第三期フランス留学組として派遣された福州船政学堂造船科卒業生で、国際法を学んだ。清末に漢陽兵器工廠の工廠長に任命され、詩人としては『王子仁詩選』で世に知られた。魏瀚、王寿昌ともに、フランス語には堪能である。彼らに対して、林紓は精妙な漢文で優れた才を示した。この翻訳トリオが創作した翻訳文学は清末文学の奇跡といわれ、外国語に通じないにもかかわらず、林紓は一挙に翻訳家として名を成した。光緒二五年正月（一八九九・二）、『巴黎茶花女遺事』は福州の昌言報館から正式に印刷、発行された。この年にできたばかりの、鉛活字が用いられている。二年も経たないうちに、早くも三、四回と、異なる版が出現した。

光緒二七年（一九〇一）には、『黒奴《こくど》籲《ゆ》天禄《てんろく》』（ある黒人奴隷の運命）を、杭州で刊行した。南北戦争直前、アメリカの女性作家ハリエット・ストー（Harriet Stowe）が、悲惨な黒人奴隷の生涯を描き、奴隷廃止を主張する南北戦争の機運となった『アンクル・トムの小屋』の漢文翻訳である。林紓の名は、いよいよ高まった。その後、シェークスピア、バルザック、ディケンズ、イプセン、それに日本の徳冨蘆花など、十数カ国の文学作品を、桐城学派の古文で翻訳した。彼がヨーロッパの近代文学を中国に紹介した功績は、近代思想を翻訳した厳復に匹敵する功績と讃えられた。外国語をひとつも解しないゆえに、複数の協力者によって逆に多くの国の文学作品を漢文化した、稀有の天才である。

光緒二九年(一九〇三)、林紓は同郷の友人で京師大学堂編訳局総纂の厳復から、筆述官として招聘された。この仕事は彼の気に入ったらしく、辛亥革命以後まで在職し、かかわった翻訳筆述は一七九種、一一カ国語で、原作者は九八人に達したといわれる。翻訳界での形は異なりながら、厳復と林紓は、清末文化の双雄泰斗として「厳林並び立つ」と謳われた。

晩年は康有為とも親交があり、詩の応酬をしている。厳復は翻訳の方針について、「『天演論』訳例言」の中で「信、達、雅」を基準とすべきであると説き、当然、訳書局でも翻訳業務方針としたと思われる。信は正確な表示、達は明確な表出、雅は高尚な表現である。

❽『侯官厳氏評点老子』

これとほぼ同じ時期に、厳復の唯一の弟子である熊季廉《ゆうきれん》が、目下研究中の『老子』論文原稿について厳復に批評と指導を請い、厳復は丹念に添削し、自分の感想を付け加えた。季廉は、これを基礎にして一冊とするよう、厳復に願い出た。その結果、光緒三一年(一九〇五)に、『侯官厳氏評点老子』が東京で刊行され、中国では一九三一年に商務印書館から『厳復評点老子道徳経』が刊行されている。

進化論を掲げて富強を求めるはずの厳復が、いまさらなにゆえに、遥かな古代の思想家、老子を研究するのであろうか。

老子は春秋戦国時代（前七七〇～前二二一）に存在したといわれ、史記の記述では、周王朝の書記官をつとめていたらしい。厳復は清末の現状と春秋戦国時代との共通要件を対比して、理論的共通点を見出そうとしたともいわれる。老子が生きた時代は古代中国社会の大改革時代であり、スペンサーによる社会進化論を、老子の中心思想である「道《タオ》」に見出そうとしたとする推定は、かなり説得力がある。シュウォルツは『中国の近代化と知識人』の第一〇章「『道』に関する省察」の原注で、統治者の無行為という老子の概念に、厳復が「よき治者は人民の自治を可能にする」ことを意味すると解釈している、という。

民力・民知・民徳が最高度に発達しているところでは、治者による不断の活動（規制）がなくても（むしろ、ない方が）、富強は達成されるだろう、というのである。

（『厳復集』第四冊）

あたかも、アダム・スミスの『国富論』を連想させる一節である。『原富』（南洋公学訳書院）には、英国が富強を増大させ続ける無数の理由の例として、科学知識の成長、蒸気機関と電気機関の能率、大臣たちの開明と知識、とりわけ、政策の中心原理となる自由無制限通商政策、これが今日の英国の莫大な富強の要因となった、としている。一国の富強の源泉は、国民の知識の拡張と蓄積、そして「見えざる手」による、個人がよりよく生きようとする進化論的エネルギーの増幅をもたらす自由経済政策である。この厳復の確信を、春秋戦国時代の老子も説いていると厳復は信じたかったのであろう。

◈編訳局総纂の辞職

光緒三〇年（一九〇四）春、厳復は京師大学堂編訳局総纂の職を辞して、上海に赴いた。なぜ、彼は辞職したのだろうか。その理由を、厳復は詩文「甲辰出都呈同里諸公」（甲辰に都を去るに際し、同郷の諸君に呈す）で暗示している。内容は東晋の詩人、陶淵明の「帰去来の辞」「帰りなん、田園将《まさ》に蕪《あ》れなんとす」を引用し、天下国家に対する志と、これに対して官僚社会と共存できないで辞職した、厳復の心の屈折を示している。

出発前に、編訳局の友人たちは送別会を催した。場所は北京宣武区西南隅に清朝康熙《こうき》三四年（一六九五）に高位の官僚によって建てられ、現在は賓館となっている「陶然亭」である。初名は「江亭」と称した。世話役の林紓は十数人の参加者の詩をまとめ、『江亭餞別記』として厳復に贈った。ほぼ全員が福建同郷者である。彼らは故郷と同郷者を深く愛していた。厳復は彼に師事する熊季廉に、四六行の長詩「贈熊季廉」を、別れに際して贈った。三月三日、厳復は北京を離れ、上海に向かった。彼は北京の支配階級の救いがたい腐敗臭から遠ざかるほどに、まことの生に近づく思いを味わっていた。

五――安慶高等学堂

◈上海青年会での「政治講座」

上海に着いてからの一年間、厳復は短期間だが復旦公学の校長を経たのち、開平礦務局にかかわった。すでに述べたように、光緒三一年(一九〇五)には、開平礦務局と英国企業との訴訟問題で、督弁の張翼とロンドンに渡航し、偶然、孫文と対談している。帰国しても仕事が一段落すれば上海に帰る、落ち着かない生活が続いた。

その翌年の光緒三二年(一九〇六)夏、厳復は上海青年会で政治学を講演した。彼は合計八回にわたり講演し、原稿をまとめて『政治講義』と題し、商務印書館から出版した。この講演の目的は、当時の清朝政府のゆきづまり打開策である。これまで改革に反対した頑固派(保守派)でさえも、もはやなんらかの改革をしなければ破滅するほかはないという認識をもつようになった。そこで昨年、西太后と清政府は、「予備立憲」なる言葉を流布して、国民の期待をつなごうとした。実態はともかく、「立憲」が公認されたので、上海青年会はこれに積極的に対応して、厳復を招いて西欧の政治制度の詳細な講演を依頼した。

厳復はこれに応じて、八回連続の「政治講座」講演を行った。講演初日には、彼は政治と歴史の関係を次のように論じた。西洋における政治は科学であり、政治と歴史は表裏一体の関係にある。現在の政治理論は、それまでの歴史の積み重ねで、例外はない。彼は歴史を為政の基礎とし、歴史を学んで政治を指導する規範とするべきである、という。現代の政治は、科学としての歴史にほかならない。科学のあるところ歴史があり、歴史のあるところ科学がある。西洋の政治が、「政治学」という専門科学として成立する所以である。

第二回目のテーマは、国家政体の類型（分類）で、厳復は専制政体を「独治」、立憲君主政体を「賢政」、共和政体を「民主」として分類し、古代政体を独裁政体として論じた。

第三回は主要国家の生産性、進歩性で、このあたりから問題の核心に触れる。テキストとしてスペンサーを引用し、ジェンクスのトーテム社会、宗法社会、近代社会に倣って各国文明の進歩を論じた。

第四回は、西洋資本主義国家に見られる合衆国や、連邦の中央政府と地方政府（州政府）からなる欧米の政体の特徴と機能を示した。

第五回は西洋資本主義の興隆と封建社会の衰退の経緯。第六回は宗教の自由、貿易の自由、表現（出版）の自由、婚姻の自由、結社の自由などの自由民権は、西洋の国家では大方において国民の権利を保証していることを論じた。第七回は立憲制度と議会制度、それに伴う選挙制度を、英国を実例として説明。最終の第八回は、独裁防止のための機能として、国家政体における専制と衆議の定義、識別方法、そして三権分立の原則を講演した。

厳復の講演は、新聞など刊行物の広告もあって社会の注目を集め、講演集は北京の官界でも多くの官僚が賞賛し、当時、これを凌ぐ政治講演はないだろうと讃えられた。

◈安慶高等学堂からの招聘

政治講演は成功したにもかかわらず、定まった収入がないので、上海で厳復は生活に困窮していた。やむなく『穆勒名学』の原稿を抵当にして、安徽合肥《あんきごうひ》の金粟斎《きんそくさい》訳書処に三〇〇〇元を借りた。その結果、『穆勒名学』はこの書店から出版されたが、そんなときに、安慶高等学堂から招聘の話が舞い込んだ。安慶高等学堂は長江流域左岸の安慶にあり、創設は光緒二七年(一九〇一)で、最初の名称は求是《きゆうぜ》学堂、光緒三〇年(一九〇四)に現在の名称に変更された。国際的知識の豊かな教師の養成が目的で、教科は英語、フランス語、ドイツ語、倫理、地理、国際政治、内外の歴史などである。この一年間の総弁(校長)劉葆良《りゆうほりよう》は、求められるものが多すぎて、

「これ以上の仕事をするのは、私の力では難しい」

と、一年で辞職した。総教習(教務主事)の姚永概《ようえいがい》と、兄の姚永朴《ようえいほく》が相談した結果、学堂の能力を上げるためには、厳復を安慶高等学堂校長として招聘するほかはない、という結論になり、姚永概は安徽巡撫《じゆんぶ》(省長)誠《せい》勛《くん》に厳復招聘案を具申した。誠勛は具申を承認し、自ら招聘の書信を書いて厳復に送った。続いて光緒三一年九月八日(一九〇五・一〇・二五)に姚永概は上海を訪れ、厳復と面談して安慶高等学堂校長への就任を請願し、辞職した前任の劉葆良も同席して、ともに礼を尽くして嘆願した。厳復は現在の生活困窮と、『穆勒名学』が安徽合肥の金粟斎訳書処で出版になったこと、それに序文を寄せられた呉汝綸が清代の代表的な古文体学派である安徽桐城学派の名流であることを考慮し、さらに安徽巡撫誠勛から直接書簡で要請を受けて心を動かされ、就任を受諾した。

姚永概は歓喜し、深く感謝した。この交渉は、よほど困難と覚悟していたらしい。報告を受けた巡撫誠勛

も大いに喜んだ。しかし種々の問題が表面化してきた。

◈旧勢力からの反発と辞任

招聘を受けてから五カ月後の光緒三三年二月二一日(三・一五)に、厳復は安慶に来たが、喜んで迎えてくれるはずの誠勛巡撫は一二日前の三月九日に転任になり、面識のない新安徽巡撫の恩銘《おんめい》が着任していた。そのような動きの中で、安慶にきて二日目の二三日に、安慶高等学堂では新監督(校長)歓迎会が行われた。英国海軍大学に留学し、多くの論文や訳著を出版した高名な知識人を監督に迎えて、西洋文明を渇望する青年たちは目を輝かせて歓迎した。

しかし、彼の教師生活は長続きしなかった。弟子の熊季廉が急病で亡くなり、悲嘆のあまり気鬱状態になる。一方、彼を必要とする世の動きもあった。半年後の八月に、清朝政府学部は帰国した留学生の実力認定試験実施を決定し、外務部尚書唐紹儀《とうしょうぎ》の招聘で、厳復は首席試験官として短期間、北京に赴いた。

安慶では、満人の巡撫恩銘は保守派だったが、一応厳復監督の教育方針を承認していた。厳復は師範教育と外国語教育を重視し、授業は厳格だった。しかし学生の実力がともなわない。授業についてゆけず、退学者が三十数人に達した。反撥が多くなり、彼は辞任を決心する。就任から一年二カ月後の光緒三三年四月二四日(一九〇七・六・四)、彼は南京に住む姪の何紉蘭《かじんらん》に長文の書簡を送ったが、そのなかで、

「故に、わしは決然辞職した。二六日には(長江航路の)船で南京に行く」

と辞職を知らせている。厳復は何紉蘭を、二人で並んだ写真を残しているほど可愛がっていて、手紙の往来も多い。彼は辞職の原因を詳細に記述し、教育改革に励み、熱心に人材を育成しようとしたが、かえって余

計に旧勢力の反撥と報復を招いた、と、いまいましげに批判している。

「やれやれ、学堂は本来、教育の場であるべきだが、教師は小人《シャオレン》どもがひしめき、学生は劣等生ばかりで、ろくな判断もできん」

厳復の辞職後、有力者である老翰林の洪思亮《こうしりよう》が監督に就任し、校内の雰囲気は一変した。

聞ゆるは中文朗読の声のみにて、英文朗読の声は、再び聴くことなし。

（高一涵『辛亥革命回憶録』四）

旧勢力は、昔の姿を回復した。

◈徐錫麟事件

光緒三三年四月二六日（一九〇七・六・六）、厳復は安慶を離れ、汽船で南京に向かった。そのあと、安慶では大事件が発生する。革命会党光復会の徐錫麟《じよしやくりん》が巡警（警察）学校の学生を率いて蜂起し、安徽巡撫恩銘を銃撃殺害した「徐錫麟事件」である。

徐錫麟は浙江紹興東浦鎮出身で、故郷紹興で数学の教師をしていたが、光緒二九年（一九〇三、明治三六）に日本に来て同郷の陶成章らから革命思想の影響を受けて帰国し、翌年、光復会に入会した。紹興に大通師範学堂を設立して革命の組織教育を進め、捐官《えんかん》（買官）によって安徽試用道となり、巡警学堂の会弁（副校長）を勤めた。この間、同志の女性革命家秋瑾と諮って安慶と紹興の同時蜂起を計画した。

光緒三三年五月二六日、安慶巡警学堂の卒業式に臨席した恩銘巡撫を迎え、午前九時ごろ式典が開始され、徐会弁は学生の名簿を捧げながら、隠し持った銃をぬいて巡撫を撃った。恩銘は八発の弾丸を打ち込まれたが即死にはいたらず、五時間後の午後二時に死んだ。徐は巡警学堂の学生を指揮して撫台衙門（中央官庁）へ行進したが、途中、行き先を軍械所（軍武器庫）へ変更して、これを占拠した。軍械所を包囲した清軍との間で銃撃戦の末、徐錫麟は捕らえられて極刑の凌遅《りょうち》刑により即日処刑され、蜂起は失敗した。

しかし忠実な警護官吏と恩銘が信じていた徐錫麟が、実は革命党の首魁であったことで、先刻まで忠実な部下が、突然牙をむいて襲いかかる悪夢に清朝は震撼し、深刻な相互不信の亀裂が生じた。失敗ではあったが、このような形で帝国の体制に打撃を与えたことで、徐錫麟の蜂起は清朝打倒のさきがけとして成功したともいえる。

◈米国留学帰国留学生試験

徐錫麟蜂起が原因で、厳復が安慶高等学堂を離れたという誤伝が、王蘧常『厳幾道年譜』に記載されている。辞任期日の明記がないための誤りで、実際は事件が発生する一カ月前に厳復は安慶を離れ、事件の当日は上海にいた。彼が南京に住む姪の何紉蘭に送った書簡と、光緒三三年六月二日（一九〇七・七・一二）付の別人への書簡で、同じ関連記事がある。

二六日、安徽巡撫（恩銘）、巡警学堂における卒業式で、式典の際、浙江留学生で会弁の徐錫麟に拳銃で三発射撃され、徐は排満一〇年、いまその目的を果したと自供した。

（何紉蘭への書簡『厳復集』第三冊）

厳復が安慶を去って南京に向かった動機は、学堂に嫌気がさしただけではなく、実は両江総督端方《たんほう》から、米国留学帰国留学生試験の総括試験官への就任打診があったことによる。

安慶の学堂に見切りをつけた厳復は、打診に応じた。五月一日から翌日にかけて、南京で帰国留学生試験が行われた。応募者は最初、男子二〇〇人余、女子は三〇人余だったが、試験当日には男子は七〇人余、女子も一〇人あまりに過ぎなかった。試験の結果、合格者は男子はわずか五、六人、女子に至っては一人も合格レベルに達しない。「補考」(追試験)で最低限度の人数をそろえることになり、五月五、六日に、厳復は上海に帰っている。

六――女子学生呂碧城

◈「新政顧問官」への招請

光緒三三年(一九〇七)五月から、翌年夏までの一年間、彼は寓居にあって、執筆に多忙だった。まだ完成していない翻訳がいくつかある。『法意』(モンテスキュー『法の精神』)の最終巻が出版された時期は宣統元年(一九〇九)で、『名学浅説』(ジェヴォンズ『論理学入門』)も同じく一九〇九年である。この一年あまりの間に、彼は二種の翻訳を並行して仕上げていた。これらの翻訳著作は、いずれも上海の商務印書館から出版された。しかし一年間、ただひたすら机に向かっている日常に倦み、社会から忘れられたような不安を覚えることもあった。時には、北京での訳書館での仕事や、友人との談話が思い出される。そのようなとき、光緒三四年(一九〇八)七月に、厳復は直隷総督楊士驤《ようしじよう》から「貴殿は朝廷から「新政顧問官」に任命された。応ずるなら、急遽、天津に来られたい」という招請状を受け取った。

楊士驤は安徽泗県《しけん》出身で、光緒一二年(一八八六)の進士である。光緒三三年七月、山東巡撫から直隷総督兼北洋大臣に昇進した。当時、清政府は「新政」と称して立憲制度へ方針を転換させようと画策し、直隷総督楊士驤は変法推進論と近代政治論で高名な厳復を新政顧問官に任命して、清朝の「新政」である立憲制度を権威付けようとした。

北京での仕事を懐かしんでいるときに、タイミングよく政府高官からの誘いが入り、自分はまだ忘れられていないのだと、厳復は五六才の年令も忘れて有頂天になった。出発を急ぐあまり、愛用の眼鏡や水煙管《きせる》まで忘れて出たほどだった。七月三〇日に彼は天津に到着し、旅宿の長髪桟旅社に投宿した。翌日、河北学務公所の官舎に案内され、広々とした部屋で夜は涼しく、庭には花が咲いているという快適な環境に一応満足した。しかし、蚊やハエが多いので閉口した。「頗《すこぶ》る苦とする」と、上海の朱明蘭夫人に書き送っている。彼は家族や親族にも筆まめで、『厳復集』(第三冊　書信)には、夫人あて六三通の手紙が残っている。そして「なにかと不自由だが、客の立場なので、いまは辛抱するほかはない」と、天津の生活に不満を漏らした。翌日、直隷総督楊士驤は厳復を招いて、

「厳先生の西学の知識を生かし、新政の展開に協力を願いたい」

と、政府としての希望を述べた。厳復としても望むところだったが、心中不安があった。二〇年来、水師学堂に勤務した彼は天津の衙門(役所)から一市民までよく知っている。

とりわけ、小人《シャオレン》がはびこる清朝の役所ほどいやなところはない。とりあえず、厳復としては、ごく目立たないように心がけた。

八月初三日(八・二九)、総督楊士驤は厳復を新政顧問官に正式に任命した。月給は、白銀三〇〇両、車馬費二〇〇両支給という報酬条件である。ここでは車馬費は予想以上にかかる。馬車を雇うと半日で二元、別に車夫に酒銭《さかて》八角、その他、こまごまとした出費がかかった。「顧問官」なので、河北学務公所への常勤ではなく、会議がある日以外は官舎で話し相手もなく、鬱々と読書や執筆に時を過した(光緒三四年八月一二日何紉蘭宛書簡、『厳復集』第三冊「書信」)。

八月一一日（九・六）、厳復は楊総督にあてて、請願文「海軍を再興する奏願」を提出した。原稿は六、七〇〇〇言にのぼり、回覧した新政担当官たちからも好評を受けた。厳復もできばえに自信があったらしく、何紉蘭に「諸氏感服すること限りなし」と自慢している。

◈『大公報』の女性編集者

この時期の天津滞在中に特筆すべき記録は、女性の弟子呂碧城《ろへきじょう》との対話である。呂碧城は安徽旌徳《せいとく》の出身で、清末の進歩的女性であった。彼女の父は天津に創設された北洋女子公学の創設者で、同時に校長でもあった。呂碧城も、この女子公学で学んだ。厳復は新政の件で天津に来てまもなく、要請をうけてこの公学で講演をしたことがある。

呂碧城は、天津の新聞『大公報』の編集者でもあった。一九〇四年三月一日発行の記事として、彼女は「女士壮志」と題して次のような文を掲載した。

浙東の秋旋卿（秋瑾）女士は篤学の人物である。去る冬に、北京南城女学堂教師として契約したが、女士はまだ新文明教育を経験していないので、これらのことがらに暗いことを感じた。そこで日本に留学、学業を充実することを計画した。しかし日露戦争が生じ、海路は危険となったのにもかかわらず、女士の志は少しもくじけることなく、京師大学堂総教習服部氏夫人とともに渡航することに至った。壮なるかな！　男子も及ばぬ行為！

（永田圭介『競雄女俠伝』第三章、編集工房ノア）

呂碧城はのちに紹興の女性革命詩人として歴史上の人物となった秋瑾と意気投合し、秋瑾が日本に留学する前後や、彼女が東京から送ってきた原稿を、好意的な評論を添えて掲載した。また秋瑾の友人たちが北京で送別会を催した記事も、「女士遊学」と題して五月一〇日に、つぎのように掲載している。

秋璇卿女士は、志を同じくする婦女数十人を招き、日本に行く予定(計画)を語った。聞くところによると、本月末ごろ出発の由。

陰暦、陽暦の差を計算すると、記事は正確といえる。呂碧城が厳復を訪問した時期は一九〇八年で、このときの年令は厳復によると二五才とあり、彼女が大公報の編集者だった年令は二一才である。厳復が魅惑されるのも無理はない、理知的な才女だったのだろう。

◈女性の自由結婚を論じる

光緒三四年(一九〇八)八月九日、呂碧城は厳復を訪問し、学問の教えを請うた。彼女は初対面以来、月に五、六回訪問し、多くの談論を交わした。その対話の印象を、厳復は何紉蘭に賞賛して書き送っている(八月一二日何紉蘭宛書簡、『厳復集』第三冊「書信」)。

「高雅にして直観力があり、聡明で芯に強さがある」

彼女の話しぶりは礼儀正しく、けじめがあり、自分の考えを述べるにしても、決して他人の短所には触れなかった。厳復との討論の題は当時の進歩的な女性らしく、「自由結婚」について長時間討論している。彼女は、自分自身の判断によって行動したいという。

「われわれは一日、自由結婚について話し合った」という書き出しで、厳復は何紉蘭への書簡の中で、この討論の内容について触れ、なぜ、現在でも親が息子や、とりわけ娘の結婚について干渉するのか、という問題についての呂碧城の論を、厳復は丹念に記録している。この手紙を送られた何紉蘭も、呂碧城と共通した、新時代的な女性だったようだ。呂碧城の意見を、厳復は次のようにまとめている。

今日、自由結婚をする人は、往々にして年少で学問がなく、男女についての知識もない。いわゆる自由結婚では、本人があれこれ迷っているうちに三年や四年はすぎてしまい、結局、婚期を失って結婚できない運命になってしまう。そのとき後悔しても悩んでも、親も世話をしようという人もなく、自殺するほか道がないというのが従来の結論である。このように、父母に依存して自分の人生を人任せにする前に、自分自身をさらに高め、選択眼を養って、自ら挑戦しようとはおもわないのか。

彼女の言や、かくのごとし、まだ二五才にならないが、考えるところは成熟し、中国の男性はとうてい彼女に及ばないだろう。わしは自分でも思わなかった、透徹した彼女の言葉を聞いた。

女性の独立した職業はほとんどなく、結婚が女性の唯一の生存条件とされた時代であること、女子教育は普通教育がきわめて不備で、家庭での裁縫や機織り、料理などに偏し、大部分の女性は文字が読めない状態だったから、結婚できなくて家庭がもてない女性は自殺に追い込まれるものが多かったことを暗示している。

呂碧城は孔子の論にも異論を抱き、両親の婚姻についての考えが世間並みを抜け出せない点を批判した。彼女の独立意識の強さを感じた厳復の筆致には、力がはいる。

彼女は甚だ多く読書し、しかも孔子の説には従わず、平然としていた。学問にはきわめて惹かれ、筆墨を熱愛する。現在、まわりを見回しても、このような女性を探すことは至難であろう。ただし、求めるような師に恵まれず、歳も学問の世界にはまだ年季が足りない二五才である。ゆえに学ぶところはまだ未熟だが、通常の男子知識人と比べると、四〇才、五〇才の者でも比肩できないだろう。

◈呂碧城のための論理学入門書

厳復は、稀にみる才女として呂碧城を賛嘆するとともに、長所と足らざるところを客観的に評価した。彼女が厳復を訪問した真の目的は結婚論ではなく、名学（論理学）の教示を請うためであった。呂碧城は厳復の上海での「名学会」講演の内容を伝え聞き、従来、学んできた学問に、論理なるものを導入しなければならないことを感じたのだろう。

一人の女性の弟子呂碧城のために、厳復は本格的な個人教授をすることになった。

彼は一九一二年に最終の翻訳になった『穆勒名学』（ミル『論理学』体系）の解説的役割として、この天津赴任の年（一九〇九年）に、『名学浅説』（ジェヴォンズ『論理学入門』）を商務印書館から出版している。この原稿から、彼は呂碧城に教えるための教科書として『名学啓蒙』を執筆し、この間も公務多忙で、役所の付き合いも多かったが、光緒三四年（一九〇八）八月一六日から一〇月二〇日までの日時をかけて完成した。これは論理学の、中国で最初の翻案入門書となった。新政顧問官としての仕事の合間を休みなく執筆に努めたので、彼は疲れがたまって健康を損ね、食事も順調に摂れなくなるような状態だった。

呂碧城への講義をどのように行ったか、書簡などの記録では定かでないが、八月には北京からの招請も受けていたので、それほど長期間ではなかっただろうと思われる。おそらく、彼女は厳復には『名学啓蒙』のアウトラインを指導され、それ以上は教科書によって学んだであろう。彼にはすでに、次の招聘が待っていたからである。

七――「名詞館」総纂

◈北京政府学部審査名詞館

光緒三四年八月二八日（一九〇八・九・二三）、厳復は北京政府学部から教育審査官に指名され、これに応じた。翌三五年、蒙古族の正黄旗人《せいこうきじん》である学部尚書栄慶《えいけい》は厳復を学部審査官の職名のひとつである名詞館総纂に招請した。

「学部」は、清末に新設された教育を主管する中央政府組織である。光緒三一年（一九〇五）から、政務処は学部の特設を上奏した。すなわち、当時の日本国文部省の成規（規定）に倣《なら》って、才能ある者を選抜し、教育行政を行うという趣旨である。

学部の下部組織として、総務司、専門司、普通司および会計司の四司を置く。各段階の学堂（学校）で用いる教科書用図書は、すべて編訳局によって編集され、これに加えて西洋の原書から参考すべき図書、新聞を編集記録する。厳復が在籍する審査名詞館は、このような教育刊行物を査定する公的組織である。彼は北京に赴任して以来、審査名詞館の仕事に没頭した。総纂である彼が計画し、指導した結果、作業は予定通り順調に進んだ。

彼が北京に来て二カ月目の一〇月に、光緒帝と西太后が相次いで死去した。宣統帝溥儀《ふぎ》、いわゆるラストエンペラーが即位して、年号は宣統元年（一九〇九）に改まった。

この年一〇月一七日付の何紉蘭あての書簡（『厳復集』第三冊）には、

「名詞館の業務開設後の仕事は、まずまず順調だ」

と述べ、一二月二日の書中にも、「身体の状態はまだ大丈夫だ」（身体尚健朗）と無事を装っている。しかし実のところは、彼は健康を損ねていた。べつの個所では、「わしはここ数年北方に来ていないので、今年の冬はことのほか寒さを感じ、咳がとまらず精力が減衰している……」と本音を吐いている。朱明蘭夫人にあてた手紙では、審査名詞館の業務は繁忙で、その上、健康状態もよくないと正直に現状を告白している。

健康を損ねながらも、厳復はよく職責を果たした。彼は「学部に与える書簡」と題して自分自身の意見を開陳し、好ましい教育を普及するためにも、国家が立憲制度を推進するように訴えた。清政府が公表した「立憲準備」が実行されずに掛け声だけに終われば、人民の信頼は決定的に失われるだろう。ゆえに立憲を実行し、教育を進めることがもっとも重要である。優先順序は、まず小学校を中心とする国民教育である、という。人々が普通の知識をもち、実用の文字や数字の書物を理解することが重要なのだ……（人人皆具普通知識、亦略解書数、……）（「与学部書」『厳復集』第三冊）。

厳復は学部が国家の大局的見地から郷村の初級教育を推進するため、提案書「風習を改善する私塾改良会の推進」を併せて提出したが、彼はその後、経緯をみて嘆息した。

「三年間この職務にかかわり、国体の改革に当たる。われながら、現実を見る目がなかったということだ！」

宣統元年一二月七日、清朝廷は厳復に「文科進士出身」の皇帝上諭を発した。この年、彼は五七才になっていた。彼はこの名誉の称号に、悲喜矛盾した複雑な感情を抱いた。これまで四回の受験で、すべて初段階で落ちている。あのとき、最終段階の合格者である進士の称号は、厳復にとっては雲の上の存在だった。しかし、いまや六〇才を迎える老人に、進士の称号は何の役に立つのか、彼の人生で得たものは、常に六日のあやめ、十日の菊（ともに時期に遅れて役に立たないもののたとえ）だった。

彼の表情には何の喜びも見られず、わずかに苦笑が浮かぶのみであった。

◈立憲制への関心

もはや科挙制度やそれによる官職は、古代の化石となっている。厳復の現在最大の関心は、国家体制の立憲制への改革であった。光緒三二年（一九〇六）七月から一二月までの間、彼は「一身両体としての英国憲政論」と、その続編を新聞『外交報』第一五三～一五八号に発表した。清政府がこれから実施しようとする立憲政治のために、英国の政治体制をモデルとして紹介した論文である。

厳復は、近世史における諸国の政治体制の要点は、議会制の有無や議会の機能にあると考えていた。議会の最重要の職責は立法である。英国ではウィリアム三世（在位一六八九～一七〇二）以来、すべて下院、上院を経由して、王は議決の署名を行なう。但し、王は署名のみで、他の行為はできない。下院（衆議院）は国民の選挙によって選ばれた議員からなり、法案は下院の立法権によって審議される。厳復は、国家の立法権は下院が掌握していると認識していた。彼は『法意』で、モンテスキューが『法の精神』で説く、司法、行政、立法の「三権分立」の理論を、英国、米国、フランスの政治体制にあてはめてみせた。国によって一長一短はあるが、いずれも三権分立に留意していることは間違いない。その目標は、専制を防止し、国民の自由民権を完全に保障することにある。しかし実際は政治勢力の力関係で、理想には程遠いというのが真相である、という。これらの論は、近く開かれる予定の憲政議会を構成する議員たちの勉強資料になるよう、要約編集したと思える。

この年、宣統元年（一九〇九）には、商務印書館からジェヴォンズ『論理学入門』の翻訳である『名学浅説』を出版した。翻訳活動も最終段階である。このあとの主要訳著は、三年後に出版する『穆勒《ミル》名学』を残すのみとなった。

◈「資政院」の設立と消滅

宣統二年（一九一〇）四月一日（五・九）清朝廷は八月二〇日（九・二三）に「資政院」を召集すると詔を発した。資政院は、立憲準備が政府によって声明された時期に設立された、清末の国政議会である。審議項目は予算、決算の審議や、税法、公債などの立法で、大臣権限の弾劾もあるところは、資本主義国の議会に似ている。厳復は「碩学通儒」（学識経験者）の資格で、資政院議員に選ばれた、というより、任命されたというべきであろう。しかしそれは事実上、清政府の御用議会だった。その終末をたどると、一九一一年陽暦一〇月の武昌蜂起で革命軍が勝利した辛亥革命後、北洋軍閥を率いる袁世凱を内閣総理に推挙して革命に反対し、宣統帝溥儀の退位後は、枯葉が散るように自然解散した。

王権と対峙した、英国ブルジョアジーの議会とは誕生の動機がまったく異なる、格段に権力に弱い権力のための議会であった。立憲政体樹立への厳復の努力にもかかわらず、政治認識とモラルを欠き、人民を欺いた資政院は、革命の激浪に呑まれて消滅した。

八——大総統袁世凱

◈武昌蜂起と袁世凱の組閣

宣統三年（一九一一年）八月一九日、この後、双十節として辛亥革命記念日となる陽暦一〇月一〇日、革命党は長江東岸の湖北の要衝である武昌を攻撃し、中心地楚望台《そぼう》を占領した。

厳復は日記に「武昌失守」と四文字を、三日後には「京師頗《すこぶ》る騒乱、南下者多し」と書いている。清政府は蜂起の報告を受けて以来、恐慌状態に駆られていた。陸軍大臣蔭昌《いんしょう》はとりあえず動員可能な兵をかきあつめて湖北に派兵し、海軍は厳復と英国海軍大学同期留学だった提督薩鎮冰《さつちんひょう》が、長江水師と合同して陸軍を援護することになった。しかし陸軍は袁世凱の私兵のような北洋軍団が主力で、蔭昌の指揮では動かない。清政府は却って袁の圧力を受けた。八月二三日、皇族内閣総理大臣慶親王は、袁世凱を湖北総督に任命したが、いかにも姑息な対処で、果たして二日後に到来した袁の反応は嫌味な命令拒否だった。

「奴才《どさい》（「私」の卑称）は旧来足を患い、いまなお完治せず、去年は左肘に激痛を覚え、これは数年来の持病、気は衰え、眼は眩み、動悸で何事も為しえず、思考は散漫、なにごとを為すにも、しばらく時間を賜りたい」

要するに、清朝の崩壊を傍観する態度をあからさまに見せつけて愚弄し、相手に絶望感を覚えさせるような、袁らしい意思表示である。朝廷は皇帝諭旨として、袁に火急職務につき、湖北の清軍を督励して革命党を鎮圧せよと命じた。そのかわり、革命の蔓延に対処できない現内閣は解散させ、袁を総理とするという「対価」を示している。

九月一一日、袁世凱は内閣総理大臣に就任すると発表した。これによってようやく袁は北京に到着し、朝廷は「袁世凱組閣内閣」と銘打って、袁を総理大臣とする一〇人の閣僚を発表した。海軍大臣は、薩鎮冰《さつちんひょう》が就任している。しかし北京はいまにも革命軍が殺到するような雰囲気で殺気立ち、九月一七日（一一・七）には浙江、江蘇の各省はすべて独立を宣言、北京の資政院の民選議員は一斉に逃走した。

厳復も難を避けるつもりで、手回り品を箱詰めにして天津に送り、彼自身は九月一九日に北京を離れ、天津に着いた。しかし到着した天津では、この日が最も危険なときで、租界地区では避難民や脱走清兵で住《ジュウ》宿《スウ》（旅宿）は満員、客桟《クージャン》（木賃宿）もあふれかえっている。やむをえず、彼は西洋人が利用している賓館《ビングアン》（ホテル）に泊まった。彼は西洋人も含めた知人と相談して、この危険な天津を去ろうとしたが、九月二二日に彼の第三子の厳琥《げんこ》が北京に戻り、その二日後には袁世凱が北京に到着したので、彼もやや安心して北京に帰った。一〇月一二日、厳復は北京で袁世凱と対面した。彼は袁とは旧知の間柄である。天津北洋水師学堂に奉職したとき、厳復は天津練兵駐屯部隊の袁と知り合った。立場は格段に違うが、面識以来、三十数年が経過している。

◈南北講話会議への随行

袁世凱は李鴻章の後任として直隷総督兼北洋大臣に就任するなど実力を誇示したが、自分とは異質の高みにある厳復の学才を賞賛し、革命側と清政府側が講和談判を行うことになった南北講和会議における北方代表団のひとりに任命した。

一〇月一七日に、袁世凱は唐紹儀を全権大臣に委任している。唐紹儀は広東省番禺《ばんぐう》県出身で米国コロンビア大学に学び、帰国後は官界に入って朝鮮総領事、外務部侍郎、郵伝部大臣など、おもに外交的な職務を歴任した国際派で、袁はこの点に信頼したらしい。二日後の一九日午前九時に、全権団に随行した厳復は京漢鉄道で南北講和会議の第一会場となった漢口に向かった。漢口は湖北省の省都武漢北西部の区で、辛亥革命の発端となった武昌、漢陽とともに、武漢三鎮と呼ばれた。長江の左岸に位置し、咸豊八年（一八五八）に開港した。河川港ながら外洋船が入港できるので上海に次ぐ貿易港となり、茶、綿花などを輸出し、租界も設けられ、一九〇五年に京漢鉄道で北京と結ばれた。厳復が随行する唐紹儀全権団は、開通六年目の新設鉄道で始発駅から終着駅まで乗車するという貴重な体験をした。二一日に、彼らは漢口に到着し、英国租界の賓館に宿泊した。翌日、唐紹儀全権は南方（革命軍側）全権代表黎元洪《れいげんこう》と会談し、厳復も同席した。

黎元洪は湖北省黄陂《こうは》県出身で、天津水師学堂を卒業した清国海軍の軍人である。湖広総督張之洞の知遇を受けて湖北新軍混成協統領に累進し、武昌蜂起では清軍を統率して守備したが、武昌が陥落すると、統率者を欠く革命軍に推されて湖北都督に就いた。このように本来は革命に反対する側だったので、南北和議成立後は一九一六年に袁世凱の後を継いで第二代大総統となり、一二二年に再選されたが反動的行動をとった結果、弾劾されて翌年引退し、一九二八年に天津で死去している。

漢口では、黎元洪は唐紹儀全権一行を丁重に接待した。この会議の正式代表は二五人、顧問や秘書らが約五〇人という多数が参加し、彼らの参加目的が果して講和会議なのか物見遊山なのか疑わしい状態だった。漢口には六日滞在したのち、会場は上海に移った。

一〇月二七日、厳復は講和代表団一行約四〇人と汽船「洞庭号」で上海に到着し、翌日から南方代表団と講和会議を行った。中心議題は停戦問題である。

革命側の講和条件は、(一)満州人政権の排除、(二)共和政府の樹立、(三)清皇帝への歳費支給の廃除、(四)老齢貧苦の満人の救済の四項目である。二日目以降は国体問題、とりわけ共和政権への移行について意見が紛糾した。

◈袁世凱の臨時大総統就任

このとき、会議で予想しなかった事態が生じた。孫文が海外から帰国し、南京で各省代表から一九一二年一月一日に臨時大総統に選出され、中華民国南京臨時政府が成立したのである。袁世凱は、この報告を受けて激怒した。彼は唐紹儀にこのような結果を生じた講和会議を詰問し、「越権行為である。承認はできない」と申し渡したので、唐は全権代表を辞任し、袁は電報で講和代表を取り消した。そもそも、袁自身は、中国が共和制を続行できるとは信じていない。この国は帝政でこそ成り立つ、しかも、近い将来、帝位に就く人物はほかならぬこの袁世凱でなければならぬ、この大いなる野心を決行する時は、この瞬間だ、と考えた。この決断を実行するために、これまで時間と労力を重ねた南北講和会議を破壊し、孫文を選出した南京の「国民会議」なるものを扼殺し、宣統帝を退位させて、大総統のポストを奪う。その後は帝制を築いてその座に就く、袁の方策がより具体的になった。

一方、臨時大総統に就いたものの、孫文の地位は文字通り「臨時」で、北京の清帝は依然として存在する。孫文は就任の翌日一月二日に、袁世凱に清帝を退位させれば、袁の大総統就任を承認する意志を示した。年号は民国になり、暦も清代の陰暦から陽暦にかわった。二月に、袁世凱に迫られて宣統帝溥儀は退位し、二九六年間続いた清朝は滅亡した。

孫文は約束通り、臨時大総統を辞職、袁世凱は臨時大総統に就任して、臨時首都は南京から北京に遷都された。厳復はこのような歴史的大変転のなかにあって、つくづく袁の手段を選ばない深謀画策と、容赦ないすさまじい実行力に戦慄した。戊戌政変で見せた厚顔無恥の裏切りは、むしろこのような時代に必要な「適者生存」の典型ではないか、それが戦乱をおさめ、平和をもたらすのであれば、現在に最も必要な為政者であろう。厳復は、袁が自己本位の妙計を画策して、ついに天下を制圧した才能に、デモニズム(魔神信仰)に近い信頼を抱いた。

「願わくば、今の世の中が平和になるのであれば、指導者は新旧いずれでもよい。現実に、これが実現できる元首は、勝利者である袁世凱のみではないか」

袁世凱
(『厳復与厳復故居』香港人民出版社)

孫文(『資料中国史』白帝社)

厳復は袁世凱を支持し、早急に職務について国家を建て直してくれることを望んだ。そのために、彼は北京に帰ってから、袁大総統にいくつかの献策をしている。

九——「国立北京大学」初代学長

◈京師大学堂総監督に就任

民国元年（一九一二）二月一五日、南京臨時参議院の一七省の議員は、一致して袁世凱を中華民国臨時大総統に選出した。二月二四日、厳復は袁大総統に「拝謁」し、彼をきわめて重視していた大総統は京師大学堂総監督（校長）に任命した。月給は白銀三〇〇両、これは大きな栄誉の職であった。三月八日に、彼は京師大学堂で就任誓約書に署名し、正式に総監督に就任した。彼はそれぞれの学部で会議を開き、これからの改革方法を討論させた。京師大学堂は、中国の最高学府である。戊戌変法のときに設立されて以来、一流の知識人が校長として迎えられた。厳復が就任したこのポストは、栄光とともに、来るべき困難を予測させるものがあり、彼はこの懸念を熊純《ゆうじゅん》如《じょ》あての書簡で述べている。これによると、彼が総監督に就任したのは、春節以後であることが明らかである。

旧暦新年以来、政府は私を管理者として京師大学堂総監督に任命した。もとより自分としては虚名を嗤《わら》うのみだが、内実を知らない人士は、はなはだ将来を期待しているとのこと、まことに恥ずかしいことだ……

（民国元年三月二七日付熊純如への書簡『厳復集』第三冊）

その後、厳復は総監督就任時の京師大学堂の状況を、四月一六日付熊純如あての書簡で語っている。熊純如(一八六九〜一九四二)は原名育錫《いくしやく》、字が純如で、江西省南昌出身である。彼は厳復の愛弟子であった熊元鍔(字は季廉)の従弟《いとこ》で、清末に南昌で広智書局を開設し、学校を二校創立、一九一〇年には江西教育会副会長に就任した教育先覚者である。

◈北京大学校への改組

一九一二年に、彼は江西軍政府教育局長に就任したが、厳復からの京師大学堂事務長への招聘に応じた。四月一九日には、厳復は再度、熊純如に京師大学堂組織規則問題についての手紙を送り、彼が招きに応じて京師大学堂の庶務管理を担当してくれることに、感謝と喜びを示した。そしてできるだけ早く北京に来て事務長に就任し、即刻仕事にかかるよう要請している。厳復は終生熊純如と文通を交わし、『厳復集』に収録されている書簡は一〇九通に達した。同じ年の民国元年(一九一二)五月三日、中華民国教育部(当時の日本の文部省に相当)は臨時大総統袁世凱に、京師大学堂の名称と組織の改称を申請した。

京師大学堂を北京大学校と改称せしめ、京師大学堂総監督を北京大学校校長と改称、総務を管理せしめ、分科大学監督を分科大学学長と改称して教務を分掌させること……

さらに人事案として、現在の総監督兼文科大学学長厳復を北京大学校校長に任命するよう、あわせて申請した。当日、袁世凱の承認を得て臨時大総統令が発布され、正式に厳復が北京大学校校長に任命された。この命令書は大総統の承認印のほか、内閣総理唐紹儀と、教育総長蔡元培の署名がある。初代校長としての任命に、厳復は重い責任を感じた。

「就任以来、学府の責任を負い、自分自身を強く励まし努めている。国民に恥じぬ仕事を果たすために、利害を云々しているひまはない」

彼は多くの期待を背負い、緊張して新中国の最高学府を指導しようとした。しかし彼の人生につきまとう紛争パターンがまたもや作用して、在任期間は長くは続かなかった。わずか半年程度の在任期間中には、さまざまな危機と妨害行為に遭遇した。まず最初にぶつかった最大の危機は、学校の財政問題だった。革命軍の武昌占領後、崩壊直前の清国政府学部は、もはや京師大学堂を維持する力はなくなった。民国になっても

国立北京大学
（『厳復与厳復故居』香港人民出版社）

初代校長（学長）の厳復
（『厳復与厳復故居』香港人民出版社）

政府の財政状況は変わらず、厳復は何度も学部担当長官を訪れて交渉を重ねたが、全く顧慮されない。彼は朱明蘭夫人あての書簡に、政府高官の誠意のなさをぶちまけている。

> 再三にわたって苦境を訴え、経費給付を頼んだが、今に至るまでなんら沙汰がない。経費が支給されなければ、たちまち開学は不可能になる。職員の給料もまだ未払いで、学堂全体としても経営がきわめて困難な状況だ。

国立の大学とはとうてい思えない、民国政府の北京大学校への無配慮には、まもなくこの学校を廃校にしようとする、暗黙の見通しが影響していた。袁世凱政府の過重な軍費支出によって、財政部の限られた収入はほとんど軍事費に回され、教育機関への経費支出はできないという。このため、予定された北京大学校の開学は不可能に近い重大局面に至った。教職員の給料、厳復の俸給もともに支出不可能である。

◈北京大学校の開学計画

北京大学校として開学直前の京師大学堂の学生は八一八人、学科は文科、法科、商科、農科、工科などの分科大学制になっていた。清末に日本の教育制度を視察した総監督呉汝綸の提言などによる、「帝国大学」の分科大学制度を採用した結果だろう。

厳復は校長に就任した直後から、まず各学科の組織指導要領を整理し、各学科に責任者として「学長」を置いた。彼自身は校長と文科学長を兼任し、以下、法科学長張祥齢《ちょうしょうれい》、商科学長呉乃琛《ごだいちん》、農科学長葉可梁《ようかりょう》、工科学長胡仁源《こじんげん》の各学長が任命された。厳復は文科と併せて、近い将来あるべき「経科」（経済科）の学科内容も教授し、設備では、大学堂敷地外にある観梅楼を修復し、教職員の会合場所とした。

北京大学校における「校長」という呼称は、日本における帝国大学の「総長」にあたるであろう。現在の通常の大学としては、「学長」である。なお、北京大学校が現在の北京大学に改称された時期は明確ではないが、日本と同様、開校時期からそれほど長くはないころと思われる。当時、日本では大学令（現在の学校教育法）による最高学府を大学と称し、陸軍大学校、海軍大学校のように、大学令によらない陸軍省、海軍省などが統括する大学程度の学校を「大学校」と称していた。故にここでは以降、北京大学と呼称する。

開学計画では、大学としての規模の拡充が必要だった。政府は大国の面子として国立北京大学の創設を承認したが、それに必要な経費は責任をとろうとしない。厳復はあたかも開学の時期が迫っている私立学校の理事長のような立場になった。彼はとりあえず外債を借入して、開校に必要な職員給与その他の経費問題を解決しようとした。

◈開学経費と俸給の問題

四月七日に、厳復は中露道勝銀行に出向いて、銀七万両を借入し、北京大学はようやく五月一五日に開校して授業が開始された。しかし間もなく迫ってくる九月一日の秋季開学前に必要な経費の調達はまだできていない。中露道勝銀行には半年の契約で借入し、しかもその返済期限はせまってくる。厳復はやむなく、英国彙豊《いほう》銀行、フランス彙理《いり》銀行、ロシア道勝銀行など、外国系銀行に融資を申し込んだが、すべて拒否された。八月二六日に、容易ではなかったが華比《かひ》銀行から二〇万両を借りることができ、一部を除いて中露道勝銀行への借款を利息とともに返済し、余剰金は北京大学の秋季開学の経費にあてた。後年、厳復が北京大学の継続と維持に必要な経費を得るために尽くした功績は、大学に対する第一の貢献であると高く評価されている（王暁秋「厳復と民国初年の北京大学」郭衛東・牛大勇編『中西融通　厳復論集』宗教文化出版社）。

経費問題が一時的であるが収まっても、さらに教職員全員から減給をしなければならない問題が生じた。民国の初期は税収が不安定で、北京の政府財務部は、北京内外の衙門官吏と学校教職員で給与六〇元以上の者は例外なく、一律六〇元とする、と通達した。

北大校長として危機感を抱いた厳復は、命令のような一括減給はできないと教育部に陳情書を提出し、学校は教育組織なので、一般官庁とは同一視すべきではない、と、学校の特性を次のように説明して通達に抗議した。

教職員の給与は、授業時間と責任負担の軽重の判断できめられるべきで、もし、一律に給与カットなどすれば、教職員は職務放棄し、表面上は経費の節減をしたつもりでも、実質的に失うものははかり知れないほど大きい。
（大総統袁世凱及び民国教育部宛書簡　北京大学檔案館所蔵）

この抗弁書で、彼は北京大学は政府の指令には従えないと明白に意思表示したが、統率する管理者の立場として、校長だけは指令通り限定六〇元とし、他の職員には全額を支払った。身をもって公平妥当を明らかにしたのである。厳復は道理を貫くとともに自己は減俸し、それによって北京大学職員の待遇を保持した。これは北大の経費借款に続く、厳復の第二の貢献である（王暁秋「厳復と民国初年の北京大学」）。

◈北京大学廃校の危機

続いて、最大の危機が襲来した。政府教育部が北京大学の廃校を企てるという異常事態が生じたのである。北京大学は一九一二年五月一五日に正式開校後、厳復は教員の手薄な学科に人員を補充するとともに、レベルの低い教員は解任し、学内の全機構を充実拡大して、すべての学生が思うように勉学できるように努めた。これによって北京大学の国際的な声望は次第に高まり、はやくも同年七月に、英国教育会議とロンドン大学は北京大学卒業生の学歴と成績を評価し、次のように承認公示した。

「今後、北京大学もしくは訳学館の卒業生で英国に留学した者はすべて、直接博士課程に進むことができる」

このように厳復が北京大学の整備と組織の建設に力を尽くしているにもかかわらず、民国政府の教育部は七月に入ると北大廃校の議案を提議した。「学力が低く、管理も悪いので、経費支出は問題あり」など、事実とかけはなれた、廃校という目的のためには手段を選ばない理由を捏造している。できたての政府としては、国立大学の維持は荷が重い。いまは教育によって未来の果実を育てるどころか、当面の支払いのめどさえ立たないのが真相であろう。

当然、大学側の教職員、学生ともに猛烈な反対の声があがった。これらを代表するように、校長である厳復は「北京大学校廃校不可の説論」と題する、帖形式の書簡を教育部に送った。この書簡帖の写本が、北京大学檔案館に所蔵されている。彼は北京大学を絶対に廃校としてはならない理由、すなわち京師大学堂以来、当時の最優秀の人材の能力と国力を結集した結果、ようやく今日の最高学府の地位を築いた経緯を、条理を尽くして論じた。

ここで軽率に廃校などに走れば、これまで注いだ莫大な国庫金はことごとく無駄になり、国家の甚大な損失である。さらに、現在、熱心に学びつつある学生に対して、どのように廃校の理由を述べて彼らを納得させ、解散して帰郷させるのか？

これに加えて、厳復は当局の近視眼的な廃校案の根拠に対し、各国の大学の制度を例示し、その歴史とそれが生じたさまざまな原因は各国の大学によって異なるが、共通するところは、その運営（自治）は自己努力によって向上することが基本である、と述べた。もし、北京大学が廃校になれば、中国の大学は将来にわたって向上する時はない。また、小中学校の充実から実施しなければならないという現実重視論があるが、厳復は、小学校、中学校などの基礎教育と、高等学校、大学などの高等教育とは、双方が並列して進まなければならない、いずれか一方に偏すべきではないと論駁した。

現在、世界の文明諸国では、いずれも著名な大学を多くは数十、少なくとも十数校を保有している。すでに成立し開校している唯一の大学でさえ、なお存続の危機に瀕しているとは、わが中国は、いかなる事態に陥ったのであろうか。

当時、江蘇、浙江、湖北などの地方には、その地の衆議によって、それぞれ「議立大学」がつくられているが、北京は首都であるにもかかわらず、かえって省など地方の下位に甘んずるなど本末転倒、世界中の物笑いになるではないか、と、厳復は面子を重んずる中国人の心理をつつく。そして彼は大学が人材を養成するのみならず、あらゆる高度の学術を保存し、それによって国家の文化を高める根本理念を目的とすると説いた。

北京大学は、わが国の新旧学術を保持発展させる目的で設立している。すでに国際的にも評価されている教育結果の実績があり、学力の低下を憂うべき根拠はない、と彼は学力低減の批判に反駁した。

経費問題については、「いま、大学について論ずべきことは、まずその存否である。存在を論ずるとすれば、まず運営計画を如何にすべきかを考えるべきで、この時点では経費調達の難易は論じないことが解決への方策である」と議論の手順を示し、結論を述べた。

国家建設の初期には、あらゆるところで経費は限りなくかかる。たかだかひとつの学校の存立に要するものなど、まさに九牛の一毛ではないか。たとえ保持に費用がかかり、収穫の目的は遠くとも、このように将来のある状況を、なにを惜しんで年間たかだか二〇余万金の経費のために廃校を云々する必要があるのか。以上の大部分は鄙見《ひけん》（自分の意見の謙譲語）であるが、それ以外（第三者）のものも含む。縷々述べた結果について、ご配慮を賜るよう請願申し上げる。もし愚見《ぐけん》（鄙見に同じ）から何かお役に立つことがあれば、改革案として今後とも大学の継続進行を願い奉る。

厳復の書簡帖は、「あたかも金属を地に落とすと音響を発するような」大きな衝撃を人々に与えた。整然と道理を説く彼の論旨は明確で、北京大学校史上の貴重な文献とされている。

◈人材の確保と学科の充実

引き続いて、彼は「分科大学改良弁法説帖」（分科大学改良方法についての提案書）を、北京大学の改革案として提出しているが、この抄本も北京大学檔案館にある。

彼はこれまでの学生すべてを一律に、一年で選科を卒業させ、夏休み後にあらためて新入生募集をして入学試験を行い、一定以上の学力がある学生を入学させるという構想を建議した。寄宿舎の入寮費や食費はそれぞれ徴収し、卒業時には学位が与えられる。教員は従来から招請してきた外国人教師の契約をやめ、これに替えて教職の試験に合格した中国人と教員としての契約をする、という。その理由を彼はつぎのようにいう。

これまで永らく人の余りものを乞うように、高価な報酬を払って浅薄な知識しかない外国教員を招請してきた。その損失は言葉には言い尽くせない。（中略）

中国国内の博学者や欧米留学生から選抜し、それぞれの専門科目を卒業した者や、高度でしかも深遠な学問に通暁している人には給与を優遇し、一方では教授をさせるとともに、もう一方では自分の専門分野の研究をさせる、毎年このように継続すれば、わが国の学業は独立し、進歩発展の状態を得ることができる。

大学は学生を教育するだけでなく、同時に指導者の資質を養成し、一方では研究によって学問を世界の水準に発展させてこそ、はじめて一国の学術の中心となる、と彼はいう。なお、経済学科を文科大学に加える建議で、その理由をつぎのように説明している。

これまでの狭義の文科に加えて、東方・西方哲学・中国・外国の歴史、輿地《よち》（天に対する地、すなわち人文地理）、文学など、利に適《かな》い有用なものはあわせて取り入れ、文科系として広義にまとめれば、その成果は大きい。

彼の提議はそれから四年後、一九一六年に北京大学学長に就任した蔡元培が提示した、「兼容並包《ジエンロンビンバオ》」（兼ね合い共通しあう）方針で衆議一致した。厳復のいう「共存」思想を継続する方針と考えられる。蔡元培（一八六八～一九四〇、字は鶴卿《かくけい》）は浙江紹興出身の著名な倫理学者、教育家で、革命教育に努力した。辛亥革命後、中華民国初代教育長となったが、袁世凱政権と衝突して七カ月で辞任、このころ、ドイツに留学、一九一六年に帰国して北京大学学長となり、五・四運動の機運盛り上げに寄与したといわれる。厳復とは反対の立場となる革命派で、紹興の女性革命家秋瑾の処刑地軒亭口に立つ「秋瑾烈士記念碑」の碑銘は、彼の手になる碑文である。

法科については、中国人の文科教授が自国の法律を主な講座として担当し、共和国立憲後の中国の現行法を重点的に教授する必要があり、外国の法律は外国人教授を補助講座として担当させる制度を厳復は推進した。

工科と農科では優秀な学生を協議して選び、大学が奨学金を出資して欧米や日本に留学派遣して深く研究させること、同時に実験室と図書、それに実験器具、薬品の管理を充実させるよう主張した。彼としては、工学や農学は最重要の実用科学学科である。

商科では四つの専門学科である経済学、財政学、商学と交通学が必要であると提言した。まだ「経営学」

や「会計学」などの名称はなかったであろう。

北京大学の王暁秋教授は「現在もなお採用されているこの厳復の建議は、時を越えていまだ多くの見るべきものがあり、積極的で周到な彼の教育思想を反映している」と、厳復の構想を現在の視点から高く評価している。

◈廃学への抗議活動

民国政府教育部は、厳復の二冊の説帖（帖状書簡）を受け取って、一応は「解散の事は、仮定の論である」との声明を行った。それにもかかわらず、廃校は既定路線としていて、七月七日に教育部はまたもや「北京大学校終結処理法九条」を送りつけ、大学側で執行するよう指示した。九条の骨子は、「各分科大学学生のすべてを対象として、民国元年末時点で繰り上げ卒業とし、選科の卒業証書を授与するが、学位は授与しない」というものである。

学期の終了まで、各分科は教科課程を増減調整し、学生は食費を納め、各学科の学長は教員を兼務し、法、商両科はそれぞれ一人で兼務すべきである、という。そして今回の指示の最も重要なポイントは、本年の学期末には各分科大学はすべて新入生を募集せず、実質的に北京大学の機能を停止することにあった。

教育部の「九条宣告」に、北大教職員、学生から、猛烈な憤激と反対の声が沸き起こった。全校が挙げて議論沸騰し、「和平の駆逐」「変形の解散を粉砕せよ」と叫んで学生たちは大規模な集会を開き、代表を選出し次々と抗議文をアピールした。現在、北京大学檔案館に、文科、法科、工科などの学生の抗議文が収蔵されている。文科を代表する学生は、これらの抗議文を示して演説した。

この噂が広まれば、全国民は失望落胆し、これから学問を志そうとしている者は、北京大学校への道に望みを失い、纏足でよろめきながら歩くように、精神が萎縮してしまうだろう。(中略)すべて文科大学における、完全な研究と学問のための請願だ。
妄《みだ》りに遜《へりくだ》る必要はない。しかも世界各国の専門研究者は例外なく、第一位の学問を得るべく競いあっているのだ……。

法科、工科の学生も激しい中途廃校反対の標語と、新入生多数募集を要求するポスターを貼り、看板を立てめぐらした(「文科、法科、工科学生説貼」北京大学檔案館蔵)。

厳復校長、北大教職員と全学生の強い共闘とこの闘いを支持する新聞など社会世論の高まりが大きな圧力となり、教育部は北京大学廃校の議案実施を断念せざるを得なくなった。八月九日に開催された全国臨時教育会議で、教育部における北大廃止案への処置が、次のように決議された。

「当該法案の審議継続は事実上不可能で、直ちに廃案とする」

会議はさらに四大学の建設、すなわち今後一〇年間で、国内に北京、南京、武昌および広州にそれぞれ大学を建設する議案を通過させた。この廃校問題の争いは、北京大学のみならず、中国近、現代の革命、文化、科学や教育事業の発展に重大な影響を及ぼした。厳復が北京大学の存続と維持、そして発展に努めた苦心と努力は、現在も多大な貢献と伝えられている。しかしそのために対立した教育部など、政府当局とはさまざまな確執が残った。

◈北京大学校長を辞職

政府教育部のたびたびの矛盾した指示に憤激し、何度も命令に逆らっただけではない。新しい政界の内部では「南北の抗争」があり、さらに党派の争いと種々の人事に関する紛糾が渦巻いている。そしてまったくの的外れではあるが、厳復が李鴻章・袁世凱につながる北洋軍閥系の旧い人物とみられていたことも要因となっていた。個人的には、収入激減の問題がある。北京大学校長の俸給は少なく、家庭の出費をまかなうには足りない上に、学部の命令で俸給の上限を六〇元に制限され、甚だしく窮乏して、書簡にも「なお馬車も置くことができないほどである」という状況に至った。当時の北京では、馬車は生活必需品である。彼は貧窮に悩み、次第に辞職を考えるようになった。ちょうどそのころ、袁世凱が厳復を招いて総統府顧問に任命した。報酬は比較的高かった。教育部に問合せたところ、厳復に反感をもっていた教育部は、厳しく兼職を禁じたので、彼は熟慮した結果、北京大学校長の職務を辞する決心をした。校長辞職の期日は民国元年年末といわれるが、海軍部翻訳処総纂も兼任したので、実際は九月過ぎであろうと推定する。

「原因は複雑で、一、二の言葉では言い尽くせない」と熊純如へ書き送っているように、上記の諸要因のほか、彼自身の体調の老衰、持病の喘息の悪化、それにアヘン吸引の嗜好が加わったことが、辞職の総合的な動機であろうと推定されている。これらの記録資料は、北京大学歴史系王暁秋教授から提供された『厳復と民国初年の北京大学』(中国語)原稿による。この年(一九一二)の七月三〇日、日本では明治天皇が崩御、大正天皇が即位して年号は「大正」に改まった。

一〇——野望の生贄《いけにえ》

◈大総統府顧問への任命

民国元年（一九一二、大正元年）九月、袁世凱によって厳復は大総統府顧問に任命され、兼任として海軍部翻訳処総纂に就任した。仕事は外交顧問として国際法にかかわる献策や諸外国海軍の文書翻訳にあたったが、主として外国新聞からの重要なニュースを翻訳して袁世凱に情報提供する作業に、一日の大部分の時間を割いた。袁は北京の豪華な総統府に陣取り、膨大な組織を駆使している。彼は当初、北京市東城外交部地区の外交部の建物を総統府として使ったが、まもなく清朝崩壊で皇帝一族が退去した中南海に入り、数カ所にある門を通行禁止として、西長安街から出入りする新設した新華門一カ所だけを総統府専用門とした。厳復は大総統府顧問として威容あたりを払う袁大総統に接しながら、袁の行為のすさまじさを痛感し、一方では、現在の中国でそれが信頼に足る実行力として必要なのではないかとも思い、熊純如にその気持ちを手紙で率直に伝えている。

項城（袁の出身地名、袁自身を指す）は、国においては日ならずして権力者となり、各国は即座に（政権を）承認する、まさしく天が人に与えた摂理といえよう。

（民国二年一〇月二〇日『厳復集』第三冊）

しかし、この年の春に、上海で政治的大事件が起っている。

◈宋教仁の暗殺

民国二年（一九一三）三月二〇日、国民党理事長（代表）代理の宋教仁《そうきょうじん》が、上海駅頭で暴漢に拳銃で狙撃され、二日後に死亡した。捜査の結果、犯人は袁世凱が関わる刺客であることが判明した。国民党理事長は孫中山（孫文）だが、宋教仁は事実上の党首で、比較多数議席を獲得して、責任内閣組織によって議会は「宋教仁首相」を選出することが確実で、袁世凱は名目的大総統として飾り物化されようとしたのが暗殺の動機である。享年三二才であった。

宋は湖南省桃源県出身で革命派黄興の華興会《こうこう》結成に参加し、長沙蜂起に失敗して日本に亡命、早稲田大学に学んだ。そのかたわら、雑誌『二十世紀之支那』を発行して革命思想を鼓吹した。光緒三一年（一九〇五、明治三八）、東京で孫文を迎え、「中国革命同盟会」結成に主宰者の一人として関わり、機関紙『民報』の編集にあたった。宣統二年（一九一〇）、上海で『民立報』を発行、長江流域の革命工作に従事、翌年、宣統三年に辛亥革命が成功すると、南京臨時政府の法制院総裁として臨時約法（暫定憲法）を起草した。

民国元年（一九一二）八月に、同盟会は革命組織から議会政党として宋教仁の指導により「国民党」へ転換し、孫文が象徴的な党首として理事長に、宋が実質的な党首（副理事長）として民国二年（一九一三）二月の第一回国会選挙に臨み、宋教仁の率いる国民党が第一党となり、袁世凱を支持する与党、共和党は敗北した。

第一回国会でこのまま国民党から宋教仁内閣が組閣され、大総統袁世凱は名目的な元首として飾り台に祭り上げられるか、あるいは宋教仁を抹殺して国会を解散し、実質的権力を振るう実力大総統の政権を築くか、岐路に立った袁世凱は、躊躇なく後者を選んだ。

◈第二次革命の勃発

宋案（宋教仁暗殺事件）は、中国全土を震撼させた。孫文は辛亥革命に続く「第二次革命」を起こして、袁世凱を討伐すべしと主張したが、これを予想していた袁は英、仏、独、露、日本から軍事費を借款し、圧倒的な軍事力を増強して、国民党の革命派を徹底的に武力弾圧した。厳復は事件翌月の四月二日付熊純如あて書簡で、

「宋案は、第二次革命を引き起こすだろうと私は思う」

と記述している。最初、彼はこの結果、全面的な内戦の勃発にいたることを憂慮していた。

続いて六月一〇日付の書簡で、再び南北の抗争を懸念するとともに、袁世凱政府の言行不一致による詐欺的政治を指弾した。ただしそうはいっても、革命派の叫ぶ武力革命には強く反対した。どのような場合で

宋教仁
（『資料中国史』近現代編　白帝社）

も、彼は武力革命による秩序の破壊を嫌った。彼が袁世凱を支持する理由は、武力革命を鎮圧する実力があるという、ただ一点である。彼はそのころの政治的紛糾の渦に方向を見失い、袁世凱の権謀術策の濁流に翻弄されていた。厳復は武力革命に傾く国民党に好感をもつことはなく、よりましだという理由で、袁世凱を支持したのである。彼は国民党を、花壇に暴れこんだ牛にたとえ、その暴れ牛を曳いて連れ去る人間に袁世凱をなぞらえた。彼にとって除くべき政党は、人民を戦乱に巻き込む国民党と共和政体だった。中国には、まだ西欧のような議会主義が通用する市民社会の基盤ができていないのだ。彼の政治思想はあくまでも漸進主義で、武力抗争からは、廃墟の展望しかなかった。スペンサーの社会進化論は漸進的で急進は否定的だったし、彼より二三才年長ではあるが、ほぼ同時代の社会学者コントも、一定の不平等を肯定した。

社会というものは、それがどんなに小さなものであっても、多様性ばかりでなく、必ず何らかの不平等というものを前提とする。それは、適当な上下関係を持つ各種の手段が、ある一般的作業に一貫して協力しない限り、真の社会はあり得ないからである。

（オーギュスト・コント『社会静学と社会動学』霧生和夫訳、中央公論新社）

にもかかわらず、七月には第二次革命の戦闘が勃発した。孫文の袁世凱討伐の呼びかけに、江西都督李烈《りれつ》鈞《きん》や孫文に次ぐ声望がある実力者黄興などが呼応して武装蜂起し、南方の数省が独立宣言した。しかし袁世凱の強大な軍事力の前に蜂起集団は完敗し、孫文をはじめ国民党実力者の多くは、革命闘争継続を叫びながら日本に亡命した。

勝利を確信した袁は、一〇月六日の第一回国会で軍警数万人を動員して国会を包囲し、議員を脅迫して正式大統領に選出された。このあと、日本、英、独、仏、露が「中華民国」を承認した。米は第二次革命勃発前に、中華民国を承認している。超現実主義者袁世凱は、自分を正式大統領に選任するために利用した国会を、その後は不要として解散し、ついで事実上の廃止とした。袁は翌一一月に国民党を非合法化し、解散命令を出す。二カ月後の一九一四年一月に国会を解散、宋教仁らが法制化した臨時約法（暫定憲法）を廃止、名目的な「約法会議」で審議して、三月一八日に大総統の独裁権を大幅に強化する「新約法」を制定した。袁は旧立憲派や旧保皇派を寄せ集めた進歩党を与党とした。いまやこれからの展望は、袁世凱というデーモン（魔神）の化身が厳復を幻惑し、幻滅、そして消滅に巻き込む場面に移る。

◈有名無実の「参政院参政」

宋教仁事件から一年二カ月後の民国三年（一九一四、大正三）五月、厳復は海軍部翻訳処総纂の職を兼任で、参政院参政に任命された。参政院は大総統の高級諮問機関で、参政は諮問メンバーとして袁の独裁をカムフラージュする役割を担う。それゆえ、参政とはいえ、名ばかりの議会で、厳復は欠席することが多かった。このころ、彼は論説「民約平議」を新聞『庸言報』二五、二六号にわたって掲載している。

彼は五月五日に総統府で催された茶会に参政として参加し、七月四日に参政院で約法（憲法）改訂の報告があったほかは特に審議することもなく、同月九日に総統府で六月分の顧問報酬を受け取った。参政院は七月一六日から四週間の休みに入る。まさに有名無実の議会である。独裁から帝政を狙う袁世凱にとって、彼が必要とする場合以外は、極力政策に関与させない方針である。袁の独裁統治はますます露骨になった。民国三年（一九一四）一月の議会解消につづいて、四月には報道統制を強化する新聞紙条例、五月は、参政院で現在の憲法である臨時約法を廃止し、大総統の権限を強化した「中華民国約法」（暫定憲法）を公布した。厳復は「参政」として、この審議と成立に参与している。参政院はそのまま九月末まで閉会した。厳復は当時、いつも麻雀仲間がいる鉄匠胡同で勝負に興じた。父厳振《げんしん》の遺伝なのか、厳復は賭け事好きだったらしく、「通宵達旦　直到天明」時には徹夜して夜明けに至っている。九月二九日に参政院が開催されたが、彼は欠席した。三〇日に召集された清史館審査会にも出席していない。彼にとっては、参政院どころではなかった。いまや、世界を揺るがす重大ニュースに、彼は神経を集中していた。八月に、ヨーロッパで第一次世界大戦が勃発したのである。袁世凱政権は、直ちに中立を宣言した。

◈第一次大戦と二一カ条要求

この年、民国三年（一九一四、大正三）九月二日、日本軍は山東半島北側の竜口《ロンコウ》に上陸、濰県《ウエイ》駅を占領した。一〇月二日、参政院で、参政の梁啓超が日本軍の山東半島上陸について質問した。この会議にも、厳復は欠席している。彼は情報調査に多忙だった。第一次世界大戦勃発後、厳復は毎日六時間以上を外国新聞のニュース、社説や通信に目を通し、重要と思われるものを選んで翻訳し、「居仁日覧《きょじんにちらん》」と題して、大総統に提供していた。彼は外国新聞の諸情報から国際情勢を分析し、戦争の結果はドイツが敗れるだろうと予言した。彼は一〇月二日付の熊純如宛の書簡で、再度、世界大戦と中国の国際・国内情勢を論じている。とりわけ、日本軍の山東半島青島侵攻と占領について、国民政府が「忍辱負痛」（恥辱を忍び痛みを負う）以外、なんらの対策もない現状に痛憤し、憂慮し、救国の策を思い巡らしていると語った。彼は民心鼓舞を目的とする方針案「中華民国の立国精神に訴える」を起草し、参政院に提議したが、現実の物理的な状況はさらに追い討ちをかけた。

翌一九一五年、日本の大隈重信《おおくましげのぶ》内閣は欧州の大戦で列強勢力の空隙が生じたのに乗じて、かねてからの狙いだった二一カ条の要求事項を、中華民国大総統袁世凱に提示した。

厳復は国際関係を分析し、日本と英米とは険悪な対立関係にあると断定した。そして二一カ条の内容を噂として各国に漏洩させれば、ただでは済まないだろう、と提案した。その戦略が影響したらしく、その後、日本政府は国際関係の圧力を考慮して、第五条「中国政府に、日本人の政治、財政、軍事顧問を置く」を削除し、中国政府に最後通牒を通告、結局、両国で条約と交換公文が調印された。袁世凱は政府の許可なく本件に関する情報を流せば処罰する、と命令し、ようやく六月二二日に公示した。

以後、最後通牒受諾の五月九日は「国恥記念日」とされ、中国全土で激しい抗日運動、日貨排斥運動が起り、条約廃棄運動が展開された。このころから、袁にたいする厳復の支持意欲は急速に薄らいでゆく。

二——帝政推進組織

◈「孔教会」の設立

帝政を狙う袁世凱は、皇帝としての国民的支持を得る手段として人民に根強く浸透している孔子崇拝を利用するべく、全国の各省に尊孔祀《そんこうし》孔《こう》を通達し、「孔教会」を設立した。厳復は総統府顧問就任の時点から孔教会の筆頭発起人の役目を割り当てられた。彼の役割は「積極的読経《けい》」の奨励である。経は経書、つまり孔子など古代の聖人が著作したと伝えられる儒学の経典《けいてん》で、四書、五経《ごけい》、九経、一三経のたぐいである。これらはすべて大総統袁世凱の意を奉じて実行を義務付け、反抗は許さない。通史本には、反動化した厳復自身が積極的に読経を奨励したように伝えるものもあるが、独裁の政治環境で個人の意志の自由はなく、あるとすれば「積極的に奨励する自由」だけである。ゆえにこの場合、袁世凱の「帝政」実現への組織的意志とするのが、当時の厳復を理解する自然な流れである。当然、尊孔祀孔には革命派の反抗が生じる。章炳麟は論説「孔教会設立の議を駁す」を執筆、袁世凱を攻撃したが、袁はもはや恐れるものはないと方針を強行する。

辛亥革命後の社会では、清代の反動で孔子の思想は批判され、尊孔読経は行われなくなり、学校の読経課程は取り消され、地方では多くの孔子廟が、学校に改装された。しかし袁世凱は孔子を復活して、自身が歴史に逆行し、これから進もうとする帝政統治への民心掌握手段としようとする野望を徐々にあきらかにする。民国元年（一九一二）の九月二〇日、袁は「礼教（礼儀と道徳）を回復し、人倫の道を尊崇せよ」と、臨時大総統として施政命令を下した。そして「中華の立国は、孝悌忠信礼儀廉恥を以って人道の大経（人の守るべき大道）と為す」と宣布し、その意向を受けて民国政府学部教育会議は「祀孔《しこう》」（孔子を祭ること）を決議した。大総統の尊孔の号令に鼓舞され、一カ月後の一〇月七日に、上海孔教会が成立し、翌民国二年には孔子の故郷である山東省曲阜《きょくふ》で孔教会総会が開催された。これに合わせて北京では尊孔総教会が成立して厳復は筆頭発起人に指名され、発起人には厳復のほか、夏曽佑、姚永概《ようえいがい》、林紓《りんじょ》、呉芝瑛《ごしえい》、梁啓超ら二〇〇余人が参加している。彼らは連名して国会に上書し、孔教を国教とするよう要求したが、すべて段取りは袁世凱の描く筋書き通りに進行した。このころから、厳復自身の西洋文明への認識が変化しつつあることは、熊純如への書簡などであきらかに感じられる。彼はこれまで賛美してきた西洋文化を「強奪と傲慢の文化」と呼び、これが社会主義と虚無主義の追従者が日増しに増えている理由である、という。帝国主義的資本主義の矛盾が露呈されつつある実態を感じたのであろう。

◈帝政推進の参謀・楊度

四年後の一九一七年二月にロシア革命でロマノフ王朝が崩壊し、翌一八年一一月には、第一次世界大戦の敗北とロシア革命の影響により、キール軍港の水兵の叛乱からはじまったドイツ革命は、帝政を倒してワイマール共和国を樹立した。西欧は、変貌しつつある。あきらかに、ヨーロッパでは帝政から共和制へ移行しているのに、ほぼ同時期、一九一二年に帝政が消滅した中国では、歴史の流れに逆行して帝政に戻ろうとしている。しかも、厳復は心ならずも逆行組の旗振り役をつとめる事態に陥っていた。ここで、袁世凱の帝政推進の参謀としての役割を演じ、厳復を推進組織に引きずり込んだ悪役として知られている楊度《ようたく》が登場する。楊度は湖南省湘潭出身で、光緒二三年（一八九七）に挙人に合格、日本に留学した。雑誌『遊学訳編』の創刊メンバーとして、論説「金鉄主義」を発表、立憲君主制を主張した。清末に憲政調査館の指導員になり、中華民国建国後は袁世凱政権の学部副大臣、それに参政院参政に任命された。民国四年（一九一五）三月、楊度は「君憲救国論」を発表、中国では君主制のみが救国の能力のある政体であると、袁世凱を前提とする帝政回復を熱弁した。

「ゆえに、中国の共和は論ずるまでもなく、最後は必ず廃棄される。……」

袁世凱はこの論を大いに賞賛し、ひそかに印刷して広めるよう命じた。楊度もまた袁の意を戴《たい》して秘密裏に世論づくりに奔走し、米国人の法律家グッドナウ（中国名・古徳諾）を法律顧問に依嘱して、帝政を推奨する論文執筆を要請した。これに応じて、グッドナウは中国を君主制へと戻すことを推奨する論文「共和と君主論」を書いた。内容の大意は、

中国人は「民智が低い」ので「政治を選択する能力がない」、ゆえに専制から飛躍して共和となるのは急に過ぎて障害が多く、外国の干渉を受ける恐れがある。中国の将来にとって、「君主制の採用」がよりよい進路である。

というものである。これに対し、袁世凱はグッドナウに「五〇万金」を贈ったといわれる。

◈帝政推進機関「籌安会」

この論文は翻訳され、楊度を筆頭とする「籌安会《ちゆうあんかい》」が大量に印刷し、各省の支部に配布して地方の官庁や学校組織に宣伝して討議させた。籌安会とは、楊度が「君憲救国論」を書いてまもなく、袁世凱の帝政への策動を推進するために結成された「学術団体」を自称する政治結社である。袁世凱は孫文らが失敗した第二革命後、数万の軍警で国会を威嚇して事実上の終身大総統に就任した。独裁支配を開始した袁世凱はさらに帝政への野望を実現しようとして、腹心の楊度に命じて帝政推進機関「籌安会」を組織させた。主要会員には立憲派の厳復、革命派からは中国同盟会会員だった孫毓筠《そんいくいん》、それに無政府主義者だった劉師培《りゆうしばい》ら、中国政治思想家の「名流」を網羅していた。袁は「名流」からの支持にこだわった。当時、思想界の大物といえば、章炳麟(太炎)、梁啓超、それに厳復の三人が挙げられていた。しかし革命派の精神的指導者である章炳麟は、袁世凱の思想弾圧で北京で軟禁され、梁啓超は立憲君主派で、現在のところは大総統顧問であるけれども、袁に対しては戊戌政変のクーデター密告の怨恨を抱いている可能性がある。この点、厳復は大総統顧問として彼の役割である海外情報収集や国際法問題について期待通りの貢献をしているので、最も利用しやすい帝政復辟の看板である。楊度は厳復を好目標として、ある仕事を引き受けさせようとしていた。それは袁世凱皇帝推戴の請願筆頭発起人としての署名である。

◈袁世凱皇帝推戴の請願

同年(民国四、一九一五)八月、楊度は北京の西城旧刑部街にある厳復の住いを訪問した。この第一回の訪問では、本来の目的についてはそれほど深くは触れず、彼らが集まって投資している合股公司(合資会社)の経営について詮索する程度にとどめた。厳復も楊度の訪問の目的が何であるのかは問わず、滔滔と論じる楊度にあわせて受け流した。

二度目の来訪で、楊度は単刀直入に切り出した。

「厳先生、グッドナウ氏の『共和と君主論』は、お読みになりましたか」

「読みましたよ、特に新奇性のある論とも思えませんが」

厳復の返事の終るのを待ちかねたように、楊度は問いかけた。

「現在の政治を、清時代と比べてどのようにご覧になりますか。共和政治は、はたして中国に富強をもたらすでしょうか」

「これは一概に答えられないでしょう。辛亥革命のころ、清朝廷は「虚君の制」(君臨するが、統治しない制度)を取り入れた一九条の憲法を公布して生き延びようとしたが、その実現を見ず、倒れました。成功すれば、英国に似た国体になっていたかも知れませんが」

厳復の答えに、楊度は身を乗り出した本題に入った。

「おっしゃる通りです。まさに私どもはそれを思って籌安会を結成したのですが、わが国に共和は適さず、よろしく君主制に移行するべく行動する方針は、グッドナウ論文を引用するまでもなく、すでに運動を実践し、国民は等しく実現を待ち望んでいるところです。

そこで、われわれは厳先生を発起人の先頭として、袁世凱大総統を皇帝に推戴する請願書の提出を考えています。袁皇帝が実現すれば、わが国に富強と平和をもたらすことは疑いありません。ぜひ先生に署名をお願いいたします！」

厳復は驚いた。彼は中国に共和制が適するとは思っていないが、いまや世界各国では帝政は社会のさまざまな矛盾に対応できず、ロシアやドイツのように次々に崩壊し、共和制に移行した。中国も革命によって君主制度は覆ったのである。そのような状況で、曲がりなりにも秩序ある共和制政府を成立させながら、軽々《けい》に歴史を逆行させてはならないと彼は不同意の意向を示した。楊度は袁芸台《えんげいだい》（袁の長男袁克定《えんこくてい》の尊称）も強力に後援されているなどと執拗に粘ったが、厳復は賛同しない。しかし彼は楊度が目的を達するまで何度でも来るだろうと予想していた。

この翌日、彼は籌安会の著名会員たちが集まる晩餐に招かれたが、体調不良と称して欠席、その次の日にも楊度はやってきたが、居留守を使って面談を避けた。楊度は露骨に不快感を見せて引き上げたが、その夜、急報だと使者が一通の封書を届けた。内容はやはり皇帝推戴請願書署名の件で、厳復への発起人署名要請も袁世凱大総統の意向であるという。

「もし発起人への署名が拒絶されれば、おそらく望ましくない事態が発生するであろうとご忠告申し上げる。明日の新聞を必ずご覧ありたし、状況はすでに確定していることがご理解いただけるであろう。これでも拒絶されるご所存か。すでに署名欄の用意はあり、お聞き届け願う」

厳復は、夜間ながら緊急に秘書の侯毅《こうき》を呼び、楊度の手紙を見せて対策を相談した。侯毅は危険な事態と感じて、厳復が署名を承諾できなければ、姿を隠すように勧めた。

「明日の新聞に、先生の名前がかれらに盗用掲載され、先生の名声を利用するつもりであることは明白です。この手紙は、あきらかに先生への脅迫状と思われます。もしどうしても拒絶されるのであれば、一時姿を隠すほかありませんが、これから夜陰に乗じて、いずれかに逃げられますか」

厳復は、時間も体力もないことを感じて、力なく答えた。

「私は年をとりすぎた。それにひっきりなしに喘息の発作に悩んでいる状態だ。迫害を避けて逃亡したとしても、途中でどこかに泊まっているところを見つかるだろう。後世に汚名を残すだろうが、この事態は忍ぶほかはない」

◈梁啓超の帝政反対の論説

翌朝の各新聞には、袁世凱の皇帝即位を請願する籌安会発起人のニュースが大きく報じられ、厳復は第三位の発起人に列記されていた。筆頭は理事長の楊度、ついで副理事長の孫毓筠である。理事は厳復をはじめ、劉師培、李燮和《りしょうわ》、胡瑛《こえい》ら四名で、かれらはまとめて「籌安会六君子」と呼ばれた。九月一日に、参政院が開会し、全国の省の官吏はそれぞれ籌安会支部に督励されて、代表を北京に派遣し、袁世凱帝政実行の請願を行わせた。請願のためのかなりの手当金がばら撒かれたらしく、「妓女請願団」など、奇怪なまで多種多様な請願団体が出現し、「民意」を演出した。このようにあからさまな帝政への促進運動に対し、高名な啓蒙思想家として、梁啓超が猛烈な帝政反対の論説を発表した。

九月三日の新聞『京報』に掲載された梁啓超の論説「異哉所謂国体問題者」（奇怪なり所謂《いわゆる》国体問題なるもの）は、社会を震撼させた。茶館、賓館など、人が集まるいたるところで議論が沸騰し、新聞は奪い合いになって、あちこちから新聞社は追加発行を求められたほどである。大衆社会を説得する天才的名文家、梁啓超の帝政回復反対の論旨は、熱狂的感動と共感をもって受入れられた。思わぬ事態に恐慌状態になった袁世凱は、総統府顧問の夏寿田《かじゅでん》に命じて四万元の金票（紙幣）を持たせ、厳復に梁啓超に対する論駁を書かせようとした。

住いを訪れた夏に、厳復は金の受け取りを拒絶する。夏は必死になって説得する。

「あなたは何をもって天下に信をおくのか。これは主となるべき方の命令である」

之に対して厳復は、自分が論駁を書いても、梁啓超を黙らせることはできないだろうと言い返し、それにこのごろ頭痛が激しく、私も六〇才に近づいてあちこちに病の徴候が発生しているので、早く往生したいと思っているが思うにまかせない。願わくばよい死を迎えられるように、百拝して祈っている次第と突き放した。辛亥革命で武昌が革命軍に占領されたとき、討伐を命じた清朝政府に仮病をつかった袁世凱に似た場面だが、説得を断念した夏寿田は総統府に帰り、大総統に厳復との交渉の結果を復命した。

◈袁世凱の皇帝即位と転落

シュウォルツは『中国の近代化と知識人』第一一章「晩年の厳復」で、袁世凱が厳復を自分の幕中に加えようとして果たさず、

「厳氏は聖人の生まれ変わりだから、私はあえて再び彼を用いようとは思わない」

といったと述べている。

シュウォルツは、袁がどのような場面でこの言葉を発したか、具体的には示していないが、おそらくこの時であっただろうと思われる。結局、孫毓筠が梁啓超への反駁文を書いた。一〇月に、参政院は国民代表大会の召集を決定し、地方各省はそれぞれ「国民代表」を選出し、君主制にあらためるべく国体投票を開始した。これらは大総統の指示により組織された「全国請願連合会」が組織の動きをまとめ、各省国民代表は一九九三人、立憲君主制の賛成者も一九九三人、反対者なしで立憲君主制が成立した。袁世凱を皇帝に推戴す

る「推戴書」の書式も、一言一句同じである。曰く、

「謹んで国民の公意を以って、恭《うやうや》しく袁世凱大総統を中華帝国皇帝に推戴する」

これに対して袁世凱は、一度は謙遜して辞退するジェスチャーを見せ、打ち合わせた通り参政院から再度、即位を勧められると、予定通り帝位を受けた。一二月一二日である。

翌一三日には文武百官の朝賀を受け、国号を「中華帝国」と改めた。新年となる一九一六年の年号は「洪《こう》憲《けん》元年」として、元日に「中華帝国皇帝」の即位式を挙行すると発表した。しかし、この日が、袁の命運の頂点になる。ここから、奈落に転落するまで三カ月足らずしかない。一九一五年一二月二五日、すなわち洪憲帝即位式の五日前に雲南省は独立を宣言、「護国軍」の指導者蔡鍔《さいがく》は「袁世凱討伐」を宣言した。これとあわせて、前年に孫文が東京で組織した中華革命党と、黄興を代表とする反袁組織などに多面対処しなければならなくなり、袁世凱の帝政への見通しは完全に崩壊した。「洪憲元年」一月二七日、貴州省が独立を宣言、三月一五日には広西省も独立宣言した。北洋軍閥も内部分裂がはじまり、袁世凱の幕僚だった段祺《だんき》瑞《ずい》と馮国《ふうこく》璋《しょう》は態度を豹変して冷淡になり、とりわけ馮は護国軍と提携し、広西将軍李純《りじゅん》らと連名で、袁が帝政を取り消し、権力をかれらに引き渡すよう露骨に求めた。日本政府の二一カ条要求に一部を除いて応じ、調印したことも、反袁の大きな要素となった。最初は袁を利用していた日本政府も、落ち目になった袁世凱を見捨てた。主要な各省は独立して反旗を翻し、有力な幕僚や身内からは見放され、一九一六年三月に袁は帝政を取り消した。八二日間の短命な帝位である。「皇帝」退位後も袁は大総統を名乗っていたので、「共和に背き帝位を盗む、袁逆賊に死を」と、各地から袁の罪状を糾弾し罵倒する電報が殺到した。最後までもっとも忠実な幕僚と思っていた四川将軍陳宧《ちんかん》と、湖南将軍湯薌銘《とうきょうめい》が電報で独立宣言して離反したとき、完全に孤立

し絶望した袁は昏倒し、六月六日、北洋軍閥の稀代の巨魁は息絶えた。享年五七才であった。七月一四日に、武昌南北会議のとき、南側（革命側）全権だった黎元洪《れいげんこう》が大総統を継承し、「臨時約法」（暫定憲法）と国会を復活、国務総理だった段祺瑞は再任され、陸軍総長を兼任して、北京は表面上平静を取り戻した。しかし袁世凱帝政実現の推進機関だった籌安会の発起人を摘発すると伝え聞いた厳復は、逮捕を怖れて天津に逃れた。収入が絶たれたので生活に窮し、学部や海軍部にひそかに連絡して俸給の支払いを求めている。その後、政府からの情報で、「厳復と劉師培は有用な人材である。ゆえに籌安会首謀者から名前を削るよう取り計らう」と知らされ、政治犯とみなされる心配はなくなった。

厳復は新政府の実力者である馮国璋に、次のような感謝の礼状を送っている。

この籌安会における発起については楊（楊度）、孫（孫毓筠）の二人がすべてを取り仕切っていまして、列記している私の名前などは、夕方に話し合ってまだ諾否さえ示さないうちに、翌朝には布告されている始末です。しかし、あの時点で、私のような無力な人間が袁公に反抗できたでしょうか。幸いに真実をご理解いただき、寛容なご処置を賜り、お礼の申し上げようもないほどです。……

（民国五年八月一七日　馮国璋宛の書簡『厳復集』第三冊）

厳復は、国務総理段祺《だんき》瑞《ずい》が彼の名を帝政推進者の発起人名簿から除いてくれた配慮に深く感謝した。政府側から見れば、この高名な思想家の影響力はすでに過去のものとなり、罪状を糾明するほどの価値もないと考えたのであろう。その結果、八月二四日に、彼は北京の寓居になにごともなく戻った。

二——忘却の彼方へ

◈袁世凱後の政権争い

民国六年（一九一七・大正六）、厳復は六五才の新年を迎えた。訪れる人もない彼の部屋は、あるじの咳き込む音が索漠と響く、「蟄居」という形容がぴったりとする雰囲気である。紹介する人があり、厳復は北京東交民巷にあるフランス系の病院で診療を受けた。

袁世凱後の政権の動きは、複雑怪奇な対立関係が変動に変動を重ねている。

国務総理の段祺瑞が権力を強め、大総統の藜元洪を署名、捺印用の名目元首として、国会の中の研究派政客である梁啓超ら進歩党員が結成した「憲法研究会」のメンバー議員を味方につけ、日本の寺内正毅《てらうちまさたけ》内閣の「援段政策」による西原借款（寺内首相の腹心西原亀三《にしはらかめぞう》を介した段軍閥政府強化借款）などを得て、藜元洪に対立した。

一方、藜元洪と段が支配する安徽軍閥以外の非安徽軍閥は、商権派政客である張継《ちょうけい》が代表する旧国民党議員が結成した「憲政商権会」をグループとして、これを米、英が後援する形で段祺瑞に対抗した。

いわゆる「府」（総統府）と「院」（国務院）の争いと呼ばれる複雑な政争だが、要するに、半植民地化した中国軍閥各派を代理人とした、日、米英帝国主義政策の衝突である。

この衝突はその後、一九四一年に始まった太平洋戦争を結論として、軍国日本の崩壊に至る。

一九一七年二月、第一次世界大戦を戦っているドイツは、「無制限潜水艦戦」を宣言し、数隻の米国商船を撃沈した。米国はドイツに断交を宣言、三月に中国もドイツと断交した。欧州を中心とした大戦は、文字通り、歴史に例をみない世界大戦に拡大してゆく。

厳復は一切の政治組織から離れて、北京の住まいで喘息の療養をしながら、「府院の争い」を観察していた。その複雑怪奇な経緯を簡単に説明すると、つぎのようになる。

袁世凱の帝政復辟は挫折したが、彼の死によって結束を誇った北洋軍閥が分裂し、大総統黎元洪が代表する総統府派（府派）と国務院総理段祺瑞が代表する国務院派（院派）にわかれ、軍閥抗争の内乱状態になった。大総統黎元洪は直隷派軍閥の武力をバックに、段祺瑞国務総理兼陸軍総長を罷免する命令を下した。これに対して段は安徽派、それに張作霖《ちょうさくりん》が率いる奉天軍閥の各省督軍と連携して、独立を宣言させ、天津に「独立各省総参謀処」を設置し、軍隊を北京に進める一発触発の事態となった。危機を感じた黎は強力な軍団を擁する安徽督軍の領袖、張勲《ちょうくん》に援助を求め、彼が率いる「弁子《ビエンズ》軍」が北京に「調停」の名目で進駐して段祺瑞らに武力で圧迫した。ここで、袁世凱を筆誅で破滅させた策士、梁啓超がふたたび登場する。段祺瑞から相談を受けた梁啓超は、形勢逆転の秘策を授けた。

「まず張勲と密談し、彼を利用して逆に黎元洪を大総統から追い落とし、国会を解散させる。その報酬として張勲に一日復辟（清朝回復）を許し、その後「反復辟」の声を起こして張勲を打倒し、最終的に段祺瑞に政権を握らせるのだ」

◈張勲の「清帝復辟」

民国初期の中国人の精神の深部には、古代以来の「聖王」への憧憬がいまだ根強く息づいていたのではないか。その思いを裏付けるように、袁世凱に続く第二回の帝政復辟が発生した。張勲による「清帝復辟」(清朝回復)である。彼は革命間もないこの時期に、弁髪姿まで再現して清朝帝政の復活を夢見た。

張勲は広西奉新出身の軍人官僚で、清朝廷ではあまり重視されなかったが、袁世凱の配下となり、清朝崩壊直前に義和団鎮圧の功で江南提督に任命され、まもなく江蘇巡撫(省長格)に昇進、両江(江蘇、安徽、江西の三省を統括)総督兼南洋大臣に任命された。辛亥革命後、安徽督軍の統率者として清帝復辟を画策し、一九一七年に軍を率いて上京、一時的に成功したが、数日で崩壊した。彼が率いた安徽督軍「定武軍」は、辛亥革命後も旧清朝に忠誠を示す証しとして、張勲も兵士も弁髪を垂らしていた。旧清軍の亡霊が行進するようなこの奇怪な軍隊は、市民から張勲は弁髪将軍、兵士は「弁子軍」と呼ばれた。一九一七年六月七日、張勲は五〇〇〇人の弁子軍を率いて、現在、江蘇省の北端にあり、当時は安徽領域であった徐州を出発し、北京に向かった。すでに段祺瑞とは復辟の打ち合わせができていたらしく、北京の南に接する天津に到着したとき、張勲は蔡元洪に国会の解散を要求する電報を送った。一四日に北京に到着した張勲は、蔡元洪に大総統を辞職するよう迫った。蔡とすれば、計画が完全に裏切られた立場になった。

一九一七年七月一日、張勲は故宮で一二才の溥儀を清国皇帝として擁立復位させ、年号を民国六年から宣統九年に改めると宣言した。各省の軍事長官である督軍は清代の官職名である巡撫に戻し、そのほか、名称や制度をすべて清代風に復活させた。芝居小屋の衣装道具店では清朝の礼服や、馬の尻尾で作った弁髪の鬘《かつら》が飛ぶように売れ、この鬘弁髪を垂らした旧時代の遺臣が、時代劇映画の撮影セット通りを歩く俳優のように街中を往来した。

張勲の極端な時代錯誤政策は、社会のほとんどすべての方面から、怒りと反対の声が殺到した。中国国内のみならず、外国でも、この異常な政権に不信感を強め、日本は寺内内閣が対処に乗り出した。張勲を利用して大総統黎元洪を追放し、国会を解散するという梁啓超進言の術策が作戦通り実現したので、段祺瑞は使用済みとなった張勲の追放にかかった。清朝復辟に反対する圧倒的な世論の背景と、日本の支持と借款のもとに、段は「討逆軍」を結成し、みずから総司令となった。七月五日、天津で「張勲討伐」出陣式を行い、五万人余の兵力を率いて北京に進軍した段祺瑞は、若干の戦闘で弁子軍を粉砕、掃討した。

一二日に張勲はオランダ公使館に逃げ込み、清帝溥儀は再び退位を宣言して、復辟した道化のような第二清朝は一二日間で壊滅し、衆人の罵声の中で消滅した。

◈段祺瑞政権への糾弾

黎元洪のあとをついで馮国璋が大総統を継承し、段祺瑞は「民国再建の元勲」と称して引き続き国務総理を担当し、政権を掌握した。しかし軍閥政権は常に利権、とりわけ外国利権に結びつく。翌八月に、段政権の中国は、ドイツ、オーストリアに宣戦を布告した。対独宣戦は英米や日本の要求でもあり、直接に戦闘をする機会はなく、にもかかわらず日本からは借款ができるメリットがある。段祺瑞はこの状況を利用して、大いに借款した。

寺内内閣から、西原亀三の手を経た「西原借款」だけでも一億四五〇〇万円に達したといわれる。これらはほぼすべて、段が支配する安徽軍閥の軍事費になり、その担保として中国の鉄道、商船、鉱山、銀行、あるいは税関収入や都市税収が段の思うままにとりあげられた。段の売国行為を糾弾した孫中山(孫文)と、彼の声望を利用する中国西南部の軍閥は広州で非常国会を召集し、海軍も軍艦を南下させて参加、九月に「護法軍政府」が組織され、孫文を「大元帥」に選出して、国務総理段祺瑞に対抗する南方政権を樹立した。

厳復は北京の住いで、新聞によって得た情報で変転する政情を理解しようとした。清朝復辟のような現象が生じるのは、この国が政治理念にはまだ程遠く、軍閥政客が軍事力で政権を奪い合い、奪った政権は私物化して、借款など私利私欲に利用する以上の行為がみられないからだ。政治とは要するに利権と心得る、軍閥の頭目が政権を壟回しにする現状に、厳復は改めて現状の「共和」政権に絶望した。この年、民国七年(一九一八)のはじめには、彼は北京にいて、つぎの手紙を熊純如に送っている。

京中政界、依然不見曙光(北京の政界は、依然として先が見えない。……)

(民国七年一月二四日　熊純如宛書簡『厳復集』第三冊)

◈『新青年』と五四運動

秋には故郷福州で療養した。天津、福州間を航行する汽船を利用できるので便利だった。

このころ、中国の知識層の青年たちは、ヨーロッパから次々に流入する新思想をベースにして、文化改革活動を推進していた。とりわけ、陳独秀《ちんどくしゅう》、魯迅、胡適《こてき》、李大釗《りたいしょう》らが雑誌『新青年』を推進母体として白話(口語)文使用を提唱し、魯迅は小説『狂人日記』を白話文で発表した。北京大学では新思想研究と啓蒙のサークル活動が盛んに行なわれた。

これについて厳復は熊純如に、白文には賛同しないという意味の手紙を送っている。文章には形の整った修辞が必要である、という彼の意見がつづいているが、すでに時代に取り残された感は否めない。青年たちの文化活動はロシア革命に触発され、北京大学を中心にした学生や労働者が、一九一九年、パリ講和会議で列強が山東半島における日本の権益主張を容認したことに憤激し、五月四日、北京大学の学生デモを発端として、全国的な反日運動「五四運動」を展開した。日貨（日本製品）ボイコット、工場ストライキが拡大し、六月に北京政府は講和条約調印を拒否、親日政治家の罷免を発表し、運動は収束したが、単なる反日運動ではなく、歴史的な民族組織運動として記憶された。

◈第一次大戦と厳復の思想転換

ヨーロッパではようやく、世界大戦が終末を迎えた。この戦争はかつてない新型の大砲、機関銃の圧倒的な威力で双方が膨大な消耗を重ねた。文明が始まって以来、人類史上最大の殺戮戦争といえるだろう。それより二〇年後の、航空機爆撃や原子爆弾による第二次世界大戦の惨禍は、さらに比較を絶するが、もちろん厳復は知る由もない。

シュウォルツは、厳復が晩年になって、明白な西洋の否定、孔孟の肯定を熊純如宛の書簡で断定した個所を指摘している。それは第一次世界大戦の殺戮の実態を知った彼の受けた衝撃と、思想転換の動機でもある（『中国の近代化と知識人』）。

文明と科学が人類に及ぼす効果とはこのようなものであったのだ。わが国の神聖な知恵と文化を顧みる時、それがあのような昔に今日このことあるを予見していたこと、そして、それによって尊重されたものが、これら(西洋)の国々が尊重するものと同じではなかったことに、私は気づくのだ。(中略)

中国における(辛亥革命後の)七年間の共和制政府とヨーロッパにおける四年間の血なまぐさい戦争——世界未曾有の戦争——とを見るにつれ、私は過去三〇〇年間における彼ら(西洋)の進歩がもたらしたものは、利己と、殺人と、腐敗と、無恥だけであったと感じるようになった。孔孟の道を顧みる時、私は孔孟こそが真に天地に相当するものであり、天下に深い恩恵を及ぼしてきたものであることを知る。

◈ロシア革命と十月革命

西洋文明について、シュウォルツはしばしば「ファウスト的」または「プロメティウス的」と表現している。いうまでもなく、「ファウスト」はゲーテの代表作の主人公だが、一六世紀ごろドイツに実在した錬金術師ファウスト博士に由来する。ファウスト的な衝動とは、すべてを知り、すべてを体験して、自我を無限に拡大しようとする欲望で、「プロメティウス」とは、天上の火を人間に与えて、ゼウスの怒りを買ったギリシャ神話の神で、彼はまた水と泥土から人間を創り、他の獣のもつ全能力を付与したといわれる。プロメティウスによって創られた万能の西欧文明は、ファウスト的にその能力を無限に拡大しようとする。彼らは全世界を破壊する力をもつようになり、アフリカを奴隷化し、アジアを侵略し、ついにヨーロッパを舞台にして万能の矛を互いに向け合う、殺戮の破局を招来した。

大西洋や北海では、英独がほぼ等しい強力な海軍力をもって、相手の食料や原料物資の海上補給路を絶ち、英海軍がやや有利になった。これに対してドイツ海軍はようやく実用化した新兵器の潜水艦による無差別無制限攻撃を宣言し、実行した。数隻の中立国商船まで撃沈され、断交していた米国はドイツに宣戦、これに促されて中国も対独宣戦した。

一九一八年一一月にドイツは降伏した。この戦争ではロシアとドイツに革命が起り、いずれも帝国が滅亡して、制度はことなるが共和制になった。

ロシア革命は、ここでは世界大戦終戦の一年前、一九一七年旧暦二月（新暦では三月）、長引く戦争は国民生活を破壊し、首都モスクワに武装蜂起の革命が起り、三〇〇年にわたるロマノフ王朝支配が終った。いわゆる二月革命である。偶然だが、ロマノフ王朝と清朝の統治期間はともに約三〇〇年前後で大体同じである。帝政崩壊後、政権を握ったのは自由主義的ブルジョアジーを中心とする臨時政府だったが、その後レーニンによる革命派ソビエト・ボルシェビキは政権を奪取、レーニンを首班とする労農政府を組織した。これが一〇月革命で、世界最初の社会主義政権となった。

翌年、一九一八年一一月三日に、戦場での敗北と麻痺状態の経済により、ドイツのキール軍港における水兵の叛乱が発端となり、ドイツの諸都市に革命が広がった。同月七日、ミュンヘンの革命は九日のベルリンのゼネストに波及し、鎮圧する側の軍隊も革命側に加わり、社会民主党のシャイデマンが共和国宣言を行なった。翌日、ドイツ皇帝カイゼル・ウイルヘルム二世はオランダに亡命、社会民主党指導部は旧軍部の力を借りて反対分子を鎮圧し、翌一九一九年一月一九日の選挙によって、ワイマール共和国政権が誕生した。

◈晩年と『荘子』への傾倒

厳復の晩年は、北京、上海、福州の自宅や病院を転々とする療養生活に明け暮れた。

民国八年（一九一九）、六七才の厳復は、晩春に福州から汽船で上海にゆき、上海紅十字病院に入院、秋に北京に移り、協和病院に入院した。北京での生活はまだ続けるつもりだったらしく、北京東城区大阮胡同《だいげん》の新居に移転し、「瘉壄《ゆや》堂」と号した。

収入は、学部（文部省相当）と海軍部からの年金に、翻訳の印税と商務印書館への投資配当で、生活費や医療費には比較的余裕があった。宿痾の喘息の治療に当時一流の病院をめぐったのは、『穆勒名学』の補訳を考えていたのが大きな理由であろう。しかし病状は進む一方で、彼は遂に補訳を断念し、『穆勒名学』の完訳はならなかった。それによって、多少なりとも緊張を保っていた彼の精神の張力は切れた。そして再び訪れることのない北京を後にして、最後の帰郷となる福州に帰り、城内（福州市内）郎官巷の、現在、福州厳復故居記念館となっている自宅で、ひたすら『荘子』に読みふけった。故居の近くにある福建省博物館には厳復の展示コーナーが設けられ、彼の著書とともに、晩年に愛読した『荘子』が展示されている。欄外には、彼の手による朱筆の細かい書き込みがあり、その傾倒ぶりを示しているようだ。シュウォルツは、厳復が結論として最も深く帰依したものは、老子、孔子のなかにある神秘的な傾向であったと述べている。

彼は、（中略）今の自分の思想がますます荘子の思想に引き寄せられていると、弟子（熊純如）に告げている。荘子は、老子よりもさらに一層明確に、森羅万象の世界のなかでのすべての目的や原理の相対性、無常、本質的な無意味さを示していたからであろう。

（中略）進化はたしかに発生するであろうが、それもおそらくたいして重要ではない。厳復の顔は今や「虚」にむけられていたのである。

（『中国の近代化と知識人』）

厳復が荘子に傾倒する要因は、煎じつめればハックスリーが説く宇宙の真実、すなわち、「変化」こそ、万物の本質的なありかたである、という考え方と共通する思想であろう。彼が生涯をかけて追い求めた「富強」への軌跡は、彼の前にその終着点が世界大戦の殺戮の惨状であることを証明した。彼が人生を終ろうとしている一九二一年は、中国では軍閥による内戦で人民は疲弊し、ヨーロッパは大戦がもたらした深い傷に呻《うめ》いていた。人類のあらゆる努力の結果が、殺戮の地獄であったことを見たまま生を終えることになった厳復が、いまや「進化」も無意味と観じるのは自然の推移であった。

民国一〇年（一九二一・大正一〇）の初夏、厳復は福州城内郎官巷の自邸に起居し、亜熱帯地域にあたる福州の暑気を避けて、日中は近くの山を歩くこともあった。陰暦端午の日に、彼は熊純如あてに送った一〇九通の書簡の、一〇六通目の便りを書いた。

（前文略）帰郷して以来、楼屋の階上に起臥し、行く雲を眺め、降りしきる雨音を聞くほか、時には池のまわりをめぐって一日を送る暮らしをしている。

その昔、あれほど熱中した哲学、歴史のかずかずの書物も、今はもう、見ようとも思わない。時事について語ることもわずらわしい。枯れ果てた木の棒、火も消えて冷え固まった灰のように、ただ生きながらえているだけの人間に、これ以上、生き延びてなんの意味があるのか！

いま、私は　安らかである。もはや心にかかるものは、何ひとつないのだ。（後文略）

（民国一〇年六月〔陰暦端午〕熊純如宛書簡　『厳復集』第三冊）

◈厳復の遺書

秋に入り、喘息は重態になった。彼は最期を自覚し、三つの訓戒からなる遺書を託した。

一、政治体制に変革があっても、叛乱蜂起（革命）がなければ、中国は不滅である。
二、新知識は無限、真理は無窮である。人生はただ一度のみ、絶えず学び知識を積め。
三、自己を軽く、群（衆）を重んぜよ。彼我ともに同じ利を求めれば両者ともに利なし。

（厳璩「侯官厳先生年譜」辛酉〔一九二一〕『厳復集』第五冊）

厳復は肺炎を併発し、民国一〇年（一九二一・大正一〇）一〇月二七日に、福州郎官巷の自宅で死去した。享年六九才であった。一二月二〇日、年少時代に針仕事で生活を支えてくれた最初の妻王夫人（光緒一八・一八九二死去）の遺骨とともに、閩県侯官陽崎郷鰲頭山《ごうとうざん》に合葬され、門人熊純如によって「文恵《ぶんけい》先生」と諡《おくりな》された。天津で啓蒙活動を共にして以来の同郷閩県出身の親友陳宝琛《ちんほうちん》（同治の進士、内閣学士、礼部侍郎、南洋大臣等を歴任した開明派の官僚）が、墓碑銘「清故資政大夫海軍協都統厳君墓志銘」を書いた。厳復の生涯をつらぬく「富強への軌跡」を網羅して感銘深い。

厳復は六〇年にわたって西学を修め、その学識は比べるものもない。翻訳著作として『天演論』（進化論）、『原富』（国富論）、『群学肄言』（社会学研究）、『穆勒名学』（論理学体系）、『法意』（法の精神）、『群己権界論』（自由論）、『社会通詮』（政治通史）、『名学浅説』（論理学入門）などがあり、いずれも社会に広く歓迎された。

その他、詩文もすべて精美であり、もって世の尊き宝というべきである。

エピローグ

厳復の故郷である福州は、私（永田）にとってなじみが薄いどころか、まったく未知の地である。これまで、「百聞は一見にしかず」の格言を何度も実感しているので、厳復を書く計画を立てたとき、同時に、できるだけ早く福州を訪れる手順を考えた。しかし上海や北京と違って一人の知人もなく、地理も不案内な福州に単独で出かけるにはかなりの気構えと準備を要した。全文をなんとか書き終えるところで、楽屋ばなしとして当時の福州取材探訪記をご披露させていただく。

二〇〇八年一〇月二〇日土曜日、私たちは関西空港から上海浦東国際空港に到着した。同行する家内の康子はカメラ撮影の助手役である。浦東空港で通訳を担当してもらう友人の周令毅君の出迎えを受け、車で上海市内に入った。明日、早朝の出発に備えて、虹橋（国内）空港近くのホテルに宿泊する。

二一日、日曜日午前九時に上海虹橋空港発、二時間弱で福州長楽国際空港に到着した。白タクを雇って閩《びん》江左岸に沿う道路を福州の方向に走る。山々は緑に包まれ、日本の風景を思わせる。約三〇分で馬尾《マーウェイ》に到着した。目的の福州船政局跡は「馬尾造船股份有限公司《こふんゆうげんこうし》」（馬尾造船株式会社）の造船所になっている。守衛に頼んで門内に入れてもらい、広場に立つ船政大臣沈葆楨《ちんほてい》の銅像を参観、葆楨公像の傍らに立って写真撮影する。造船所は一方は閩江が広くなる馬江に面し、構内中央部は加工工場、反対側は傾斜地で山に連なる。海岸沿線を走る電車から見た風景にたとえると、ハマ側、ヤマ側ということになるだろう。

造船所の裏山に「馬江海戦記念館」がある。一八八四年(明治一七年)の清仏戦争で、フランス艦隊は閩江を遡上して馬江の福建海軍基地を襲った。そのときの戦死者記念碑や、砲台の回転式沿岸砲に当時の戦闘を実感する。「船政精英館」では船政学堂の卒業生の記録が展示されているが、厳復は特別室にあり、壁一面が

福州船政局跡　現在、馬尾造船股份有限公司
正門を入った中央広場に、厳復の入学を許可した船政大臣沈葆楨の立像(銅像)がある。

福建海軍巡洋艦「揚武」の模型

『天演論』の原稿を拡大した展示で、傍らに厳復の実物大蠟人形が解説者然として立っている。船政精英館は造船所を眼下にして閩江を見下ろす眺望のよいところで、旧船政局・船政学堂跡として閩江に面した造船所の俯瞰全景を撮る。記念館の庭園に販売所があり、書籍も販売していたので、厳復が記載されていると思えるものを十数冊買い、後日、その内の数冊から、参考となる記事を本書に引用した。夕刻に白タクで福州市内に入り、予約していたホテルにチェックインする。

二二日(月)ホテルから福州市内西湖公園にある福建省博物館を訪れる。近代展示室では、厳復が実習訓練を受けた巡洋艦「揚武」の模型展示があり、厳復のコーナーでは、彼の著書や書簡、それに各種の墨書揮毫が展示され、いずれも見事な筆跡だ。彼は書家としてもかなりの域に達しているのではないか。

厳復は晩年、市内中心部、福州市政府庁舎の北側にある郎官巷、現在、厳復故居記念館になっている邸宅を手に入れて、一九二一年一〇月二七日に死去するまで生活した。郎官とは旧時の官名で、現在の次官級にあたる。つまり郎官巷は高級官吏の邸宅地域であった。

これから訪れる予定の厳復の墓は、少年時代の故郷とされている陽岐郷鰲頭山《アオトウシャン》にある。このたびの福州探訪は、少年厳復の出発点であるとともに墳墓の地である陽岐を訪れ、彼の墓に詣でるのが第一の目的なので、まず彼の故郷陽岐郷へ向かった。あとでわかったことだが、陽岐郷は福州市の南部を西から東に流れる閩江の対岸、現在の倉山区にある。全体に、閩江に沿う台地で起伏が多く、当時とは地名も全く変わっているので、運転手が道端にいた数人の若い人たちに陽岐はどこかと訊ねても、彼らは首をかしげる。そのやりとりを近くで聞いていた麦わら帽姿の中年の男性が、自分が案内しようという。話を聞くと、彼は厳復から四代目の後裔、厳為建《げんいけん》さん(四四才)ということで、神がかり的な偶然の引き合わせに驚いた。タクシーの助手席に乗り込んだ為建さんにまず、すぐ近くにある鰲頭山の厳復墓に導かれた。鰲頭とは、科挙の殿試での第一位合格者、すなわち「状元」の異名である。厳復は科挙の初段階にも合格しなかったが、船政学堂や英国海軍大学では首席、あるいは優秀成績で卒業していることで、故郷の人々はこの名を彼の墓陵に冠したのだろう。小丘を墓陵とした大規模な墓だが、植え込み柵で囲まれ、「全国重点文物保護単位」指定らしく通行門には錠が下りている。やはり事前に許可を得ないと墓前に詣でるのは無理らしい。それではと、為建さんは「厳復故居」へタクシーを誘導した。

厳復から四代目の後裔、厳為建さんから厳一族について聴取する永田、左は通訳の周令毅。

父が没し、債鬼から逃れて移り住んだ、故郷陽岐郷の陋屋、屋根の草が荒廃を強調する。

せまい路地道を通り抜けた部落の道端に二基の小型の石碑が並んで立っている。ひとつは縦書きで「陽岐厳復故居　一九八三年公布　福州市人民政府」と刻字され、褪色した赤い彩色が歳月の経過を語っているようだ。

この碑が建立された時期は、文化大革命が収束して四人組の裁判も結審したころで、かつて辛亥革命に反対した厳復がようやく記録を許されたとも推定できる。設立者は福州人民政府で、まだ国家としての承認ではない。

もうひとつは横書きの石碑で、「全国重点文物保護単位　厳復故居　国務院二〇〇六年五月二十六日公布福建省人民政府二〇〇六年六月立」と金文字で刻字され、格段に扱いが上がっている。二〇〇六年は、あたかもアダム・スミス理論を実践するように鄧小平の改革解放政策が成功し、中国は「富強」への世界的大発展を開始したころだ。

まさに、新しい厳復記念の碑が建立されるのにふさわしい時と場面といえるだろう。

碑の背後は煉瓦造りの家で、その横にある古びた路地の奥に故居がある。倉庫にもならないようなすさまじい陋屋で、軒には屋根一面に生えた草が垂れ下がり、壁は破れ、ほとんど放置されているようにも見える。貧窮のなかで母と妹、そして幼な妻と暮らしたこのあばら家から、少年厳復は馬尾の船政学堂へと巣立っていった。

故居の近所にある、清代の村役場だったような家屋を改造した記念館に導かれた。門の右には「福州陽岐厳復記念館」、左には「福州市倉山区厳復文物保護小組」と朱筆で書かれた大表札が対聯《ついれん》のように掛かっていて、記念館内部は厳復の写真が年代記風に壁面に掲示されている。記念館理事会の会長兼館長の厳孝鵬氏に挨拶し、名刺を交換した。図書類売り場で若い女性職員に厳復の書簡のコピーを見せてもらう。実に見事な筆跡で、しかもかなりの枚数がある。コピーさせてもらえないかと頼むと、傍にいた為建さんの口ぞえもあって、近くの店で私がコピーしてあげますという。幸運にも、彼女は厳復墓の管理者でもあり、錠の鍵ももっているとのことで、拝観を許可され、同行してもらうことになった。

錠をはずし門内に入ると、王侯の墓陵のように広い石段が聳え、登り際の右に二〇〇六年建立、左側に一九八六年建立の「厳復墓」の石碑がある。

四代目後裔、厳為建さんと記念撮影

最初の妻、王夫人の遺骨と合葬された厳復墓

石段を登り、祭壇を中心に、鳳凰が羽を広げたような大きな墓前に立つと、「惟適之安《ゆいてきのあん》」と赤く刻字した石碑が横幕のように視野に入る。

惟適之安とは、ただ自分の心にかなうことに安んじる、あるいは自分の心のままになるのをよしとする意（貝塚茂樹他編『角川漢和中辞典』）で、韓愈の「起居無時惟適之安」（常に定めの時なくただ心のままに行うのみ〔永田意訳〕）が出典らしい。ここには厳復とともに、彼が四〇才のときに亡くなった最初の妻、王夫人も合葬されている。晩秋の斜陽を受け、われわれは厳復夫妻の霊に礼拝して墓前を辞した。そして近くのコピー店で女性職員さんから、お願いしていた厳復の書簡コピーを受け取った。用紙にして三六枚ある。原典なら重要文化財クラスだ。厳復記念館以外では、入手は不可能だろう。

お世話になった厳為建さんや職員さんと別れの挨拶を交わし、私たちの乗った車は、たそがれが迫る昨日来た閩江沿いの道を、福州長楽国際空港へと走った。

厳復に関する図書は、中国の書店でも容易には手に入らない。運がよければ、稀に図書館で見かけることがあり、私は蘇州市図書館で五冊をコピーして入手した。しかし写真、地図などは、現地で入手した書籍でなければ、ほとんど入手不可能であると感じた。

今回の取材探訪では、そのような図書を手に入れたことで、厳復をよりわかりやすく表現できるように思われた。その意味でも、この福州での取材は大きな収穫だった。

福州から中国を縦断するように北上して北京に飛び、北京大学の王暁秋教授、中国政法大学の郭世佑教授など、中国近代史の碩学と懇談するひとときを得た。王先生からは自著論文『厳復と民国初年の北京大学』の原稿コピーを頂き、郭先生からは現在、きわめて入手が困難な王栻《おうしょく》主編『厳復集』中華書局版五冊組の装丁された複写本を贈られた。

厳復が文筆で闘った帝国主義による弱肉強食の時代は、いまでは過ぎ去った歴史の一こまであろうが、その結果として多くの英傑が出現した時代でもある。

厳復はその中でも、傑出した偉才だった。

「乱世に英雄現れ、貧家に孝子出づ」とは、彼のような人物を指すのであろうか。

あとがき

二〇〇六年のある一日、私は神戸市舞子の孫文記念館で、当時の館長の狭間直樹先生に北京で中文翻訳版出版を予定していた拙著『秋瑾』の序文を、北京大学の王暁秋先生とともに執筆していただいたお礼を申し上げていた。そのあと、厳復を書きたいのですが、と口にしたところ、狭間先生は「厳復は、秋瑾の一〇倍以上難しいですよ」と危惧された。果して、一〇倍どころではない難物で、これまで一般向きの伝記など目にしたこともない理由を改めて認識させられた。しかし懸念していた資料あつめは中国側の関係者の助力を受けて、予想以上に順調に進展し、とりわけ、厳復が初代学長をつとめた北京大学の大学院歴史系教授王暁秋先生から、人民中国雑誌社総編集長王衆一氏の日本語翻訳による序文をいただき、本書に重みを与えられた。

清国北洋艦隊関係の写真資料では、高名な精神医学者でヴァレリーに代表されるフランス詩の名翻訳家、中井久夫先生から、Conway's All the World Fighting Ships,1860–1905 掲載の戦艦「定遠」、「鎮遠」など、詳細な注釈メモをつけた多数のコピーを寄せられた。

関連文章および写真を引用掲載させていただいた文献については「引用・参考文献」欄に、中国語文献、日本語文献に区分して示した。関係各位に厚く御礼申し上げる。

北京での先生方との会合の手配など種々配慮してくれた娘婿の蘇州装和技研有限公司総経理の周子漢と、その父で私とは義兄弟になる徐州聖旨博物館館長の周慶明、それに福州紀行で通訳をはじめ、現地で折衝役をしてくれた周令毅君に感謝したい。

『厳復——富国強兵に挑んだ清末思想家』(原題『厳復——《富強》への軌跡』)は、要約の形で二〇〇八年春から一一年春まで、連句誌『れぎおん』(旬刊)に、一二回、三年にわたって連載し、読者から好意的な評を頂いた。連句とは直接関係がない内容に加え、煩雑な漢字でお手数をかけた主宰の前田圭衛子女史に改めて御礼を申し上げる。

最後に、出版事情がきわめて困難な時代のなかで、本書の目的に沿った『東方選書』での出版を企画された東方書店の川崎道雄氏と、編集を担当された舩山明音さんに、深甚の敬意と感謝を捧げる次第である。

二〇一〇年師走　大阪府茨木市の寓居で

著者　永田圭介

引用・参考文献

◈中国語文献

王栻主編『厳復集』（第一～五冊）（北京・中華書局、一九八六年）

第一冊　詩文（上）

「論世変之亟」「原強」「原強修訂稿」「辟韓」「原強続編」「救亡結論」「『支那教案論』提要」「駁英『泰晤士報』」「擬上皇帝書」「有如三保」「保教余義」「保種余義」「論治学治事宜分二途」「『日本憲法義解』序」「論訳才之難」「西学効用」「訳斯氏『計学』例言」「亜当瓦斯密伝」「路鉱議」「群学肄言自序」「京師大学堂訳書局章程」「群己権界論自序」「群己権界論訳凡例」「社会通詮自序」「孟徳斯鳩伝」「続新訳甄克思」「『英文漢詁』序」「論教育与国家之関係」「論小学教科書亟宜宙定」「実業教育」「論英国憲政」

第二冊　詩文（下）　＊主要項目

「『陽明先生集要三種』序」「憲法大義」「書百科全書」「『女子教育会章程』序」「『英華大事典』序」「『名学浅説』序」「廉夫人呉芝瑛伝」「泰晤士『万国通史』序」「普通百科大詞典序」「論今日教育応以物理科学為当務之急」「天演進化論」「新訳日本帝国海軍之危機序」「海軍大事記弁言」「康有為為上総統書按語」「『癒壄堂詩集』巻上」（五五首）「『癒壄堂詩集』巻下」（一〇二首）「『国聞報』論文選編輯」（一五篇）

第三冊　書信　＊全四六人、内、主要姓名を列挙陳宝琛宛五封、汪康年宛一三封、梁啓超宛三封、呉汝綸宛三封、張元済宛二封、『外交報』主人宛一封、端方（両江総督）宛二封、呂碧城宛一封、学部宛一封、熊純如宛一〇九封、夫人朱明蘭宛六三封、長子厳璩宛一七封、三子厳琥宛一五封、何紉蘭（姪）三〇封

第四冊　按語（註解）　＊主要項目

［翻訳按語］『支那教案論』按語、『原富』按語、『群学肄言』按語、『社会通詮』按語、『法意』按語、『穆勒名学』按語、『名学浅説』按語、翻訳按語中西名表

［古書評語］『老子』評語、『庄子（荘子）』評語

第五冊　著作、翻訳、日記、付録、目録

［著作］『政治講義』自序、第一〜八回

［訳著］『天演論』呉汝綸序、自序、約例言、（上巻）導言一〜一八、（下巻）論一〜一七

『天演論』中西翻名対照表、付録『天演論』手稿

［日記］光緒三四年戊申（一九〇八）〜民国九年庚申（一九二〇）

付録一　碑伝年譜

清故資政大夫海軍協都統厳君墓志銘（陳宝琛）、侯官厳先生年譜（厳璩）

付録二　著訳序跋

『原富』序（呉汝綸）、『群学肄言』序（高鳳謙）、『社会通詮』序（夏曽佑）、『国聞報彙編』序（西江欧化社）

孫応祥・皮后鋒編『厳復集』補遺（福建人民出版社、二〇〇四年七月）

厳復訳著『天演論』（中国近代史的名著　北京・華夏出版社、二〇〇二年一〇月）
楊正典『厳復評伝』（北京・中国社会科学出版社、一九九七年一〇月）
馬勇『厳復学術思想評伝』（戴逸主編「二十世紀中国著名学者伝記双書」、北京図書館出版社、二〇〇一年二月）
徐立亭『厳復』（晩清巨人伝、哈尔賓出版社、一九九六年三月）
商務印書館編輯部編『論厳復与厳復名著』（北京・商務印書館、一九八二年）
王暁秋「厳復与民国初年的北京大学」
郭衛東・牛大勇主編『厳復論集』（北京・宗教文化出版社、二〇〇九年）
中嶋敏監修『対校十三史　附清史稿食貨史（財政記録）』（極東書店、一九六五年八月）

◈外国語翻訳原典

トマス・ハクスリー『進化と倫理』（小林傳司他訳、産業図書、一九九五年五月）
オーギュスト・コント『社会静学と社会動学』（霧生和夫訳
ハーバート・スペンサー『科学の起源』『進歩について』『知識の価値』（清水禮子訳
（以上『世界の名著四六　コント／スペンサー』清水幾太郎責任編集、中央公論新社、一九九九年二月第六版）
アダム・スミス『諸国民の富』Ⅰ・Ⅱ（大内兵衞・松川七郎訳、岩波書店、一九六九年五月第一刷
C・S・モンテスキュー『法の精神』上・中・下（野田良之他五名訳、岩波文庫、二〇〇九年三月第一六刷
C・S・モンテスキュー『法の精神』（抄）（『河出書房世界大思想全集　社会・宗教・科学5』、根岸国孝訳、一九五四年六月）
J・S・ミル『自由論』（塩尻公明・木村健康訳、岩波文庫、二〇〇三年四月第四八刷

J・S・ミル『代議制統治論』（水田洋訳、岩波文庫、一九九七年五月第一版）
J・S・ミル『ミル自伝』（朱牟田夏雄訳、岩波文庫、二〇〇三年二月第三五刷）
C・ダーウィン『種の起原』上・中・下（八杉竜一訳、岩波文庫、一九八七年一二月第二九刷）
C・ダーウィン『種の起原』上（八杉竜一訳、岩波文庫、二〇〇九年四月第改訂二九刷）
C・ダーウィン『種の起原』（原書第六版）（堀伸夫・堀大才訳、朝倉書店、二〇〇九年六月）
ゲーテ『エッケルマンとの対話』（『河出書房世界大思想全集』一二、奥津彦重訳、一九五三年）
馮桂芬「西学を採るの議」（野村浩一訳）
李鴻章「洋式鉄工所・機械の設置についての上奏文」（抄）（野村浩一訳）
鄭観応「盛世危言」（抄）（野村浩一訳）
薛福鳴「西洋諸国の民を導き財を生ずるの説」（野村浩一訳）
薛福鳴「機械を用いて財を殖やし民を養うの説」（野村浩一訳）
厳復「時勢の激変について」（伊藤昭雄・近藤邦康訳）
厳復「韓愈を駁す」（近藤邦康訳）
（以上『原典中国近代思想史』第二冊「洋務運動と変法運動」（西順蔵編、岩波書店、一九七七年四月）
馬建忠「富民説」（堀川哲男訳）
鄭観応「西学」（坂出祥伸訳）
張之洞「勧学篇序」（坂出祥伸訳）
張之洞「外篇第三・学堂設立」（坂出祥伸訳）

嚴復「天演論翻訳の自序」（坂出祥伸訳）
（以上『中国古典文学大系』五八「清末民国初政治評論集」西順蔵・島田虔次編、平凡社、一九九八年二月初版）

『梁啓超年譜長編』（丁文江・趙豊田編、島田虔次編訳〈狭間直樹他八名分担〉、岩波書店、二〇〇四年一一月第一刷

［第一巻］一一二、一二七、一三九、一四二、三三二頁［第二巻］八二、一四一、一四九、三九五、四二六頁

［第三巻］三三七、四九五頁［第四巻］三、三二、三四、四一五頁［第五巻］四一六頁（以上、嚴復関連記事）

◈論集

狭間直樹編『共同研究　梁啓超――西洋近代思想受容と明治日本』（みすず書房、一九九九年一一月）

狭間直樹編『西洋近代文明と中華世界』（京都大学人文科学研究所七〇周年記念シンポジウム、京都大学学術出版会、二〇〇一年二月）

島根県立大学西周研究会編『西周と日本の近代』（ぺりかん社、二〇〇五年五月）

西周「洋字を以て国語を書するの論」（『明六雑誌』上・下、岩波文庫、二〇〇九年八月）

◈論著

B・I・シュウォルツ『中国の近代化と知識人――嚴復と西洋』（平野健一郎訳、東京大学出版会、一九九五年一〇月第四刷）

佐藤真一『近代中国の知識人と文明』（東京大学出版会、一九九六年一二月）

岡本隆司『近代中国と海関』（名古屋大学出版会、一九九九年一月）

區建英『自由と国民――厳復の模索』（東京大学出版会、二〇〇九年一二月）
復旦大学歴史系中国近代史教研組『中国近代史』（菅栄一他訳、東方書店、一九七六年）
北岡正子『魯迅――救亡の夢のゆくえ』補論「厳復『天演論』」（関西大学出版会、二〇〇六年）
司馬遼太郎『街道をゆく』二五「中国・閩のみち」（朝日文芸文庫、一八九八年一一月）

◈戦記・写真　＊写真は、掲載個所にも出典略記

王栻主編『厳復集』第一～五冊（北京・中華書局、一九八六年）
沈岩『船政学堂』（北京・科学出版社、二〇〇七年一月）
王亜玲・唐希編著『厳復与厳復故居』（香港・香港人民出版社、二〇〇三年一二月）
陳道章編著『中法馬江海戦日志』（福州市社会科学界連合会、二〇〇四年九月）
江小鷹主編『船政拾英』（福州、福建省音像出版社、二〇〇五年五月）
劉琳・史玄之『船政新発現』（福州・福建省音像出版社、二〇〇六年一二月）
沈呂宁編著『沈葆楨家書考』（福州・福建省音像出版社、二〇〇七年一〇月）
Conway's All the World Fighting Ships, 1860–1905, Conway Maritime Press, 1979.（中井久夫氏提供）
久米邦武編・田中彰校注『特命全権大使　米欧回覧実記（岩倉使節団）』（二）第二編「英吉利国ノ部」、（三）第三編「欧羅巴大洲ノ部上　仏朗西国総説」（岩波文庫、二〇〇四年一二月第一六刷）
アダム・スミス『諸国民の富』Ｉ（大内兵衛・松川七郎訳、岩波書店、一九六九年）
Ｔ・Ｈ・ハクスリー『進化と倫理』（小林傳司ほか訳、産業図書、一九九五年）

『世界大思想全集　ベンタム、ミル、マルサス』（河出書房、一九五五年）
銭國紅『日本と中国における「西洋」の発見』（山川出版社、二〇〇四年一〇月）
岡本さえ『イエズス会と中国知識人』（山川出版社、二〇〇八年一〇月）
丁文江・趙豊田編『梁啓超年譜長編』第一～五巻（島田虔次編訳、岩波書店、二〇〇四年）
篠原宏著『海軍創設史――イギリス軍事顧問団の影』（リブロポート、一九八六年二月）
島田謹二『アメリカにおける秋山真之』（朝日新聞社、一九六九年七月）
野口鐵郎編『資料中国史　近現代編』（白帝社、二〇〇〇年五月）
『一億人の昭和史　日本の戦史1　日清・日露戦争』（毎日新聞社、一九七九年二月）

年譜

＊年令は数え年表示

誕生以前

道光一九（一八三九）年　林則徐、アヘン二万余箱を没収焼却。

道光二〇（一八四〇）年　アヘン戦争、林則徐、英国船の撃退を奏上。英軍はその後舟山列島を占領沿岸を封鎖し、清朝は林を解任。南京条約で香港を英国に割譲など、その結果は二〇世紀まで影響。

道光二二（一八四二）年　魏源編、『開国図志』出版。

誕生・私塾教育時代

咸豊三（一八五四）年　一二月一〇日（西暦一月八日・安政元年）厳復、福州南台蒼霞洲に生まれる。現在は福州市内の繁華街で、厳復の記念像が建立されている。父厳振は漢方医院を開業、母は陳氏。

咸豊五（一八五五）年　三才……太平天国軍、武昌を陥落させる。

咸豊六（一八五六）年　四才……英仏連合軍第二次アヘン戦争勃発、太平天国内訌発生。

咸豊九（一八五九）年　七才……厳厚甫に読書、習字を学ぶ。ダーウィン『種の起源』発表。

咸豊一〇（一八六〇）年　八才……福州の私塾で学ぶ。英仏連合軍北京侵攻、円明園焼失。

咸豊一一(一八六一)年　九才……故郷の陽崎郷に戻り、厳厚甫の私塾で学ぶ。

日本で桜田門外の変(万延元)、大老井伊直弼、水戸浪士に襲撃殺害される。

同治元(一八六二)年　一〇才……洋務運動が起り、同治中興とされる。

同治二(一八六三)年　一一才……福州に戻り、黄少岩から四書五経を学ぶ。英軍、新疆に侵入。

米リンカーン大統領奴隷解放。

同治三(一八六四)年　一二才……黄少岩の病気で、息子の黄孟修が代理で教える。太平天国滅ぶ。

四カ国艦隊、馬関(下関)砲撃。

同治四(一八六五)年　一三才……黄少岩死去。黄孟修が家庭教師として教える。

同治五(一八六六)年　一四才……王氏と結婚。父死去、一家は負債に窮し陽崎郷へ逃避。

左宗棠、福州馬尾船政局を創設、江西巡撫沈葆楨が総理として学生募集。

厳復、船政学堂受験、首席合格。

船政学堂から英国留学時代

同治六(一八六七)年　一五才……福州船政学堂入学、航海科で学ぶ。一月福州船政学堂新設。

同治七(一八六八)年　一六才……在学中。福州船庁一号輪船新造。日本、明治維新。

同治八(一八六九)年　一七才……在学中。福建機器局設立。

同治九(一八七〇)年　一八才……在学中。李鴻章、直隷総督に就任。

同治一〇(一八七一)年　一九才……最優等卒業。練習船「建威」シンガポールなどへ実習航海。

香港—上海間海底電線施設。

同治一一(一八七二)年　二〇才……軍艦「揚武」乗組み実習航海。岩倉使節団倫敦(ロンドン)回覧。

同治一二(一八七三)年　二一才……(日本で横浜、長崎などに寄港)梁啓超誕生。

同治一三(一八七四)年　二二才……長男厳璩誕生。同治帝載淳病死。載湉継位。

光緒元(一八七五)年　二三才……船政大臣沈葆楨、海外留学制度批准。駐英公使郭嵩燾派遣。

光緒二(一八七六)年　二四才……第一次英国海軍大学留学。日本(明治九)、海軍兵学校創設。

光緒三(一八七七)年　二五才……留学中、郭嵩燾公使と中欧政体異同論議。日本(明治一〇)東京大学創設。

光緒四(一八七八)年　二六才……留学中、英文で哲学社会学著作耽読。上海に機器織布局設置。

光緒五(一八七九)年　二七才……留学満了帰国。福州船政学堂教官任命。日本(明治一二)、琉球を併合。

天津水師学堂時代

光緒六(一八八〇)年　二八才……北洋水師学堂総教習(教頭)任命。李鴻章北洋海軍を創設。

光緒七(一八八一)年　二九才……スペンサー『社会学研究』を読む。日本(明治一四)、国会開設の詔勅。

光緒八(一八八二)年　三〇才……北洋水師学堂総教習継続。丁如昌、天津鎮総兵に昇任。

光緒九(一八八三)年　三一才……北洋水師学堂総教習継続。劉永福、ベトナムで仏軍と交戦。

光緒一〇(一八八四)年　三二才……北洋水師学堂総教習継続。仏軍、馬尾造船工廠を攻撃、福建水師壊滅。

日本(明治一七)、鹿鳴館時代。

光緒一一(一八八五)年　三三才……福州に帰り郷試科挙を受験、不合格。仏海軍、寧波封鎖。

光緒一二(一八八六)年　三四才……北洋水師学堂総教習継続。李鴻章、天津武備学堂設立。旅順に造船工廠建設を奏上。日本(明治一九)、東京帝国大学創設、北海道庁設置。

光緒一三(一八八七)年　三五才……北洋水師学堂総教習八年目継続。九竜に海関を開く。

光緒一四(一八八八)年　三六才……北京順天府郷試科挙受験、不合格。清海軍北洋艦隊成立。

光緒一五(一八八九)年　三七才……順天府郷試科挙受験、再び不合格。北洋水師学堂会弁(教頭)に昇格。日本(明治二二)、帝国憲法発布。

光緒一六(一八九〇)年　三八才……北洋水師学堂総弁(校長)に昇格。漢陽製鉄所開設。ロシア、シベリア鉄道の建設開始。

光緒一七(一八九一)年　三九才……北洋水師学堂総弁。清国北洋艦隊日本寄航。

光緒一八(一八九二)年　四〇才……妻の王氏死去、江氏を内妻とする。清露陸路電線協定。

光緒一九(一八九三)年　四一才……次男、厳瓛誕生。北京・山海関間鉄道開通。

光緒二〇(一八九四)年　四二才……朝鮮東学党蜂起、清国出兵鎮圧。日清開戦、朝鮮出兵清軍壊滅、豊島沖海戦、黄海海戦敗退、旅順要塞陥落(明治二七)。

光緒二一(一八九五)年　四三才……二月一二日、威海衛に封鎖された北洋艦隊降伏、丁如昌提督服毒自殺、北京防衛に危機。四月、下関にて講和条約締結。康有為、公車上書。厳復、集中的に一連の論文を『直報』に発表。長男厳璩、英国に留学。

名著翻訳時代

光緒二二（一八九六）年　四四才……露語学館館長。『天演論』翻訳。李鴻章、清露条約。

汪康年、梁啓超が上海に創設した『時務報』に「原強」「辟韓」などを再掲。


光緒二三（一八九七）年　四五才……王修植、夏曽佑らと、天津で『国聞報』創設。三子厳琥誕生。

『国富論』翻訳。独、膠州湾占領。


光緒二四（一八九八）年　四六才……『天演論』木版出版。『計学』（『原富』、即ち『国富論』）翻訳開始。

「皇帝に奉る万言の書」を『国聞報』に掲載。光緒帝、厳復を乾清宮で謁見。

赫胥黎（ハックスレー）『天演論』を呉汝綸序をつけて湖北で木版出版。

『国聞報』に『群学肄言』（スペンサー『社会学研究』）を掲載。

戊戌変法崩壊。京師大学堂創設。


光緒二五（一八九九）年　四七才……北洋水師学堂総弁一〇年目。『計学』一～四巻呉汝綸に送り批評を乞う。

ミルの『自由論』を『群己権界論』として翻訳を予告。山東に義和団蜂起、「扶清滅洋」を唱え、宣教師を殺害。

章炳麟、論文集『訄書』（戊戌変法失敗の原因考察）刊行。

譚嗣同遺著『仁学』、日本で出版。張謇、南通紡績工場を創業。

光緒二六（一九〇〇）年　四八才……義和団と八カ国連合軍との天津侵入で、再婚した朱明蘭夫人と天津を脱出、
上海に寓居。穆勒（ミル）『名学』（論理学）講演。
上海で「国会」副会長に推挙される。長男厳璩、英国から帰国、

次男厳瓛死去。

光緒二七(一九〇一)年　四九才……呉汝綸に『原富』の序文依頼。開平礦務局会弁張翼之の招きで天津に赴き、名目的な「総弁」となる。


光緒二八(一九〇二)年　五〇才……『原富』を上海で出版。日英同盟成立(明治三五)。

管学大臣張百熙により京師大学堂(北京)編訳局総弁就任。

亜当瓦斯密(アダム・スミス)『原富』(国富論)上海南洋公学訳書院から出版。

孟徳斯鳩『法意』(法の精神)英訳版の翻訳を開始する。

斯賓塞(スペンサー『群学肄言』(社会学研究)年末に翻訳完成する。


光緒二九(一九〇三)年　五一才……『羣学肄言』文明編訳書局から出版。『群己権界論』原稿紛失若干省略し、書き改めて商務印書館から出版。

甄克思(ジェンクス)『社会通詮』(政治通史)翻訳開始。

熊季廉の請願に応じ、『英訳漢古文』を編著する。


光緒三〇(一九〇四)年　五二才……京師大学堂編訳局辞職、上海に向かう。『社会通詮』(政治通史)、『英訳漢古文』商務印書館で出版。章炳麟の『社会通詮商酌』に反駁する。

日露戦争開戦、旅順包囲(明治三七)。


光緒三一(一九〇五)年　五三才……英国企業との訴訟で開平砿務局会弁張翼之と渡英。ロンドンで孫文と対談。

帰国後、復旦公学校長を短期間就任。『穆勒名学』(『論理学体系』)を木版で、商務印書館から出版。

光緒三二（一九〇六）年　五四才……上海青年会主催で、政治学を八回連続講演、のちに『政治講義』として商務印書館から出版。

中国同盟会成立、三月、奉天大会戦、五月、日本海海戦の結果、ポーツマス日露講和条約締結、日本は朝鮮での権益確認等を獲得。


光緒三三（一九〇七）年　五五才……安徽学堂辞任一ヵ月後、巡撫恩銘殺害の徐錫麟事件発生。安慶高等師範学堂監督に就任。論文「教育と国家の関係を論ず」を『中外日報』に掲載する。

徐錫麟の同志で蜂起指導者秋瑾、紹興で清軍に逮捕され刑死。


光緒三四（一九〇八）年　五六才……天津で帰国留学生試験責任者に就任、女子学生呂碧城に『名学浅説』を原稿で講義する。

ついで教育部名詞館総纂に就任。光緒帝、西太后死去、宣統帝溥儀即位、幼帝により載灃が摂政王で後見。


宣統元（一九〇九）年　五七才……『名学浅説』、商務印書館から出版。文科進士の資格を授与。

王族海軍大臣載洵の欧州視察随行要請を、病気を理由に断る。


宣統二（一九一〇）年　五八才……資政院（立法院）議員に推挙される。海軍部協都統に任官。

日本、韓国を併合、朝鮮総督府設置。大逆事件起る（明治四三）。


宣統三（一九一一）年　五九才……一〇月、武昌蜂起、辛亥革命成立、各省相次いで独立。

北京で袁世凱と面談。孫文、外国から上海に帰国。

民国元(一九一二)年　六〇才……喘息の発作起る。京師大学堂総監督。国立北京大学設立に従い、校長(総長)兼文科学長に就任。年末に辞任。大総統袁世凱の指示により、総統府顧問兼海軍部翻訳処総纂に就任。

民国二(一九一三)年　六一才……袁世凱、帝政への野望実現の手段として六月、孔教会成立厳復を発起人頭とし、積極的読経を推進させる。

民国三(一九一四)年　六二才……外国新聞を翻訳、袁世凱に供す。海軍部翻訳処総纂継続。袁世凱の御用議会、参政院参政に任ぜられる。

民国四(一九一五)年　六三才……袁世凱帝政推進組織、籌安会(会長、楊度)に組み込まれる。袁世凱皇帝推戴請願書の署名を強要され、籌安会六君子として新聞に公開。一〇月、参政院は各省代表の意志として帝政を決定、袁世凱中華帝国皇帝即位。一二月、帝政反対の雲南省は独立、護国軍司令官蔡鍔は「袁世凱討伐」を宣言。

民国五(一九一六)年　六四才……袁世凱は元日を中華帝国元旦とし、年号を洪憲元年とする。しかし各省の独立、部下の離反で帝政を取り消し、六月、袁世凱死去。籌安会問題で捜査が始まり、厳復は天津へ逃避。その後、免責される。

晩年

民国六(一九一七)年　六五才……北京に閑居、公職から離れる。北京政府、対独宣戦。ロシア革命(二月、一〇月)、ロマノフ王朝ロシア帝国崩壊。

民国七(一九一八)年　六六才……晩秋、喘息悪化で福州へ避寒。魯迅、『狂人日記』を発表。

南北内戦(軍閥抗争)張作霖、中国東北を制圧、北京に進出。

ドイツ帝国一一月革命、皇帝退位ドイツ降伏、世界大戦終結。

民国八(一九一九)年　六七才……上海、北京の協和病院で入院治療。北京に新居を設けて転居、「瘉壄《ゆや》草堂」と名づけ、『瘉壄堂詩集』を刊行する。五四運動発生。

民国九(一九二〇)年　六八才……八月、福州郎官巷の自邸(現在、厳復福州故居)に定住、療養に専念する。

補訳を考えていた『穆勒名学』は未成に終る。

『荘子』を愛読し、多数の書き込みをする。

民国一〇(一九二一)年　六九才……一〇月二七日(大正一〇)、福州郎官巷の自邸で死去。

一二月二〇日、最初の妻、王夫人の遺骨とともに、陽岐郷鼇頭山の墓陵に葬られる。

東方選書 ㊶

厳復《げんふく》——富国強兵《ふこくきょうへい》に挑《いど》んだ清末思想家《しんまつしそうか》

二〇一一年七月二〇日　初版第一刷発行

著　者………永田圭介
発行者………山田真史
発行所………株式会社東方書店
東京都千代田区神田神保町一-三　〒一〇一-〇〇五一
電話（〇三）三二九四-一〇〇一
営業電話（〇三）三九三七-〇三〇〇
振替〇〇一四〇-四-一〇〇一
ブックデザイン…鈴木一誌・杉山さゆり
印刷・製本………シナノパブリッシングプレス

定価はカバーに表示してあります

ISBN 978-4-497-21113-2 C0323

東方選書